JLF選書

裁判の書

Japan Law Foundation

三宅正太郎 著

日弁連法務研究財団 編

日本評論社

ＪＬＦ選書発刊の辞

公益財団法人日弁連法務研究財団
理事長　高橋　宏志

日弁連法務研究財団は、法及び司法制度の研究並びにこれらの研究に対する助成、研修、法教育のための各種試験事業、会員への情報提供、法科大学院の認証評価などを活動目的としております。

当財団は一九九八（平成一〇）年に発足し、二〇一〇（平成二二）年に公益財団法人となりました。

当財団の活動の一環として、過去に発表された司法制度に関する研究や実践報告で、優れた内容でありながら、現在は入手し難い状況にある著作を復刻し、広く社会に周知するため、このたび、ＪＬＦ選書を刊行する運びとなりました。

法文化が次世代に正しく継承されるためにも、今後の司法を担う若き研究者や法曹そして法制度に関心を持つあらゆる方々に、ＪＬＦ選書を通して深い知識と幅広い視野を持っていただきたいと願っております。

刊行にあたって

公益財団法人日弁連法務研究財団
理事長　鎌田　薫

今般、当財団の司法制度研究出版選考委員会（那須弘平委員長）での選考を経て、ＪＬＦ選書の第六巻として、三宅正太郎著「裁判の書」を復刻いたしました。

高橋宏志先生が理事長の当時に発刊し、これまでに五冊を復刻してきたＪＬＦ選書も、本書が第一シリーズ最終巻となります。節目にふさわしい歴史的名著を送り出すことができたと考えます。

裁判の本質についての考察は時代を超えて現在の裁判に関わる全ての人の参考になるものと思われますし、戦前・戦中の人々の日常が、事件や裁判官の仕事の説明を通して生き生きと語られている点からも非常に貴重な文献かと存じます。

そして、田中康郎先生の解題は、三宅正太郎氏に関する研究論文と呼ぶにふさわしい、豊富な資料に裏付けされた、極めて充実した内容であるとともに、時代背景や当時の刑事訴訟法・裁判制度についての解説や現在の裁判制度の紹介にも力が注がれています。「裁判の書」とあわせて田中先生の解題を現代の読者の方々にご紹介できることを嬉しく存じます。

ご多忙のなか詳細かつ熱意あふれる解題をご執筆くださった田中康郎先生、そして日本評論社の武田彩様に、この場を借りて深謝申し上げます。

また、このＪＬＦ選書は当財団元専務理事庭山正一郎弁護士の発案によるものであり、ここまで事業が順調に進展したのも同氏の企画力に負うところが大きかったと思います。甲斐順子弁護士には、復刻本の校正その他全般に亘り終始ご苦労をおかけしました。ご両名に対し改めてこの場を借りて感謝の意を表します。

目次

目次

書の二

書の三

凡　例

本書は、一九四二（昭和一七）年に牧野書店から発刊された「裁判の書」を現代表記にて復刻し、新たに解説を加えた新装版である。

原則として常用漢字・現代仮名遣いに改め、明白な誤記は訂正し、皇紀は西暦に変更した。

難読と思われる漢字には牧野書店版にルビが付されているが、今回新たに括弧書きでルビを付した箇所がある。

日弁連法務研究財団

※書の五「世阿彌」の現代語訳については、表章ほか訳『日本の古典をよむ（一七）風姿花伝　謡曲名作選』（小学館、二〇〇九年）にご協力いただいた。

はしがき

訴訟のやりかたについて理論的な研究の外に之と並んで臨床的な研究の存在すべきことが当然であるとすれば、訴訟法学の参考書の外に訴訟の実際を教える書があってよい筈である。裁判にさびとうるおいと、それゆえに信頼性を与えるのは、訴訟法の知識よりも臨床的研究の結果に待つことが多いからである。私は判事になった当初からこの種の研究書の出現を願望していたが、爾来三十年の今日になっても、徒にその必要を唱うる声のみ高くして現実に一書の之を説くもののないのを、わが司法のために残念なこととおもっていた。そこでいつまでもこうして待っているに堪えない気持から、自分自身でまずそれを試みようとして出来たのがこの書である。もとよりその器でないことはよく承知していることであるから、最初の計画はなるべく先賢先輩の教を集録することに主力を注ぐつもりであったが、さて筆をとってみると、過去に於て多くの先輩から伝えられた教えも、自分の忘れっぽい性質のためいつとなしに記憶から逸して居り、全篇をそれで充たすだけの材料に乏しいことを発見したので、致し方なくその欠陥を補うため、僭越の識《そしり》を意識しながら、自分自身の貧弱な体験を織り込むことにした。それを、稿成って読み返してみると、いかにも思いあがった風に見えて、われながら腹立たしくなるのであるが、私の素志はこのささやかな試みを先駆に、将来これよりも遥に良き参考書の続々と作られることを促がすためにほかならないのである。

なお、念のためつけ加えておくことは、この書にあらわれるさまざまな意見は、あくまでも私一箇の責任に於てする私見であって、いささかでもこれをわが司法部の見解であるかにとられることは、私の痛く迷惑とするところだということである。

本書を作るに当たっては、友人廣瀬清君の助力に負うところが極めて多く、同君なくしてはこの書はおそらく世に出づるに至らなかったと思う。

書の一

裁判の精神

裁判の精神は正義の体現にある。このことは古今に通じ、東西に亘って政道の大本をなすものと認められてきたものであるのに、何故かそれが現代の政治の上に、自分の期待する程に高く昂揚されず、その名を聴いても、人々の胸を打つ響きのどことなく足りないことが、私には多年不思議でならなかった。それは裁判の学問が法律学の奴となっていたからだ、と私は思うのである。

明治以来わが法律が泰西の法律に範をとると共に、その法律学の知識が裁判の上に欠くべからざるものであったことは当然で、従って当時の裁判官中には数多くの法律学者を網羅し、その人々が裁判の適正を開拓指導された功績は偉大なものがある。だが、法律学の知識と裁判の道とは永久に区別さるべきであって、偉大なる法律家決して偉大な裁判官ではないのである。それゆえに、われわれは法律学をこそ泰西に学んだけれど、一々の案件について、現実にいかなる心構で裁判をなすべきかの道に至っては、断じてこれを外国に学んだのではない。わが国は曽て裁判官を外国に派して裁判の道を習わしめたことはないのである。

考えてみれば、日本人を裁くことは日本人にして初めて出来ることである。いかによき裁判官でも、伝統の異なる他国人を裁判して遺憾なきを得るものではない。われわれが裁判の秘義について外国に教を乞わなかったことは、むしろ当然の事理で、われわれはわが昔ながらの裁判の道に遵拠して、昭和の裁判を行っているのである。唯その裁判の様式については、われわれが日常洋服を着るが如くに、外国の手続に則っているだけである。

そう考えてくると、ここにわれわれは裁判の学問に於て、外国流の法律学の考え方から解放された、わが国独特の新なかんがえを展開させることが出来るのである。この分野に於てわれわれは、われわれの伝統に従って奔放にものを考え、思想を整えることが出来るのである。

だが、すべての前提として、われわれはまずわが国古来の学問の伝統が断じて理論の満足や、知識の集積で足れりとするものでなく、その考えがその人の身について完全にその人自体となることを目的とするものであることを知らなければならない。その点に於て明治以来の法律学の性格は、よしそれが治国平天下の道であることを誇称したにせよ、それは医学や工学と同じき知識の供与であって、その学問を習得することそれ自体が直に修身斉家の道であるとは思われていなかったのである。ところが、われわれの裁判の道に於ては、苟もその本をわれわれの伝統に根ざしている限りそれは常に一歩たりとも修身斉家の道から踏みはずしてはならないのである。われわれの遠き先輩たる往昔の裁判官たちは実に躬を以て裁判の道を具現していたのである。そこに於てこそ初めて裁判の精神が正義の体現だという言葉が許せるのである。その一例として挙げられる事蹟は、正徳四年幕府の奥女中江島の綱紀紊乱事件が起ったとき、時の老中秋元但馬守喬知は諸有司に命じ厳に糺問して終に江島を信州高遠に流し関係者をそれぞれ処分したが、当時の碩学荻生徂徠はその裁断を評して、「河越候の人となり寛大なれどもこの獄を治めらるるに至りてはその常の性を失えり、恐らくは久しきこと能わず」と語った、その言葉の通り但馬守喬知はその秋卒去したということを伝えている。この一つの事蹟に見ても、徳川時代の裁判官がいかにその人自身を個々の裁判の上に体現していたかがわかると同時に、世人が又如何にその裁判の中にその人を見ていたかを明瞭に知ることが出来るのである。しかも、この物語の反対面に於て、秋元但馬守は、その裁判の当然の結果として幕府の威信を失墜せしめたことを悲しみ、裁判を言渡すと同時に進んで国替を願い、且死後秋元家の塋域の外に葬るべきを遺命したと伝えられている。即ち徳川時代に於ては、裁判官その人の選叙を極めて重要視したと共に、苟もその職に当っては、その人は全人格を傾倒してその責任を尽すべきことを期待されたのである。この関係に於て、西郷南洲の言に、所謂「何程制度方法を論ずるとも、その人に非ざれば行われ難き」理が如実に示されてあるのである。

私はわれわれの先人である古来の裁判官の事蹟の数ある中に、最も端的にわれわれに裁判の精神を伝えるものは、板倉周防守重宗の裁判に対する心事であると考える。「重宗庁に出る毎に西に向い遥に拝して黙祷す。人その故を問う。重宗曰く西向して拝することは愛宕の神を拝するなり、多くの神の中に殊に愛宕は霊験あらたなると聞きし程に、所願ありてかくは拝せり、その所願というは今日重宗が訟を断ぜんに心に及ばん程は私のことあらじ、若し過って私のことあらんには、立どころに命を召され候え、年頃深く頼み奉る上は少しも私の心あらんには世にながらえさせ給うなど毎日祈誓するにて候。」わが国伝統の裁判精神はこの一箇の物語で道破し尽されているのである。

所謂心に及ばんほどの私の心に対しては、日常精進を懈らざるに於ては、重宗ならずともよくこれを制御することが出来よう。苟も裁判官を以て任ずる者は、この点に於ての自信は持っている筈である。しかし、重宗のいう意識下の私の心を警戒し、その意識に上らざる間に之を抑制することは、至難中の至難事であるが、それまでにゆかなければ、裁判の精神の極致に到ったというを得ない。重宗ですら神仏に祈誓し生命を賭してこれに努めているのである。すなわち、この意識下の私を抑える心が、古今を通じての裁判の極意であって、あらゆる裁判の道はこの点に帰するのである。

私の以下に述べるところも、要するにこの工夫を説かんとするものなのである。

間男の首を斬る裁判

京都の所司代板倉伊賀守勝重は家康没後屡々《しばしば》辞任を願出でたけれど、将軍秀忠は勝重を信任して許さない。元和六年に至って、又復辞任を請うたので、秀忠は「其方に代りて所司代たるべき人なき故に許さぬのであるが、もしその代りの者を推挙せば許すこともあろう」と答えたので、勝重畏って「雲の如く多き御家臣中に所司代たるべき人なきことはあるまじく、何卒お尋ねを願い奉る。されど万一適任の人なしとのことなれば已むことを得ず、倅重宗を後任に仰せつけ下されば宜しかるべく存じます。重宗なれば密夫《まおとこ》の首を切るような裁判を致すまじと存じます。」と答えて退出した。秀忠は喜んで重宗を後任とすることに決定し、重宗を呼出してその旨を伝えたが、重宗は固辞して再三の懇命にもお受けをしない。家康が紀州頼宣の附家老に配した安藤帯刀直次は重宗と親しい間柄であったが、老中より旨をうけて重宗を尋ね、重宗の言このことに触れるや、「いかにも其許では所司代相勤まり申すまじく」といったので、重宗も、「其許も左様に存ぜられ大慶に存ずるなり、某の不才にて何とて勤まり申すべきや」というと、直次「いや不才にて勤め得ずというにはあらず、其許腰が抜けて居り申すゆえ勤め得まいということなり、能く合点して見られよ、親が見立て其許然るべきと申すにつき上《かみ》にも仰付けられしなり、されば君父の御意と申すものなり、其上外に仰付けらるべき人之なきに付仰付けられしことなれば、この上は辞退に及ばぬことなり、もし御役仕損じなば腹を切って埒明け候わんに何の仔細かあるべき、それに後先《あとさき》を考うるは腰抜と申すものなり、これ程に其許腰抜けたらんとは存ぜざりし」といったので、重宗頷き早速お受けをした。お受けをした後、父勝重に向い、「情けなくも御推挙にあずかりたるもの」と怨み言を述べたところ、勝重は笑って、「おことは知らぬか、世の諺に爆《は》火《ぜ》を子に払うというはこの父の事であるぞよ」と答えたそうである。

この物語で、自分がまことに興味深く思うことは、伊賀守勝重が京都所司代の後任たるべき最大唯一の資格として「密夫の首を切るような裁判を致すまじ」ということを以てしていることである。徳川初期に於て、京都所司代の任の如何に重大なものであったかは今更説くを要しない。朝廷と新に江戸に出来た幕府との間に立って、その関係を円滑に処理しつつ幕府の施政方針を着々実行してゆこうという役柄の要件として、第一に裁判に対する能力がとりあげられたことを注目すべきである。これは秀吉に対する好印象の消えない京師に於て、新に幕府が民心を収攬するには、何よりもまずよき裁判が要求されるという事理に基くものであると同時に、よき裁判をなし得る人その人にして初めてよくこの大任を果し得るとの考え方からも出発して居ることと思われる。

さて問題は、此の如き大法官たり且大政治家たるべき資格要件として示された言葉である。「密夫の首を切るような裁判を致すまじ」との言葉は卑近であるけれど、意味は重大である。その趣旨は要するに、裁判にいささかたりとも私的な感情の潜入する隙《すき》を許さない覚悟の出来ていることを道破したものと解すべきである。女房を他人にとられた男の姦夫に対する憤激の情は、徳川時代に於て夙《つと》に之を諒としたことは、所謂重ねて置いて四つにするの俚諺《りげん》があり、近松の「堀川波鼓」を初め、徳川初期に於ける女敵打《めがたきうち》の事例に徴して知り得るのであるが、裁判官が罪を断ずるに当って、いかにその罪を憎むからといって、罪人に莅《のぞ》むこと、あたかも本夫の姦夫に対するが如くであっては、よしそれが職務に対する熱意執心のあらわれであるとしても、それでは裁判に於て最も禁忌すべき「私」の情の潜入する隙を与えるもので、裁判が裁判にならないわけである。平生の鍛錬によっていかなる場合にも私の生ずべききづかいのない人物でなければ、断じて裁判の重任を託し得ないというところに、勝重の言葉の重心がある。そのことの重大さは、現にこの推薦によって任用された重宗その人が、安藤帯刀直次のまさに期待した如くに、死を賭して神に祈誓しつつ裁判に当った事蹟に照らして、切にわれわれの胸を打つものがある。

裁判の職に在る者は、法制上独立の地位を持たなかった昔に於ても、その職務の性質上その裁判に関する限り、或る程度まで上司からその処理を一任されていた。況《いわ》んや現在の如く制度上その職務の独立が保障されているときにあっては、判事は、一般官吏の如く上司の意見に顧慮することなく、完全に自分の意見の通りに職務を行い得るのである。これは畢竟《ひっきょう》判事をして威武に屈せず、情実に堕せず、唯ひたすら自己の良心の導くところに従って正しきを行わしめんとするためであるから、もし判事が板倉父子の考えたように、常に神仏を畏れ、独りを慎み、謙虚な気持に徹して裁判に当れば、ここに制度の予期した司法の正義が完全に奉行されるというべきである。しかし、自由は放縦を生み易い。言志録の句にも「游惰を認めて以て寛裕と為すこと勿れ。厳刻を認めて以て直諒と為すこと勿れ。私欲を認めて以て志願と為すこと勿れ。」とある如く、その行動に他の制約がないと、人はとかく自己の安逸を思い易く、自己の感情に媚びて私恣に流れ易いもので、しかもそれにも拘らず、游惰を以て寛裕と為し、厳刻を以て直諒と為し、私欲を以て志願として自ら許す嫌がある。

昔の裁判官は、一面に於て行政官であったから、行政官としての苦労や、経験を裁判の上に適当に利用しうる便宜もあったが、現在の判事は醇乎《じゅんこ》たる裁判官であるから、少しでも油断すると、判事の殻の中にたて籠って、自ら高しとする誘惑に陥り易く、且その油断をする機会が極めて多い。判事が自ら高しとする気をおこせば、その瞬間に裁判の公正が狂うことになるから、判事はこの油断と誘惑の害敵に対して、他の官吏に数倍する警戒をなさなければならない。板倉父子が最高度の注意をこの一点に集中したことは、われわれの日夜肝に銘ずべきことで、「間男の首を切るような裁判は致すまじく」の言が陸離たる光彩を放つをおぼゆるものである。

裁判に於ける二つの面

徳川家康がまだ三河在国の頃、同国坂戸の百姓が公事に負けたのを口惜しく思い、これは奉行本多重次の依怙贔屓《えこひいき》の処置だといい触らし、所々に悪口を吐き、落書などをした。本多重次はおせん泣かすなの文で有名な本多作左である。そのことを聞いて再び論議したが、その百姓の非理なことが明白となったので、その百姓を斬罪に処した。その後、酒井忠世が奉行のとき、やはり同じような公事で負けた百姓がしきりに誹謗してやまなかったが、忠世はその百姓を呼び出して能《よ》く言い聞かせ、そのままに差しゆるした。酒井忠世は後年の大老酒井雅樂頭である。この二つの相反した裁判について、家康もその当否に迷ったと見え、両人についてその道理を訊ねたところ、重次は、上を犯す者をその分にて差し置かば締なし故に斬りたりといい、忠世は、かくの如き者を斬らば重ねての奉行に奢出づると答えた。両者とりどりの政道なので、家康は更にこの理を或る物知りに尋ねると、その人は「上に逆う者を殺すは定まりしことにて殺さずして治まることは斬らざるなり。殺すと申すことは止むことを得ずしてのことなり。さらば書経に、徳ハ善政ナリ善政ハ民ヲ養フニ在リ　と見えたり」といったそうである。

私はおよそこの物語ほど興味の深い物語はないと思うのである。作左は法律の厳格な番人として、掟を犯し上を蔑《ないがしろ》にする者は一歩も仮借するところなく処断した。蓋《けだ》し彼に従えば掟を守らざる者を放置すれば、為政者の威信を維持することができず、民衆を服せしめることができないと考えたのである。この作左の素朴な考に対して、忠世は少しく細かい神経を働かした。官の権威の拡張もその度をすぐれば、民衆に、泣く子と地頭には勝てぬという考を抱かしめ、それに乗じて役人が政治の上に努力を注がなくなれば、結局法の前には一掬《すくい》の血も涙もないこととなり、民衆の心は為政者から離反して仁政は行われなくなる。そこに忠世の心づかいがあった。

つまり作左の裁判は、法の命ずるところに従って法を行うことを旨とするものであり、忠世の意見は、法を行うことを任されることによる官の私恣を反省すべきことに重きをおくものである。結果に於て相反するものであるけれども、双方ともそれぞれ正しい理拠の上に立っていて、何れを是とし何れを非とすべきでなく、双方とも正しいといい得る。

蓋し法を正しく行うことと、法を行うことによる行きすぎを是正することは、相反する方向のものであるが、然し、国家の政治は常にこの両方面を適当に顧慮しつつ行うものなのだ。その何れに偏してもいけない。その時と場合に稽《かんが》え、この両刀を矛盾なく使いこなすことが望ましいのであって、その使いわけは裁判官の手腕器量に任せる外はないものなのである。

この両箇の裁判に以た事例が大審院の判例にあらわれたことがある。

狩猟法によると、「むささび」も「たぬき」も一定期間捕獲してはならぬ獣である。甲の事件は、或る田舎の百姓がむささびを捕えて起訴された事件で、その田舎ではむささびは方言でもまと言っているため、その男はもまがむささびであることを知らず、従って捕獲してならぬ獣とは気づかずに、むささびを捕ったというのである。この事件について大審院は法律を知らないからといって犯意がないといわれぬという原則を楯に、もまが法律上むささびであることを知らなかったとしても狩猟法違反の犯罪は成立すると判断した。乙の事件は或百姓がむじなを捕った事件である。審理の結果によると、動物学上むじなはたぬきであるので、むじなを捕ったのは即ちたぬきを捕ったものとして所罰すべきものであるとする検察官の意見に反して、大審院は、むじなとたぬきは里俗別のものと考えられているから、むじなを捕った場合たぬきを捕った犯意はないとして無罪を言渡した。

　この甲乙二つの事件の判決は一見矛盾したように見える。学者の間にも大いに議論のあるところだが、自分の観察を以てすると、方言のもまがむささびを指すことを知らないでもまを捕った行為について責むべきは、方言のもまがむささびであることを知らなかった男にある。何となれば、法律はその制定にあたって、一々その用いる言葉が方言で何んと言うかを顧慮して註解を加える訳にはいかないから、一々の方言に対する標準語が何んであるかを知るべき注意は各人に於てなすべきであり、その観念の上に法を作っていると見ていい。これに反して、むじながたぬきであることは動物学上の定説であろうとも、それは主として動物学者の持つ知識で、一般大衆はむじなとたぬきは別種の獣であることを信じており、古来の伝説も亦《また》、それを肯定しているのである。だから、為政者が若《も》したぬきもむじなも捕獲すべからずと命令するならよいが、むじなは動物学上たぬきだからという理窟からたぬきだけをあげ、むじなはそれに当然含まれているとして何等むじなについて規定を設けなければ、一般世人はむじなは捕獲し得る獣だと考えるのが当然である。だから為政者としては、須《すべから》くたぬきと規定した後に「むじなを含む」というような註解的文句を入れるなりしてむじなの捕獲すべからざることを明白にする用意をとるべきであるのに、それをとらなかったのは、責はむしろ為政者の側にあるといえる。それなのに、たぬきの中に当然にむじなが含まれているとして、いきなりむじなを捕った男を罰するのは、民を網するといわれても致し方がなく、かかる所罰に対して、国民はその処置に納得しないのが当然である。だから、むじなをとった男を無罪にしたのは、国家の反省の一面を顕わしたもので、その意味でこの裁判は、酒井忠世の裁判と一脈相通ずるものがある。

一体、違法の認識ということは裁判官の裁量によって或程度まで左右され得る領域であるために、この事件は、あたかも封建時代の裁判の如く、一方に、法を行う裁判として有罪を言い渡す裁判があり、他方に、国家の反省を必要として無罪の言渡をする裁判があるという現象を生じたのだ。自分はかかる意味に於て国家の政治は二本建てだと言う。この二本建てを巧みに使ったのは大岡越前守の裁判で、それが両々相俟ってそこに国家の大きな心を顕現させたのである。キリスト教でも、旧約の神は厳格な神として示現し、新約の神は愛の神として現われて、この二つが渾然と一致したところに神格が存在するように思われる。

正義の名のもとに法を一本建てのものにして遵法をとくことは、ことは簡明に片づくけれども、民衆にはそれだけでは割切れないところが残る。一般の日本人の教養の基礎となっているものは、一面に於ては学校で教わった修身であるが、他面に於ては映画、演劇、講談、浪花節で養われた仁侠の精神である。この二つを利用し按配することが政治家の任務である。裁判に於ても、正義を旨とするのはもとよりであるが、常にそれのみで人心を得られない理を考え、機会があれば国家の反省を織込むことを忘れてはならないと思う。

法を弄ぶ

昔、酒井讃岐守忠勝に近習の某が、世間では御領内の法令が少しも欠けたるところなく、万事審《つまびら》かであって誠に御聡明であると噂しているといったところ、忠勝は極めて不興な顔をして、真実左様な事柄がないのに汝が左様に言うのならば誠に悪しき取做《とりな》しである。又真実左様なことであるならば吾が治世の乱れる基、家の衰うる端であると言ったので、その近習は困却して、私は世上の噂のままを申上げたのでありますがそれがどうしてお気に障りましたかと尋ねたところ、忠勝はこう言ったということである。

「何事も法令は簡易にするがよい。例えば是は為すべからず、是は留めよ、是は為すべしなどと余り細々と規定しては、立居もできないようになり、心屈し、かくせば咎められるだろう、かくせばよいだろうと思い迷って、前を見、後を考え、思慮迫り気転じて、大方の人は智も失い、法に搦められて、気も縮まり、何事もできないようになる。庭に樹を栽えても、能く培い、水をそそぎ、根に触らず木の揺れないように添木してこそ日々生い立って行くものである。それを植えた日より枝を矯め芽を折っては延びないもので、雑木では棟梁の材木とはならぬものである。国政も亦《また》之と同じであって、何事につけても細かに規定して置いて、彼是につき禁制勝ちでは役人始め人民一同体を休ます暇もなく、心を伸ばす間もない。細々《こまごま》しい法度が多ければ、心ならずも法度に違背するものも出づるであろう。軽き法度に違ったと言って一々糾明することもできず、人情のうけがわざることは迚《とて》も末遂げ難きものであって、法規に違背したからと言って悉《ことごと》く刑にも処し難く、そうかといって之を見逃しては法令もいつの間にか緩んで、終には法式まで敗れて行くことは古今にその例が少くない。こういうのを、君子法を弄び小人刑を犯すというのである。されば法を出すことは大事の上の大事であるから、土地国風をよく考え、諸役の者共が丁寧に論証して人情のうけがい守り得べきを計り、後々まで弊のないのを知って令するように心懸けねばならぬ。差当っての一事に道理があるように見えても、深く考えなければ意外な障りがあって号令敗れ士民苦しみ、国が必ず衰微するものである。」

この酒井忠勝の言葉にもあるように、法が実を失って末に走ることは国の衰えるもとであるが、元来法は、形式の上に立っているのだから、よほど気をつけない限り末に走ることは当然である。

現在の法律学はまだまだ概念法学の弊から完全に脱却していない。従ってその運用を見て法が末に走ったことを思わしめるものを指摘することが出来る。例をあげると、刑事訴訟法に、「訴訟ヲ遅延セシムル目的ノミヲ以テ為シタルコト明白ナル忌避ノ申立ハ決定ヲ以テ之ヲ却下スヘシ」という規定があるが、静かに考えると、忌避ということは裁判官がその裁判について偏頗の取り裁きをなす虞れがあるというような、いわば裁判官としてその職をとるべからざることを理由として、その職務の執行から排斥しようとするものであるから、裁判官として忌避されることは啻《ただ》にその事件についてのみでなく、一般に裁判官としての資格を否認されたも同様で、忌避の申立を受けることは、裁判官にとって一大事であり、昔なら刀にかけてもその然らざることを争わねばならない性質のものである。かくの如き裁判官の人格にとって致命的な意義を持つ忌避を、単に訴訟を遅延する手段として別用するが如きは不徳義極まることで、士人の到底なし能わざることであり、寧《むし》ろ所罰を以て臨むべき種類のものであるのに、それを天下の大法がかかる手段を講ずる者のあることを予定し、かかる申立が法廷に現出すべき場合の処理方法を規定するが如きは、抑《そもそ》も法律の不見識を表明するものである。

とかく従来の法の建前は、論理の末にかかずらっているために、その運用に当って法を弄ぶ非難を受け易い嫌いがある。法があらゆる事象に亘って隅々まで細々と論理的に組み立てられている以上、その文章通りに適用するほかないので、勢い適用の結果は抽象的な味《あじ》も香《か》もない一片の空な理論の羅列に帰してしまい、そこには、人間性から来る公差をおく余裕もなく、徒らに杓子定木な論理的満足を唯一の目標とすることとなり、その結果所謂、小人刑を犯すの結果に堕してしまう。之を救うには、いつも具体的事実を睨んでその底に在る人事の葛藤を探り、その上で之に適切なるように公式的論理をあてはめてゆかなければいけない。具体的事実の香のない抽象的理論をまず宙に描いて、その上で空《くう》に論理を弄ぶことは、裁判の上に百害あって一利もない。とかく、これまで学者的な傾向が司法部を支配したので、日本に於ける外来法の尊重と、之に附着してきた概念法学の理論とが、ややもすると、日本の裁判を抽象的理論の奴たらしめた嫌いがあったが、これが酒井忠勝のいう法を弄ぶの弊である。これがために、日本の裁判の古来の伝統を曖昧ならしめ、裁判のやり方まで外国の風にならうかの如き惑を生じたのは情ないことである。

大審院の権限は、従来は、専ら法律点に関して原判決を是正すべきや否やを審理することに集中されていたのを、現行の刑事訴訟法で之を改め、事実の認定と刑の量定について重大な誤判があるかないかについても審査する権限が加えられた。しかしその新制度は施行の当時には法律学者からも、当《とう》の大審院判事たちからもあまり好感を以て迎えられなかったようであり、主として弁護人側の利益を擁むに偏したるものとされていたが、最近に於ける大審院の傾向は、この事実の認定と刑の量定に関する権限を大審院の持つ重要な権限であるとする意向が強く、従って現在に於て、この権限を大審院から奪って旧時に戻すことに大審院の空気は反対であると観測する。之によって考えると、現在の大審院は、抽象的な法律の理念を宣明することよりも、現実の事実によく裏づけられ、現実の争点を最も正しく解釈するに適する道理を明らめることにその職分の中心を置く考えに帰着したように思われる。自分は大審院が事実の認定に関する職権を行使する現在の仕組は必ずしもこの趣旨に副わざる点の多いことを認めるもので、将来に向って幾多の改正を必要とすると考えるものであるが、それはともかくとして、大審院が抽象的な法理を弄ぶことに満足しなくなった傾向を一つの進歩として歓迎するものである。

見識

鮎川義介氏の「物の見方、考え方」を読むと裁判をする上に参考になることが多い。氏は画を描くことについて師匠にもつかず手本も見ずに独自の研究をしたことを述べておられる。即ち鮎川氏は物を描くには先ずフリー・ハンドで円や三角形が描けなければならぬと決心し、その描き方について考えられるあらゆる態度方法のあらゆるコンビネーションを一々体験された。筆は上を持つがよいか、下を持つがよいか、立って描くがよいか、座って描くがよいか、身体を真っ直ぐにして描いたがよいか曲げて書いたがよいか、筆も長いがよいか、短いがよいか、——そうした凡《あら》ゆるやり方の組合せを度々やってみて、どの組合せが正三角形を描くのに最も適当であるか、円を描くに一番適するかをつぎつぎに試みて、結局何千遍、何千万遍それを繰りかえすうち、終に或る姿勢或るやり方によると、常に円や三角形が完全に描けるようになることを発見されたということである。

おそらく氏の得たところは、もしよき師匠についておれば、直ぐに教えてくれて忽ちおぼえ込んだことであろう。師匠につけば、何千遍何万遍の試みをする必要はないのである。氏のやり方は一見するとずいぶん無駄があるようであるが、然し、数をつくすことは決して無駄ではない。斯様に物数を尽しておけばその業《わざ》が身についているからその苦労が他の場合に当って生きる。応用の範囲が無限なのである。裁判も出来るだけあらゆる経験をつくして、無限に応用のできるところにまで落ちつくべきだ。自ら苦労して経験から這入《はい》って行けば、すべてが創作であって、従って物事の軽重大小に対する判別力がそのうちにおのずから養われて来る。そして、それがその人の見識の基《もと》になる。裁判官は、その本来の職務として物事の軽重大小を判別する仕事に従事しているのであるから、最も見識を必要とする筈であるが、唯、現在の制度下にあっては、裁判官は法規に従って裁判を行うことを命ぜられて居り、しかも法規は、細密に周到に尽さざるところなきまでに編まれているために、今ではその法規の中に物事の軽重大小が定められていて、裁判官の裁判はその法規に従いさえすれば或る程度まで自働的に物事の軽重大小が考量されていることになっている。即ち、この「含み」が大きければ大きいほど裁判官の考量は制限され、恰《あたか》もその限度に於ては裁判官の責任は法規の責任に移るかの如き形になるので、この法規という既成の公式が創りあげられるまでに費さるべき鮎川氏流の考量工夫は、裁判官の肩から免除されて居り、裁判官は法規という師匠の言に従っていれば、苦労しないで処置が出来ることになっているわけである。もとより裁判官は、法規の外に於て、又法規から托された範囲に於て、広汎な自由裁量の余地を持っているのではあるが、肝腎の原則について苦労しないでいいということが、大きな影響を裁判官に与えていることを無視し得ない。昔の裁判官は裁判の基準としての既成公式を今日の如く多く与えられなかったために、彼等は、みずからその公式を体得するまで苦労しなければならなかった。その体得の過程に於て彼等は、いやという程、物事の軽重大小に気を配《くば》らせられた。それは、何事もまず法規を見てから考える現在の裁判官の比ではなかった。しかし、かかる公式の目標とするところは、昔も今も変りはないのであるから、法規という杖をついても、つかないでも、到着するところは同じである。してみれば、杖にたよるだけ、現在の裁判官の方に心の弱味がある。杖がないと歩けない危険があるからである。現在の裁判官は、だから、杖がなくても物事の軽重大小は寸分も狂わないだけの工夫を積むべきである。

　秋元喬知のことは前にも記したが、この人について例をとろう。彼の老中在職当時、幕府に於ける嘉儀の節に酒の入用があまりに夥しいと係りの者から申出があって、老中方が評議した際、喬知は、厳しく吟味を遂げよという意見に反対して、御祝儀のことゆえ酒の量をとやかくいうべきでないといい、係りの者に酒の出しようを訪ね、呑口から量り出して給するということを聞いて、左様な待遠しきことを見合せ以後は鏡を打抜き柄杓を添え十分に汲ませたらよいと命じたところ、酒の入用夥しく省けたということである。つまり、呑口から量り出せば十分に汲み出さずに明樽《あきだる》として取退《の》けることが出来るのに、鏡を抜いてはその私が出来ないことを看破したのである。又、喬知が京都に上る途中、何れの駅でか所司代より老中へ連名の状を持つ急飛脚にあったので、その書状を持ち来らしめ、披見した上、姓名に点を引き途中にて披見終りしと書副して遣わしたが、爾後それが老中の例となったということである。喬知は又、京洛の内外を巡見するとき、上下共弁当は精進物たるべしと命じた。多く神社仏閣にて昼休することを慮った為といわれている。これ等の例は行政の領域に属することではあるが、この種の心遣いに苦労していることが、裁判の上にも常に創意的な工夫を怠らない修行になったと見てまちがいないのである。

池田光政が板倉伊賀守勝重に国を治める道を聞いたに対し、勝重が「国を治むるには方《かく》なる器に味噌を入れ丸き杓子にて取るように行い給うこと善し」と答えたことは、有名な話だが、そのとき勝重は、更に、その意味を説明して「君の聡敏にては国中の隅々まで盆《ぼん》に物を盛《も》り立てたるように粲然と成されたき思召ならん、大国は左はならぬと伝え承りし故斯くは申しし」といっている。要するに勝重のいうところは、法令は箱の隅々までぎっしり味噌をつめるように過不及なく行届くように几帳面《きちょうめん》に作るべきであるが、さて之《さ》を実際に適用するには、その味噌を杓子で取るように、隅々まで掘り散らさないことが肝要だというのである。私は、以前は、この後半を解して、隅々まで掘らないのが賢明だという風に考えていたが、現在では、絶対に掘り散らしてはならない、掘り散らすことは法の適用の如くして実は法の適用でない、という意味だと解している。法の隅々でも法であるからそれを適用しても違法とはいえないという議論は不当で、隅々を掘り散らさないことは、仮令(たとい)それが法の公平を害しても、決して為すべきことではないと考えるのである。

法と適用との間にこの齟齬のあることは、法を作るときから既に運命づけられていることなのである。だから法の適用に当っては、法の面《おもて》のみを見るだけでなく、与えられた事実に適用する法が、法の正しい適用か、又は法の隅々の適用で本来適用すべからざるものなのかを篤と検討する必要がある。

「江戸にて父を殺せし者あり。是は主殺し同前の刑たるべきや如何を評議ありし時、重宗、京より江戸へ下り居たり。松平信綱幸と思い、京などに父殺しの仕置の例もありしや主殺し同前たるべくや如何これあるべきと尋ねければ、重宗、先例のことは覚え申さず、左れども父殺しは乱心たるべければ獄屋にて斬罪にて然るべし、仮令父を殺せと法令を出したりとも人心にてはよも殺すまじ、主殺しとは違い申すべくと言いければ、信綱感服せり。」徳川時代には死刑にも段階があって、重きは磔、獄門ともなり、之に鋸引、引廻、晒というような処分を附随せしめる場合もある。そこで同じ死刑でも、親殺しと主殺しとの刑の権衡をどうするかというところに問題があったのである。現在の刑法では主殺しよりも親殺しの刑を重く規定しているが、徳川時代は秩序維持の見地から主従の関係を重要視して「親子は一世、夫婦は二世、主従は三世」という俚言《りげん》さえもあったくらいで、この軽重は当時にあってむずかしい問題であったと思う。それに対して板倉重宗が、この権衡論に拘泥せず、仮令父を殺せと法令を出しても人間の心を持つ者は殺せるものでないと喝破して、見せしめの必要なきことを論断した点に尊敬すべき見識を見る。

これについて考え合わすことは、現在の刑法に定めてある子が罪人たる親を匿《かくま》う場合の規定である。刑法では「罰せず」となってあるが、その解釈として、子が匿う行為は官憲の行動を邪魔し社会に損害を与えるので本来罪となるべきだが、事情が憐むべきであるから、法の涙で罰しないのだという説があるが、子の行為は子として正しいので、法はその正しさを守ってやるべきであり、従って、本来、この行為は犯罪ではないのだという説明が正しいと思う。このことは、孔子も論じているところで、論語に、「葉公《しようこう》孔子に語って曰く、吾党に躬《み》を直くする者有り、其父羊を攘《ぬす》む、而して子之を証《あら》わす。孔子曰く吾党の直き者は是《これ》に異なり、父は子の為に隠し、子は父の為に隠す、直きこと其中《うち》に在り」とあるのがそれである。

重宗が「父殺しは乱心たるべければ」といったことについて書きつけておくことがある。ここに青年があって、飛行機の製作に凝った揚句、或る考案を案出したのを一大発明をしたかの如く思い込み、特許局に特許を出願したが、元来児戯に類するものなので特許局はそれにとりあわなかったところ、青年は極端にそれを憤慨し、この発明を敵性国に売りその国をしてこの発明による飛行機で日本を攻めさせようと画策したという事件があったとする。こういう事実を聞いてわれわれは、まず、いかに若年とはいいながら日本国民である以上まじめにこんな考がおこりよう筈はない、青年の精神に異状でもあるのではないかと疑う。実際この種の行為者に精神異状者の多いことは事実である。精神異状者のしたことであれば別に問題にはならないけれど、万一にも正気でこんな考を起す者が日本人中にあったとしたら、たとえ一人あっても、国の恥である。このような事件が起った場合、正当な精神でやったことを強ひて乱心者の行為にせよというのではないが、精神異状者のやったことを正気の行為として、公の記録に伝えられることは、単に裁判が正当でなかったという以外に、わが国の誇を傷つけることになる。斯様な場合、少しでも精神異状の疑があったら、煩を厭わずして精神状態を厳密に検査するのが正当である。

この一文で私は、裁判官が「法」という杖にたよりすぎることなく、法に内在する工夫考量を常に念頭で反芻すべきことを説いた。若い判事の取調を傍聴して、時に、私の感じることは、現在の法制では法の要求することが巨細に示されてあるために、その要求を満たすことに気を奪われ、自分の裁く当体が何であるかが却って閑却されているのではないかと思わしめることである。例えば、外界に現われた事象、外部的な行為についての訊問は詳細であるが、そのときの被告人の心に突き込んでその反省を促す機会を掴むという方面には割合冷淡であるかの嫌がある。例えば、被告人が甲の犯罪をなし一応目的を達したのに、更に引きつづき、同じような乙丙の犯罪をやったという事件では、その各犯罪のそれぞれの経緯を明かにする外に、必ず、甲の犯罪後なぜ反省なしに続いて乙丙の犯罪をやる気になったかということを突きとめるべきで、審理としては、むしろこの点が中心点であるのに、比較的そこに力が這入っていない傾向を見ることがある。私の解するところでは、裁判官は、まず事件を心の世界で組立てるべきで、即ち、事件に出てくるあらゆる人間の心のからみあい作用しあうところに事件を感じるべきである。外界の行為や事実はその外皮として或はその着衣として見ていいのである。私は、近時の重大な問題である矯激思想の防遏《ぼうあつ》について、過去二十年に亘る経過を目撃してきたものであるが、その歴史を顧みて、防遏の対象を思想という抽象的なものとし、思想の懐抱者達を統一的な水準に置いて見るよりも、むしろその懐抱者個々の心を対象とし、それぞれの特殊の主観を基礎に取扱った方がよかったのではないかと思っている。過去に於て、統一的な思想犯対策を立てて之に向ったことが、懐抱者の個人個人の特殊な事情にぶつかって、常にたじろぎ喰いちがいを経験したため、その場合その場合に既定の抽象的対策を貫徹することが出来ず、そこに一貫したものを欠いたように見えることは、私をしていわしむれば、むしろ当然のことで、それは個人個人の各個の心の問題として取りあぐべきことを、抽象的な思想犯対策一本に則って防遏しようとした誤に座するのではないかと考えている。

　私は、事件を心の問題としてみようとする見地から、被告人を訊問するに当っては、まず被告人の出生から初め、その家庭の成り立とその雰囲気と、そしてその中に於ける被告人の地位をたしかめ、進んで被告人の生い立をたどって漸次その生涯を追い、かくして犯罪の時期に及ぶのが正しいと思っている。私達の恩師狩野亨吉先生は昔「われわれの病気は祖先の罪悪だ」といわれたが、人が犯罪を犯すのも、その原因は犯すときにあるのでなく、遠くその過去に因縁するものであり、更にその生れる以前に遡り得るものである。従て犯罪以前の被告人を究めずして犯罪時に於ける被告人を知ることが出来ないし、これによって被告人をしてその罪業の因って来るところを反省させることが出来るのである。被告人の幼時の純真な時代のことを訊くだけでも、驚くべき効果を挙げることがある。

　繰り返していうことだが、裁判はその人をよくするためのものである。その人をよくするためにするあらゆる努力は、法の目的に一致する。こう考えるとき、この分野に於て、裁判官が、自己の見識を働かせて創意的に工夫を凝らす余地の多分に存することを認めざるを得ない。

裁判官の気持

裁判は一般の前に公開されているものである。いかに窓口事務の緊要がとかれたところで、どこの役所でも会社でも、最高至上の判断を下す責任者が第一線に出て、公衆の前に面《おもて》をさらし、そこで公々然その事務を執っている例はない。関東大震災の後、大蔵大臣井上準之助氏が大臣官邸の入口のすぐそばの室に在って事務を執られた姿にわれわれは感激を深くしたものであるが、かかる窓口事務の最も典型的な形式を、昔から、裁判官は、当然のこととして行ってきているのである。われわれが裁判所の庁舎の全面に菊花御紋章を奉戴していることは、その庁舎に於て行わるる裁判が常にその最高の責任者によって直接にとり行われているからであると解している。

裁判の中心は裁判官その人である。裁判は裁判官その人を顕現するものであるから、よき裁判に於ては、裁判官の精神が法廷の隅々隅々にまで行き渡るべきである。即ち法廷の空気が裁判官の気持で充ち満ちていなければならない。もし裁制官の気魄（きはく）に足らないところがあるか、その気持に不純なところがあると、それは直に法廷の空気を混濁にする。裁判は人と人との取引である。敢て裁判官と被告人との間の取引とのみいわない。法廷には検事もあり、弁護人もあり、傍聴人も居る。これ等のあらゆる人と人との接触については、空気の清浄にして澄み渡れることが至上の要件である。而《しこう》して、その唯一の責任者は裁判官その人なのであるから、この意味に於て、裁判官は、人を裁く前にまず自らが裁かれるのである。

「重宗訟を聴く毎に茶臼を庁に設け明り障子を引立てて其内に座し親しく茶を碾《きし》る。人の問に答えて、訟を分つこと明かならぬは我心の事に触れて動くが故なり、善き人は自ら動かざる様あるべけれども、重宗夫までのことは成難く、只我心の動くと静かなるとを試みるに、茶を碾りて知る。如何にも茶の細かに落つる時に至て我心も動かずと知り、其後漸くに訟を分つ、又明り障子を隔てて訟を聴くことは、凡そ人の顔色を打見るより悪《に》くさげなると哀れがましきと頑《かた》ましきとあり、其品《しな》多くして幾らという数を知らず、見る所の誠しきと思う人の言うことは誠と思われ、頑ましきと見る人の為すことは何にても皆偽と見え、哀れがましき人の訟は負けたる所あるよと思われ、悪くさげなる人の争は僻《ひ》がことならめと覚ゆ。是等の類は、我目に見る所に心を移されて彼が言葉を出さぬ内に早や我心の内に邪正曲直を思い定むる程に、訟の詞を聞くに至っては、我思う方に其言聞き為すこと多し、訟の成るに及びては哀れがましきに悪くむべきあり、悪くさげなるに哀れなるあり、誠しきに偽り頑《かた》ましきに直きこと、この類殊に多し、人の心の知り難き、形を以て定めんこと叶うべからず。古の訟を聴くに色を以て聴くということあり、それは蔽はるる所なき人のことなるべし。重宗が如きは見る所に就て心蔽はるること多し。又さなきだに訟の庭に出でんは畏しかるべきに、況《まし》て生殺を司る人を見ては恐懼して自ら言うべきことも得いはで罪にも科にも逢う人あらんと思えば、所詮互に面を見も見られもせぬに如かじと思いてかくは座を隔てしなりといいしとぞ。」

この記録的な物語も、裁判官になった頃の私には、架空のことのようにしか思えなかった。かような形式では、裁判の実際的効果は到底期待し得ないと考えたからである。しかし、裁判に於ける心の経験をつむに従って、人と人との真の諒解は、心と心との交流によるものであることがわかって、こちらの心を虚しくすることが、相手の心をむなしくし、こちらの心を清くすることが、相手の心を澄ませるの理をおぼろげながら感得してくると、裁判官が自分の心を虚心にすることが、すべてを正しくする根源であって、板倉重宗のなした、心を動かさない工夫が、いかなる犠牲を払っても第一になさるべき心構えであることをハッキリと知ったのである。まことに古語にいう、水の上に波がたたなければ物が映る如く、心が虚しければ、万物来って之に影を宿すという境地である。手づから茶を碾って、自分の心の静かなのを検するというが如き心境であるならば、障子を隔てて人に接しても、お互の心はおのづから通いあって、なまじひにその人の顔貌を見るより正しき認識を得るにちがいないのである。かような境地に身を置いて裁判をした重宗の人となり、返えす返えすも慕わしき限りである。

私のようなものでも、心境特に平静であるときには、不思議に相手方の心がわれに通《かよ》うことを感じることがある。かような場合には、審理がおのずから自在に無碍(むげ)に、自分の仕事であって自分の仕事でないように行われてゆくものである。かような心持でいつも裁判に臨み得れば、この上もない仕合せで、常にそれを念願してはいるものの修養の未熟なために、ともすれば物に心を奪われて雲がかかり翳《かげ》がさして、渋滞昏迷の境に沈淪することが多い。このような場合、心を鎮める途は私には唯心の中に一心に仏を念ずる外はないのである。

かように仏を念ずるというようなことが、現代の文化人を以て任ずる人々の賛同を得なかろうことは私もよく承知している。しかし、最近のような、ともすれば潮流に押し流され易い時勢に、自信なくあちこちと彷徨している人々を見るとき、自分はたとえ何といわれようと、いつも錨をおろし得る拠りどころを信じ、従て時代を超えた永遠の正義の所在を見失わないでいられる自分を、自分のために、又自分の職務のために仕合せと感じているものである。

書の二

豐田正子の「家賃」

豊田正子の「続綴方教室」の中に「家賃」という短篇がある。その話の筋はこうである。或る日、正子が外から帰って来ると、父が心配そうな顔して座っているので、何事かと思ってきくと、家を引越さなければならないことになったのだと言って、裁判所から来たという厚い封筒を見せた。あけて見ると、四五枚の紙に針の先で書いたような細い続け字が書いてあってよく読めないが、「家賃滞納分五拾何円」「五月末日マデニ×決スベシ」などという所だけが分った。父は「俺は字が読めないから正子読んで見ろ」と言うけれども、正子も読めない。「お前は六年まで上ってもこれくらいの字が読めないか」と言って父が怒る。娘は又ぶたれるかと思ったが、そのうち父は押入から蒲団を出して寝てしまった。その夜、父と母とは家賃のことから喧嘩をして、母は子供をおぶって夜中にでて行ってしまう。正子は母が荒川へでも飛込んで死んでしまいはしないかと思って心配しながら寝入ってしまうが、次の朝起きてみると母親はちゃんと帰って来てお勝手で働いているので安心する。そして、その日正子が会社から帰って来ると、父はとてもいい機嫌でお酒をのんでいるし母も安心したようにその前に座っている。昨日とはまるで打って変った様子なので、「お父ちゃんあの書付立ち退かなくてもいい書付なの」と訊くと、あの書付はずっと前にすんだ調停裁判の通知で、五十何円かの滞納分を家賃八円を五十銭増して月八円五十銭ずつ払うことにしたあのことを、裁判所の都合で三月も延びて今頃になって漸く通知して来たのだということで、それを話して父は身体中をゆすぶって笑った。という物語である。

この話を読んで、私は現在の裁判所が民衆から遊離していることを今更のように嗟歎《さたん》するとともに、せめて裁判所がその文書を民衆に親しみ易い字で書いてこんな殺生《せっしょう》な喜劇を生まないようにすべきであると思うのである。全く、裁判所で使う文字には、裁判所だけでしか使わないような難しい文字がたくさんある。それが又なぐり書きの続け字で書いてあっては一般の民衆に読める筈がない。これではいけないと思う。裁判所で用いる用語は少くとも国定教科書の中にある文字で書いて、文章もいかめしい文章体など用いずに、口語体で書くべきである。若しこの調停裁判の通知が国民学校で教えられる文字で誰にも読めるようなやさしい書体で書いてあったならば、最初からこんな気の毒な事件は起らなかった筈だし、母親が夜中に子供をおぶって逃げださなくてもよかったし、正子もこのくらいの字が読めないかと父親から怒られなかったであろう。この話はよく市井に起る出来事が、たまたま豊田正子の筆によって紹介されたもので、これに類する出来事は現在のこの瞬間に於ても社会の片隅のどこかに起っているのである。その現実にわざと眼をそむけて、旧来の書式を追っていることが正しい態度であろうか。しかのみならず、裁判所の通知がもっと親切で、わかり易く書いてあったならば、一般の人々の裁判所に対する感情もたしかに変って来るに違いない。一体このことは啻《ただ》に文書の形式ばかりの話ではない。大抵の人は裁判所といえば、怖い顔を以て臨む近づきがたい所としか考えていないのだ。これは封建時代から民衆に植えつけられた考で一朝一夕のことではないが、裁判所構成法が行われて五十年の今日、なおこの思想の去らないのは、裁判所の方にも反省すべき多くのものが存する。

これは或る刑事記録にあらわれた不良青年の話であるが、一人の不良青年が或る青年を料理屋に誘って饗応した上、金を貸せと言うので、相手はやむなく貸そうと約束した。しかし、彼は実際貸す金を持っていないので貸せない。不良の方はてっきり貸してもらえるものと思っているので催促に行くと、今は金がないからもうすこし待ってくれという返事である。そのとき不良の吐いた言葉に、俺は平素裁判所に出入している、お前が金を貸してくれないで俺に無駄足をさせるとその度に二円づつの督促料がとれるのだぞという言葉があったという話である。この話から考えても、現在の裁判所に出入している人間にはよからぬ種類の者が相当に多く、法律や裁判に疎い善良な人々の裁判所に対する無知を利用して不当な利益を獲ようとしていることがわかる。登記所や競売場の構内には、人相の悪い気味の悪い男を見る場合がかなり多い。裁判所を「正義の殿堂」と呼ぶためには、まず裁判所にこの種の者の近づき得ない空気を作ることが先決問題である。

未決監

昭和三年の夏の暑い盛りのころであった。当時自分は名古屋の控訴院の判事をしていて一日名古屋刑務所をたずねたことがあった。ちょうどその日は偶然にも或る瀆職《とくしょく》事件の検挙があった日で、官吏に贈賄したために検挙された会社の重役たちが刑務所に収容されるところであった。ちょうど今しも十名ほどの人たちが並んで、刑務官吏から身分の取調を受けていたが、その中の三四は顔見知りの人でもあったので、その人たちに知られないように傍でその模様を見ていた。その光景で自分が第一に意外に思ったことは、その人たちは当然それぞれ自分の衣服をつけていると思っていたのに、一様に刑務所の青いお仕着せを着ていることだった。未決では自分の着物を着ていてい い筈なのに、どうしてこの人達は入所匆々《そうそう》みじめなお仕着を着なければならないのかと不審に思ったが、よく考えて見ると、その人たちは今刑務所に収容された直後であり、外から着て来た着物のままで監房に入れるわけにはゆかず、一応衣服を検査されるのが当然で、その間一時、青い尻切れ絆纏を着、股引をはき、冷飯草履をはかされることになるのである。だが、その時まで、自分は迂闊にも未決勾留にこういうみじめな場面の必ず附随するものであることを考えなかった。思えば名古屋の中流以上の紳士達が、こうして生涯着たことのないであろう人足にも劣る惨めな衣裳を着用させられる心の動揺はひどいもので、これはあらゆる未決監に入れられる人のなめる大きな動揺であろうと思う。そして、未決監に収容されるすべての人がこうした経験をなめることを述べておきたい。

自分が傍《そば》で聞いていると、刑務官吏は遠慮なく訊問している。いつ何々大学を卒業したかとか、何々会社の何々課長をつとめているかとか、訊いているのだが、訊く人にその心なくとも、訊かれた者は突然に来たこの場所と自分の今の扮装とに顧みて恐らく無量の羞恥を心にかんじていることだろうと、他人事《ひとごと》ならず気の毒に思った。殊に自分に犯した罪がないと信じている人であったら、生れて初めての侮辱を感じているかも知れない。やがて訊問がすんだ。彼らは命ぜられて一々その監房の番号を指示せられ、そこに這入るのだが、これらの人たちは蒲団の置場から夫々自分の寝るべき蒲団と枕とを一々みずから監房へ運んで行かなければならないのである。その蒲団と言っても、何人が何遍寝たかわからぬもので、刑務所特有の臭気を持つものを、自分でかついで曽て見たこともない監房へ這入るのだが、そうして監房へ這入ってゆくのを見送って、私はこの瞬間の気持はこの被告人たちのその後の刑務所生活を通じて、更にその人々の全一生を通じて、最も惨めな瞬間であるだろうと思いやったのであった。未決の被告人たちはまだ犯罪を犯したとも犯さないとも決ってはいないので、国家は彼等の待遇につき相当の考慮を払っているのであるが、それでも尚且こういう現象を見ることが免がれ得ないのであるから、人身の拘束ということはたやすく軽々しく行ってならないことを、今更のように感じたことである。

この種の取扱については、本来ならば私がここで指摘するよりも、現にその苦患を味わった被告人自身の口からもっと社会に伝えられ、その改善を促がされてよい筈であり、そして自分はそういう建議を心から歓迎するものだが、現実にそういう経験をした人は、刑務所を出て後再びそのことを思い出すことから避けようとされるのが常で、結局これ等の経験もそのまま埋没してしまうことが多い。これが刑務行政が他の部門よりも進歩の遅かった一つの原因であるかと思う。

刑務所の生活

自分は、刑務所に這入ったことのある人には、つとめてその経験を聞くことにしている。また受刑者の書いた作物はできるだけ読むことにしている。たとえば、ふるくは島木健作の「獄」、近くは齋藤瀏の「獄中の記」の如きを見ると、自分の知り得ない刑務所の一面がわかる。

いつの日かたどりつくべきあまりにも苦しき山路峯もまだ見ず
夜毎夜毎父のかへりを問う子等にいかに答へむ世は秋といふに
朝になれば夕をまちぬ夕さればあしたを待ちて日数かぞへぬ
かにかくに一日過さば二日へば君を迎ふる日にも到らむ

これは、帝人事件に座した被告人の妻女が獄中の夫を想うて詠まれた歌である。

山本有三氏の訳されたステファン・ツワイグの「永遠の兄の目」という作（山本有三全集第十巻）の中、ヴイラータという名判官と罪人との応答に次のようなことがある。

「私はお前の刑罰を正しく量ったのだ……」

「正しく量った？　併し裁き人たるお前さまが量る度盛《どもり》は何処にあるのか。お前さまは笞の痛さを知るために、誰かに笞打たれた覚えがあるか。お前さまは遊戯の指でどう年数を数えるのか。明るみの時間と、土の中の闇に埋れてる時間と同じものだとでも思っているのか。お前さまは己の生涯からどれだけの春を奪うか、それが分る程牢舎の経験を持っているのか。お前さまは何も分っていない、お前さまは決して正しい人間ではない。笞を加える者ではなく、笞を受ける者のみが笞の痛さを知り、苦しんだもののみが、苦しみを量ることが出来るのだぞ。」

この物語は、この判官が遂に或る期間罪人の身代りになって牢獄に入るところまで展開してゆくのであるが、この物語によって見ても、判事はいかに努めても、刑務所収容の苦悩を知り得ないわけなのであるから、せめてその経験者の経験を常に身近かに感ずるように自分に仕向ける必要がある。西郷南洲は自ら流謫の体験があるために、西洋の刑法が苛酷を戒め人を善良に導くに注意深く、囚獄中の罪人にも箴誡《しんかい》となるべき書籍を与え、親族朋友の面会を許すことを讃めて、実に文明だと讃められたことが伝わっている。

昔ロシヤから帰った友人からこういう話を聴いたことがある。革命直後ソヴィエート・ロシアの司法大臣となった人が、受刑者の待遇の改善に熱心で、着々その効果をあげていた。この男は革命前には屢々《しばしば》刑務所へ投ぜられて刑務所の悪いところは知りぬいていたので、その弊害に向って改革のメスを加えていったのである。或るとき、彼は同志に対して、刑務所の待遇の改善されたことを話して自信を以て言った。

「この間自分は或る刑務所へ行ったが、パンは白くなっているよ。」

即ち彼は昔同志達と共に苦役に服した時分に与えられた黒いパンは、完全にその跡を絶《た》たことを語ったのである。すると彼の同志は言った。

「いや、いまでも刑務所のパンは黒いよ。」

　だが、司法大臣はそれを遮っていった。

「いや、僕は予告なしにその刑務所に行ったのだよ。それでも、そこのパンは白かったのだ。」

　それに対し、その同志は笑いながら言った。

「君が駅についたことがわかれば、刑務所ではすぐに黒パンを白パンにかえる工作をするのだよ。」

　この話は、その司法大臣が日本人である私の友人に親しく語ったところだそうである。これを聴いて、この司法大臣を好もしく思うのは私ばかりであろうか。

義務の履行

現在の法律制度では、義務を履行するというのに、快く履行した場合と強いられて已むなく履行した場合とに区別を設けない。たとえば、金を借りた者が、期日に満腔の感謝をこめてその金を返えし永くその恩を感じている場合も、怠って裁判となり、執行となってしぶしぶ払った場合も、結局は義務の履行をしたことになる。が、本来ならば、進んでした場合と、強いられてした場合とは違う筈である。孝行は心からするので孝行となる。命じられたがゆえにやむなくしたのでは、孝行にはならないと同じように、刑に於ても、強いて執行されたのでは本来の刑ではなく、受刑者自身が進んで受けるとき始めて刑の真意がとげられるのである。裁判は義務を強いるのではなく、進んで義務をなさしめることであって、裁判官の工夫はそれをすることである。

ここに、或る男が怒りに任せて人を殺したとする。その刹那その罪の報いとして犯人の頭脳《あたま》に閃めくところはきまって死刑か無期で、彼はまさにそれを覚悟している。だが、それに比べてその後裁判で言渡される刑は遥かに軽いのが普通である。法律裁判の実際に通じないからだといえばそれまでだが、死刑か無期かと思うのも満更根拠のないことではなく、わが国の久しい伝統に培われた道義観念が作用しているともいえるのである。だから被告人がもし最初の覚悟をずっと持ちつづけていてくれたら、刑に於ける義務を快くとげしめる上には好都合なのである。それがいろいろな事情からそう思わなくなる、それが刑政として仕合せであろうか。われわれはその所謂いろいろな事情もよく検討してみる必要があると思う。自分は被告人に向ってお前は犯罪直後どれだけの刑を覚悟したかと訊いて、彼が当初に予想したところを今一度思い起させることがある。また裁判は裁判官がお前に命ずるのではなく、お前がお前を裁判することなのだと言ったこともある。被害者の身になってお前の行為をもう一度考えて御覧と諭すこともある。自分の裁判についての考は、事件をして事件を裁かしめよ。被告人をして被告人を裁かしめよということなのである。

椅子の害

今から二十年前、自分が欧洲に出張を命ぜられたとき、殆ど旅装をととのえる遑《いとま》もなかった位であったが、その際にも、自分は鞄の底に紋服一着を入れることを忘れなかった。もし異域で不幸仆《たお》れるときには、紋服を着て死にたいと思ったからである。独逸《ドイツ》に居ても毎朝読経の習慣をやめなかったので、宿主の老判事夫妻は、私をカトリック信徒以上の篤信者だと尊敬してくれた。

この和服に対する執着と、読経の習慣との外に、今一つ日本の風習で文句なしに欧洲より優れりと信じて疑わないものは、日本の座法なのである。いいかえれば、私は欧洲に於ける椅子に倚る座法を非なりとし、自然に反するものと考えるのである。その悪風を日本の裁判が踏襲して、すべての裁判官は皆肘掛椅子に身を埋めて、審理裁判をしていることが、甚しく日本の裁判の実を失わしめたと私は思って、それを真に遺憾に感じているのである。

日本では古来上体を正しく支えることを重んじ、中古以来正座することが正しき身のこなし方とされている。自分で自分の上体を支えて正しく座ることは、脊髄を正しくし、体の中心を腹におくことになるので、自然腹に力が這入ることになる。禅の作法に、慇懃端正にして座せよ、墻壁《しょうへき》に靠倚《こうい》する莫《なか》れ」、と教え、近思録にも「問う。人の燕居するとき、形体怠惰なりとも心慢せずんば可なりや否やと。曰く。安《いずくん》ぞ箕踞《ききょ》して心慢せざる者有らん。昔呂与叔六月中に緱氏より来る。間居の中、某嘗て之を窺うに必ず其の儼然として危座するを見る。敦篤なりと謂う可し」と。説いているのはそのためである。然るに現在の如く肘掛椅子に凭《もた》れて座しては、腹に力の這入りようがなく、足に力が入らぬ形となる。かような姿勢で裁判をやったのでは、全精神がそこに流露し得ないように思われる。姑く精神のことを措き、肉体の点から考えても、正座すれば、労れを知らず、おのずから正しい声が出て、声の嗄れることがないのに、肘掛に凭れていると、労れること速く、睡魔に襲われる虞すらもある。自分は特に考案して面積の広く靠りかかりのない椅子をつくり、これに腰を浅くかけるか、或はその上に正座又は常に自分の力で自分の上半身を支持することに心掛けた。日本の生活が、将来再検討される暁には、自分は是非和服（特に角帯のこと）と読経と、端座とを論じたいと思っている。

読経

自分が随筆「嘘の行方」を出したとき、多くの人々から批評をうけた中に、科学者から讃辞をうけたことは思いがけない光栄とかんじたところであるが、ただ、その書の中に、「非科学論議」と題して人間の死後念が残ると書いたことは、その科学者たちを少からず意外に思わせたようである。ところが、この所謂非科学態度は私というものの一面を代表しているもので、その前の随筆「法官餘談」にも、私の友人が死後何年目かに自分の夢枕にたったことを私は記述している。

自分は旧幕の風を存した旧式な家庭に育った人間であるし、また通俗の意味での仏教信心家の祖母に愛されて育ったし、家には月々心学講筵の流を酌んだ集りがひらかれた関係もあり、長じては禅房に通ったりした関係で、人の死後に於てその人の念がこの世にのこり得ることを否定し得ないのである。その理由は私には説明し得ない。唯自分の考えているところでは、そういう念の残るよりも、残らない方が幸なのであって、死後念の残らぬようわれわれは生前から心がけなければならないということである。

自分の仕事である裁判で、私は屡々《しばしば》死刑囚を取扱う。自分のこれまでに接した死刑囚の数は相当の数にのぼる。それらの人たちが死刑の執行によって生命をおとした後にどこへ行ったかは自分の念頭にはなれないことだ。死刑囚には自分が親しくした者も相当あり、死刑になる朝、「先生行ってまいります」という葉書を書いて私によこした者すらある。先頃も、札幌刑務所で死刑になった囚人が自分によろしくと言って死んだという言伝を聞いたが、その男は自分が曽て札幌にいたとき、正月三ケ日お雑煮をおくった好意を何年の後までも記憶していて、自分に最後の告別をして行ったものである。これ等の人々の残していった言葉や文章を見ると、彼等が程度の差はあれ、生に多分の執着を残して死んでいったことが歴々とわかる。その残した念をどう処理するかということは、道元禅師の如き大徳ならば、それに処するはっきりした道も心得ておられるであろうが、我々凡俗としては唯その仏を回向する外には術が残されてないので、私はおそらく無縁であろうその仏たちの追福をひたすら祈っているのである。横田千之助氏が司法大臣のときに死刑執行指揮書の決裁をされるにあたって、その書類を自宅に運ばれ、仏壇に供養された話は多くの人々を感動せしめているが、私はこの供養の心が、その死者の念を消散せしむるものと考える。

仮りに念という茫漠たる問題はしばらく別にして考えても、読経の功徳は立派に説明が出来ると思う。自分の父祖はすでになくなっている。その父祖がもしいましたならば、自分はその人々に孝養をつくさなければならない。その父祖と自分との関係は死によって断絶して、死後には孝養をつくさなくてもいいかといえば、それは極めて軽薄な考えで、自分を作ってもらった点を考えても、その本を尊ぶのは当り前である。だからあらゆる理窟は別として、父祖に対して死後孝養を怠らないのが人として当然の道で、それ以上穿鑿する必要はないのである。そういう意味から自分は毎朝仏前に於て、父祖に御挨拶を申上げるという気持で読経するのであるが、これが日本の家庭制度の持つ強味だといつも思うのである。

この読経が死者に対する挨拶であることは、読経者の心を死者の心に結びつける作用をする。いいかえれば、死者と共通の心を持つ気持になるのである。一体世の中には生きている者の数より生きたりし者の数の方が圧倒的に多い、その意味では、人間は生きているのが例外で、死んでいるのが原則だとも言える。昔の偉人たちも死んだ人であり、自分の恩人たちもそうだし、自分に好意を持ってくれた人々も、知った人知らぬ人をひっくるめて、死者の列には入っている。だから、父祖ばかりでなくそれらの人々にも挨拶を交わすべきであり、そのことは、当然に自分を死者の列におくことである。かように死者とともに呼吸することは、おのれをしておのずから死者の如き謙虚さを持たしむることになる。そう考えて、自分はできるだけ死者に近づくために、毎朝の礼拝に於ても、なるべく仏壇に身を近づけて少しでも余計に死者と親しみたい気持になるのである。

自分は札幌にいたとき、雪にとじられた女刑務所のさびしい女囚の生活を見て、彼らの近親の位牌を寄附してやることを考え、その望によって位牌を作ってやった。さすがに粗野な彼等も、その位牌にだけは礼拝を怠らず、女らしい優しさで大切にかしづいていたので、私もそこにわれわれの伝統的宗教心による教化の道の有することを学んだ。

死者に心を通わせることは、万物に心をかよわせることである。即ち死者に親しむことは、自分の心を広くして万物と契合する端をなすのである。由来、人心と万象とを調和せしめて、そこに政道の基礎を置くことが聖賢の道といわれている。易経に「先王以て至日に関を閉ず」という言葉がある。至日とは冬至のことで、一陽来復するけれど、陽気なお微弱であるために、処々の関所を閉じ人の往来を止め、世間を平静にして陽気の生長を養い助けるというのである。こう考えてくると、私の説くところもあながち非科学的として排斥さるべきものではないと思う。

忠直卿行状記

日本で有数な財閥の御曹子が統制法規違反の廉で懲役の言渡を受けた。彼は、持ち前の人を人とも思わない我儘と過去の国際自由人的経歴とのために、無警戒でこの禍にひっかかったのである。裁判を言渡した後、裁判官は同情に満ちた態度で静かに彼に尋ねた。

「被告は菊池寛の『忠直卿行状記』を読んだことがありますか。」

その御曹子は元来文学書など繙く人ではなかった。彼は神妙に答えた。

「まだ読んだことはございません。」

裁判官は恐らくそうであろうと思っていたと見えて、親切のこもった調子で言った。

「それなら『忠直卿行状記』を是非一度読んで御覧なさい。」

被告人の人格を尊重する裁判官の言葉に対して、被告人が深い感謝と従順を面にあらわしたことは言うまでもない。その場に居た者は、裁判官も被告人の近親も、被告人の誠意に満ちたその場の態度によって、被告人がすぐさま裁判官の親切な忠告通り『忠直卿行状記』を読むであろうことを疑うものはなかった。一月ほどたった頃、彼の近親の一人は彼に、

「『忠直卿行状記』をよんでどう感じたね」

と訊いた。無論とっくに読んだと思ってのことである。然るに彼のこれに対する答は意外にも、

「まだ読んでないよ。」

という極めて抛げやりな調子の言葉で、彼にそれを読もうとする気の毫末もないことを示していた。その言葉をきいて、むしろその近親が裁判所に対して申訳ない感じがしだした。そこで、わざわざ『忠直卿行状記』をさがし求めて御曹子の夫人に渡し、機会を見て読ませようとした。然るに、後日その夫人の報告によると、彼は『忠直卿行状記』の最初の一、二頁を繰っただけで本を投げ出し、再び見ようとはしなかったそうである。

裁判官がこの小説を御曹子に薦めたという事実を解剖して、この裁判官のこの小説と事件とに対する理解を論ずることも興味のあることと思うが、それはさておいて、少くともこの事件に於て、裁判官が忠直卿を以て擬したこの御曹子は、忠直の性格の一面である恣意を極端に発揮して、裁判官の折角の親切を何とも思わずに、排斥してしまったのである。もしこの裁判官が、被告人に読めと言えば被告人は必ず読むものと考えたとすれば、被告人の心理解剖に至らざるところがあったといえる。が、しかし、この場合被告人を自分の意のままにすることができなかったとしても、私を以てすれば、裁判官として失敗とはいえない、まだ施すべき策が存するからである。それは何かといえば、裁判官は刑務所にまで追求し、受刑中の被告人を捉えて、これに『忠直卿行状記』なりその他必要と思われる書物を、読ませることも出来るし、更に進んでは適当な人物を招いて教誨を与えしむることを刑務当局に進言することも出来るのである。裁判の理想的な効果は刑務所の中での

教化にまで及ぼすことによって、初めて達し得るものである。

書の三

明日の法

一

言葉というものくらいむずかしいものはない。単なる一つの言葉にしても、これを読む人の心ざまによって、又その人の教養の程度によって、千差万別の解釈がなされる。例えば、『心の貧しきものは福《さいわい》なり』というキリストの言葉にしても、之を受取る者の経験が重ねられ知識が発達するにつれて色々な解釈が下されるものである。普通この言葉は謙遜な者は幸いだという意味に簡単に解されるようだが、ただそれだけの意味なら山上の垂訓の冒頭におくことはないのである。「貧しき」という言葉は、単に謙遜の意味ばかりでなく、足りないという意味になり、心の足りない者は幸いだと考えられる。心を持たない人間ほど仕合せだとなってゆく。心を持たないということは、虚心ということ、虚無ということ、無ということであって、言葉は対手の修行の程度如何によって、数かぎりない解釈が許される。つまり、解釈をする人の器量によってどうにも解釈されるのであり、言葉は相手次第のものだということになってゆく。言葉が対手の器量によってだんだん深くなってゆくものであればこそ、そこに言葉の真の意味があるといえるのであって、少くとも心に関係する言葉であるかぎり、そこまで這入って行かなければ、言葉とはいわれないのである。

法律の言葉も、言葉である限り、そうしてそれが人の心を取扱うものである限り、対手の器量によって、その解釈に深浅宏狭の出来ることは当然である。ただ法律は一般の基準を示すものであるから、難解であったり、解釈が区々になることは避けなければならないために、最小限度のところで誰にも平等にわかるだけには作ってあるけれども、それだからといって、法律の解釈が卑俗であってよいということはいえない。法律をその最も平易な解釈以上に、高雅に、幽玄に、深遠に解釈することは少しも差支ないことである。むしろ、深いところは、その器量ある人にまかせてあるといっていい。ここに法律の適用に当る者の重大な責任がある。蓋《けだ》し法律は法律そのものとしては卑俗でも、之れを適用する人の器量によって、之を深遠ならしめうるからである。ナチスの学者が、「正不正に関する究極の判断は抽象的な規則からは引き出し得ない。刑法の立法はどの国のも隙《すき》だらけだ。結局法規は解釈に対する道標にすぎないもので、法規の実際的な意義は、法以上に位する正義を実際に奉行するための指令であることに存する。」と言ったのは、この間の消息から来ていると思う。

二

一体、法規には二つの面がある。一つは法規の本来の用であって、国家の命令権の顕現である。即ち法規によって国家はその国民に求むるところを明かにし、その服従を要求する。この方面は国家の働きかけることだから、できるだけ国民にわからせるだけの用意を必要とし、できるだけ国民に了解せしめねばならない。然し、これとても、国家は国民に対してその命ずる最小限度を行うことを以て満足しているのではない。国家の求むるところは、その法規に従う国民が各その器量の最大限を以て最も深く法規を解釈し、その全人格を挙げてその法規の最も忠実な遵奉に誠意を尽すべきことを求めているのである。ここに国民が法の領域に於て忠誠を致すべき機会があるのである。従来は、法律を以て国家が権力を以て国民に臨む限界だという理念が行われたために、国民は法規の示す最小限度を行うことによって、法の拘束を免れると考え、国家も亦《また》それで満足していたのであるが、これでは法規に対する心からの遵奉は見られない。法規の遵奉に倫理性が失われたのはこのときからである。やむを得ずして、お義理にやる遵奉に倫理性のある筈がない。孝行を命ぜられたために致し方なく孝養を尽すことが孝行にならないと同じことである。法を遵奉する国民は、その法の求むるところが奈辺にあるかを解釈し得た限り、最善を尽して法の求むるところに応ずべきで、たとえ法の文句が命じないにしても、それが法の意図に協《かな》うと考えるに於ては恪遵の誠を致すこと、これが国民の法に対する態度であるべきである。すなわち、法に従うというよりも、法の企図するところを進んで心から翼成することなのである。

法規のもつ他の一面は国家の反省の面である。国民に於て進んでその誠を尽し、法の企図するところを翼成するとすれば、国家も亦国民に対して法を以て臨むにつき深き反省の態度あって然るべきである。元来あらゆる法の言葉の裏には、国家の円満無碍《むげ》な大慈悲心が顕然と輝いて居り、法はすべてその大慈悲心を源として流れでているものであるが故に、法が法たる力をもつのは、その大慈悲心に照らされている限りのことであり、よし法に何とあろうと、この大慈悲心に照らして是とされないことは、国家は決して国民に要求していないということを国家ははっきりと国民に宣言しているのである。そこに国家の反省の一面を認むべきである。而《しこう》して国家の反省は、各種の法規を以て国家自らその権力の恣になることを自制しているけれど、もとより之に従えばよいというべきでなく、国家も国家としてあらゆる誠を尽してその施政が大慈悲心に悖らざるよう努むべきであるから、法規に特に示されてない領域に於ても、国家は苟《いやしく》も大慈悲心に反する施政のあった場合には、潔く反省して自制すべきであって、即ちこの反省は、各個の場合に応じ、その事柄に従って個別的になさるべきことである。もしそれを予め一定の法規によって規定しようとすれば、多くの場合に於てそれは国家の反省として役立たぬことになる。要するにこの反省は、国家の方で自ら抑制することで、国民に利益こそあれ不利益はないわけであるから、法規に書かなくとも差支ない。強いて弊を論ずるなら、ただ一律にゆかない憾みが残るだけである。

三

この法の積極面と消極面は昔から常に存したもので、フランス革命以前は封建の領主があまりに圧政を事とし、反省を欠いたがために、終に革命の惨劇を招来し、革命後は羹《あつもの》にこりて積極面の抑制にこれ力めたために、国家は事毎に反省を強要されて、手も足もでない結果になったことは史上明かなことである。唯その何れもが常に理を以て他に強い、徳を以て解決しようとしなかったために、徒らに争を激発し、道義の頽廃を招いたにすぎなかったが、それが物質文明の結果更に一層理知的となった上、言葉の持つ不完全さが閑却されて、言葉自体に絶対的価値を認めるような世の中になったがために、法規の積極面がその言葉に対する実価以上の価値付けと化体して、国家の大慈悲心に基くと否とを問わず、法規の適用が言葉通りに行われる傾向となり、之にブレーキをかけるべき法規の消極面は、本来言葉を以て現わしてはその倫理性が失われる関係上、そのほんとうの効果が発揮されず、法をさしはさんで国家と国民とが水臭い関係に立っている現状である。

たとえばフランス革命以後人権擁護のやかましく唱えられた時代に在っては、国家が自に顧みて反省すべきものとして自制的な法を設けた場合、それはあくまで国家の自制であって国家の発意にまかせて然るべきに拘らず、かかる場合人民はその勢に乗じて、それを人民の権利として国家に要求しその自制を迫る形をとった。又国家がその発意により人民に利福を授くべき場合、それは国家の働きかけなればこそ初めて恩典であって、人民から要求したのでは恩典の実に欠けるに拘らず、かかる場合にも屡々《しばしば》人民はそれを人民の権利として国家に恩典を迫る形をとった。この余弊は今日に及んで、現在の法に於てもその痕跡を認めることが出来る。今日の法廷に於て被告人から屡々当該の犯罪は以前に確定裁判をうけた犯罪と連続犯の関係に立つが故に、更に裁判されるべきものでなく、免訴の裁判あるべきものであると主張される。しかもかかる場合多くはその被告人は前裁判のとき今回の分を秘して官憲に知らしめず、巧みに官憲の眼をかすめて前裁判をうけたわけなのに拘らず、それが官に発覚して再度審問にあうや、それは前裁判にて既に裁判さるべかりしものであったと唱えて、それが審判を拒むわけであって、狡猾官憲の眼をかすめたることを理由に重ねての審問を免れんとするものである。しかし連続犯の理は、かかる狡猾者流の利用を許す為に認められたのではない。これを認めた理由は、一旦連続犯の一部につき所罰された者が、偶々その後その余の部分が発覚した場合既に前の裁判によって連続犯全部に対する科刑が下されたと見てよいと思われる場合、更に又裁判を重ねることを避けようとする官の処置を法にあらわしたものであって、もともと連続犯の小部分につき裁判をうけた後、爾余の大部分が発覚した場合、前の裁判によって後の裁判を免れしむることは法の本来の趣旨でないこと明瞭であるが、しかし、現在の法の解釈では結局かかる不合理を認めることになっているのである。本来ならば、連続犯の一部が発覚された場合、裁判所は更にその部分につき新に刑罰を課すべき必要ありや否やを調査し、前刑を以てして既に所罰の目的を達したりとする場合には免訴し、いまだ処罰に不足なりとする場合には更に刑を科するとするのが正しき処置だと思うのである。それを法を単に合理的に辻褄を合せようとする意図から、一律一色に規定を立てようとし、しかもそれを被告人からも要求し得べきものとしたために、自己の非を盾《たて》に自己の利を謀って毫《(ごう)》も憚るところなきが如きこととなり、裁判の倫理性を喪失せしめる結果となったのである。

以上の理は、刑事法廷に於て被告人が公訴時効の完成を主張する場合についても同様にいい得るのであって、自分の主張としては、公訴時効の如きも、国家がその事情を酌み援用すると否とを決すべきものであり、被告人をして自ら罪を犯しながら厚顔にも公訴時効の完成を主張して得々と免訴の判決を請求せしむべきではないのである。

要するに自分の唱えたいことは、法を用うるについて国家の立場と被告人の立場とを常に同一に認めなければならない理由はないということである。刑事訴訟に於て国家が公平正義の為国家の行動の自制を規定し又は被告人に利益を与える場合、常に必しもその履行を、審判さるべき被告人をして監視強要せしむることを要しない。

真に国家に権利として強要せしむべきものは、被告人でなければ擁護できない基本的な立場の擁護であって、被告人以外の者も国家の行動を監視し得ることを被告人の権利として被告人をして監視せしめることは、裁判に倫理性を失わしめる因である。

たとえば刑法第三十八条三項に、「法律ヲ知ラサルヲ以テ罪ヲ犯ス意ナシト為スコトヲ得ス」という規定がある。自分の解するところでは、この文章の主格は国民であって国家でないと思うのである。一体法の前には国民も国家も同一地位に立つとされるのが従来の説明で、従ってこの場合もこの法文の主格は国民であり、同時に国家であると解するのが普通であるけれど、この文体から見ても、法律ヲ知ル知ラヌということは国家については問題ではないので、これは国民についていったことといわざるを得ない。さすれば、この法文は法律を知らなかったということで罪を犯す意がなかったと国民の方で主張することは許されないと示すと同時に、反面に於て、それはそうだが、法律を知らなかったということで罪を犯す意思がなかったと国家が判定することは、この法文の関するところではないと述べていると解し得られるのである。自分の考えるところでは、今後この種の二面的解釈を許す法を作ることによって、国家の威信を高め裁判に倫理性を樹つる必要があると思うのである。

四

以上に述べるが如き方法によって、醇乎《じゅんこ》たる日本固有法の体系を樹つることは、今後に遺された大きな問題であるが、しかし現下の事情は永く研究に沈潜していることを許さない。思うに現在の法律に伏在する病弊を治して真の法を打ち立てんとするには、法が国家の大慈悲心と国民の翼成の忠誠に土台を置き、その土台の上に法規を出来るだけ簡素にするのが適当であるが、急速に現在に処するの方策としては、あらゆる法律の上の基本原則ともなるべき「総法」を制定し、そこに具体化した若干の原則を掲げることが適当でないかと思う。

例えばその原則として自分の考えるところは、

一、各人は如何なる場合に於ても忠孝仁義に従い、国家及び国民の福祉のために行動すべきこと。

一、各人は忠孝仁義に反してその権利の主張をなし得ざること。

一、自己の義務を尽さずして、他人に義務を強うることを得ざること。

一、各人は道徳上愧《は》ずべき自己の行為を主張して、自己の利益を謀ることを得ざること。

一、罪にあたると雖《いえど》も、忠孝仁義に反しないかぎり罰せられざるべきこと。

一、各人は単に自己一個の便宜を目的として、国家に過分な手数と費用を科すべき処置を要求することを差控うべきこと。

以上の如き原則を総法としてあげれば、あらゆる法規を適用する前に裁判官はまずこの総法の理によって、不徳義な、手前勝手な主張を制することが出来て、そこに国家の正義を顕現せしめ得ると思う。本来から言えば、かような総法の規定なくとも、裁判官にはかかる原則を自由に適用する余地があると私は信じたいのだが、今日までの法律の傾向がそこまで行っていないので、特に総法の基礎をおく必要を論ずるのである。

裁判のうるおい

司法官が一般行政官と区別されて特殊独立の地位を与えられ、他に煩わさるることなくして、裁判に専念し得るようになってる現在の制度は、司法官のためにこの上もない仕合せであるが、一利一害は免れないところで、この分科分立によって生ずる弊害をよく顧慮しないと、折角の地位の保障が完全に効果を奏しない。

昔の裁判官は同時に牧民官であったから、その取扱の裁判事件の基調をなす社会事情について彼自身責任を持つものである。例えば彼の前に齎《もた》らされた民事の紛争にしても、彼の政治にして親切であったなら起らずしてすんだものであったかも知れない。彼の裁かなければならない罪過にしても、彼の政策が正しく行渡っているならかかる不幸を見なかったかも知れないのである。事件をさばくに当ってその事件の基調をなす事情に彼も亦一半の責任を負うべきであると裁判官が考えたとしたら、その裁判には多分の潤いがあるであろう。徳川時代の裁判に於ける捨てがたき味いは、まさにこの同情から来ていると見る。

前にも記した老中秋元但馬守喬知について次の逸話がある。「一年罪を犯せし者多くして牢舎に充満しければ、掛りの有司より牢舎狭くして罪人を入れ兼候間《かねそうろうあいだ》お広げ有りたしと申出づ、喬知聞きて、罪を犯す者多きは老中の恥なり、老中の恥は随分忍び申すべけれども君上の御恥は如何致し申すべきや、只々罪を犯す者なき様にするを第一とすべしとて、其請うところを許さず」「府内出火度々に及びしかば老中打寄り火元の者類焼多き時は死罪或は遠島又類焼少き時は追放等類焼の多少により罪科の定法を取究《とりきわ》めあるべしと評議ありし時、喬知末座にありしが可否の議論なかりし故、上席の人但馬殿には自分共の評議に少しも御相談なきは如何なる御所存にやと尋ねありければ、喬知、諸君御評議御尤もには存候え共《ぞんじそうらえども》火災は変事に候えば町家のみにも限りたる事はなし、諸君又は拙者邸宅などより出火致し多分の類焼になるも予め計るべからず、又は国主外様《とざま》の館舎より出火せんも計られず、若し其出火多分類焼せば大名の方は切腹にも仰付らるべくや、科《とが》を犯し候はん上は貴賤の差別は相成るまじく如何御決断に候やと言いければ、何れも御尤もに候とて、其評議はやみしとなり」

　現在では裁判官が事件をさばくに当って、その事件が立法の不備や行政処分の不徹底なために起ったことであり、被告人にも責むべきものがありとしても、一半の責任は官憲にあると思う場合でも、それは少くとも裁判官自身の責任ではないと思うが故に、国民の責を問う方に力が注がれて、もし被告人にして官憲の不当を訴えるものがあっても、その苦情は直接その官憲に訴えたらよかろうという風に諭す場合が多い。しかし、国民として直接その官憲に鬱憤を漏らす途は全然存在しないのであるから、結局泣き寝入りになるの外はないのである。同様のことが屡々《しばしば》起訴の当否について問題となる。裁判官が裁判をするに当ってかかる事件は検事に於て起訴しなかった方がよかったのだと思う場合があり、又或は多数の犯人につき起訴と不起訴とを決定した、その処分が明に衡平を保っていなかったと思う場合がある。かような場合でも、裁判官は、起訴不起訴は検事の権限に属することで裁判官の如何ともなし得ることでないとして、被告人の愁訴に対して、それは検事局に向ってする外はないというかの如き態度を示すことがあるが、これとても事実に於て不服のもってゆきようのないことは百も承知のことなのである。

しかし前にもいうように、裁判所は、その最高の責任者が直接民衆に面を曝して国家の意思を声明するところであり、かるが故にその庁舎には高く菊花御紋章が輝いているのである。その役所に於て、その責任者が国家の責任の唯一部だけを不完全な形でなして足るものであるとすることには、いささか疑議を挟む余地がある。もとより裁判所の権限外のことは裁判所もなし得ないことであるが、国家は常に全体として活動しているので、その箇々の仕事はそれぞれに国家の円満な様相を具現すべきであり、一部分であるが故に奇形であるということを許さない。裁判官は国民に対しては、国家の代表者として国家の円満な姿を体現するものであるから、官吏として苟《いやしく》も尽し得べきあらゆる責に任ずべきであって、その間、権限に藉口していささかでも「責任のがれ」の姑息があってはならない。国民の利害休戚につき国家の反省を求むべき点があるならば、あらゆる可能の手段を尽してその貫徹を計るのが官吏の道なのである。

近時医家の専門による分科的研究が発達するに伴って、疾病に対する総合的治療の道に却って支障を生じたという例を聞く。国家の機関が分科的になって却って国民の訴うるところが聴かれないようになっては、本末をあやまるものというべきである。

僅かの心遣い

東條首相が大政翼賛会臨時中央協力会議の席上に於て述べた挨拶の中に「私が自ら視察した結果より徴しても、事にあたるもの、たとえば、一部官吏その他食糧等の配給にたずさわっている者などの僅かの心遣い、僅かの努力によって、国民お互の協力の心持が如何に強化せられ、各人の仕事が如何に能率化せらるるかが明瞭に看取せらるる。」という言葉がある。事に当る者の僅かの心遣い、僅かの協力によって、意外に大きな効果が得られることは、我々の公生活で屡々《しばしば》感ずるところで、私はむしろこの心遣いの方がお座なりの公活動よりも、政治としてはむしろより大きな仕事をしているように思う。芝居でも吾々を印象づけるのは狂言の筋ではなくて、その狂言の醸す色合である。そして、その色合は筋と直接に関係のない端役の所作によって醸し出され、その基調の上に筋が運ばれるというものである。

近時の歌舞伎が観客の興味をひかない最大の原因は、この筋に直接関係のない演技をカットすることによる。裁判の味も亦《また》同じである。裁判官が事件の骨格ばかりを気にして、これに血も肉もつけないようでは裁判の味がでない。その味を出すには僅かの心遣い、僅かの努力によって、常に基調となるべき色合を織り出していることである。骨格だけの裁判は筋ばかりの芝居と同じで、被告人をして心からその裁判に服さしめることはできない。裁判官たる者は、裁判に常に潤いのあるように心遣いを致すべきである。

裁判官として特に必要なことは裁判の後の心遣いである。それには被告人の刑務所に於ける受刑者としての状況を詳しく知る必要がある。自分の経験でも、受刑者に一番感動を与える時期は、刑が決っていままでの着物から赤い着物に着換える時である。これはどんな人でも感慨無量であろうことは容易に想像がつく。受刑者の着物は下は股引の如きもの、上は普通の着物の腰から下を切ったようなもので、色は刺激の強い赭《あか》色であるから、初めてこの着衣を身につけた自分を見て心を動揺させないものはない。この機会に諭されたことは深く心に銘じるから、この機会を捉えて教誨すれば効果が著しい。自分は自分の言渡した裁判に被告人が服罪してこの赭い着衣をつけた頃に刑務所を訪ねて、被告人に将来のことを説き諭したことがあるが、そのときの感銘は永く忘れないらしい。刑期を了えて自分のところへたずねて来るのは、そういうときの感銘がもとであるように思う。その感銘が永くつづくわけは、刑務所の中の生活は外部から絶縁されているから、すべての判断の資料はおもに自分の主観であり、従って一度感激した事情はいつまでも同じ状態のままにつづいているように思うからである。判事が一度受刑者に向って、改悛の情が著しければ仮出獄の恩典に浴せられるといってきかせておくと、それを信じてその判事がたえず自分を見ていてくれると思って励むし、何年かの後に仮出獄になった場合、それはその判事の尽力してくれたお蔭だと考える。虚栄心は人間につきものであるが、獄内の世界ではそれが娑婆よりも甚しい。受刑者は大概自分の生家を誇大に言っている。刑務所の中ではその真偽が判らないから、それが屡後に間違いの種となる。自分が曽て受刑者に読ませる新聞「人」の一欄をカナモジにしたらどうかと主張したとき、獄内の事情に通じている某氏が笑って、「そうしたら、受刑者はそこだけは読みませんよ」と言った。受刑者は自分が無学であっても、平素相当の教育をうけているように誇示しているから、仮名のところは読まないというのである。或る受刑者のために裁判官が特に刑務所に足を運んだということは、誇るに足る資料に乏しい刑務所内に於ては、その受刑者の大きな誇りである。その虚栄心を利用することは悪くはない。その誇りが判事の訪問を実価以上に値づけ、その受刑者の改悛をうながす推進力となる。自分は或る友人から君は或る家で神様のように尊敬されていると言われたことがある。段々に考えてみると、何年かの昔、自分は或る相当の家庭の子が強盗を犯した事件を裁判したことがあり、自分はその男を豊多摩刑務所にたずねて、忠実につとめると仮出獄の恩典があることを諭したことがあったが、その後その男は仮出獄になったのを、自分が約束を守って斡旋してくれたと思って感謝しているのであろうと考えられる。しかし、実際は、自分は刑務所に彼をたずねた翌年海外に出張してしまって、その斡旋を遂になし得なかった事情だったのである。

昔、土佐山内侯の臣小倉彌右衛門は、一旦死刑に極った罪人に多少疑わしいところがあるので、刑を軽くして国外に追放することにした。その罪人を国外に放逐したことを家来が彌右衛門に報告すると、彌右衛門は愴然として、「此の寒い冬に彼の着衣は単衣である、恐らく途中で凍餓するか又は重ねて盗みをするであろう。」と言って、家来をしてその後を追わしめ縕袍《どてら》と銭とを与えしめたので、その盗人は彌右衛門の恩恵に深く感謝して再び罪を犯すことがなかったという。

裁判官が裁判がすんだからと言ってその責任を果したとは思わず、裁判の後に於ける罪人の身の上にまで深い心遣いを忘れないで、慈悲に充ちた美しい思いやりをかけることがいかにその裁判の効果に光あらしむるかを説明する実にいい例である。

法廷外の法廷

公判に於ける裁判は裁判官が所謂闥《たつ》を排して法廷にあらわれるときに始まるものとのみ考えてはならない。芝居は幕があいて始まるのであるが、裁判は幕のあく前から既に始まっているのである。というのは、如何なる被告人も自分を調べる裁判官がどういう人であるかをあらかじめ知りたいのは当然で、乏しい機会を苦面してその資料を得ようとする。その機会の第一は雑居房に在る同監者との談話である。雑居房には種々の人物が居るので、その中には、易断や神託で各人の運命を判断するものや、あやしげな法律の知識や前に裁判をうけた経験を誇示する者が在って、有用無用の知識を供給するのが常である。この談話は、単に裁判官の品隲《ひんしつ》のみならず、あらゆる審理の段階に亘っていろいろな示唆を与えるので、その一班を示すために、その一例をこの文の終りに掲げておく。機会の第二は押送の看守にたずねることである。看守は職務柄左様な質問にとりあわないのが普通であるけれど、被告人に同情したり又は屡々《しばしば》被告人に接して親しみが生じていると、自分の知っていることは差支ない限り知らせてやりたい気持に駆られる。そこで被告人に向ってあの裁判長は厳格だから気をつけなければいけないとか、あの裁判長はよく事情を聴いてくれる人だとか、或はあの裁判長は気をつけないと簡単に片づけられてしまう危険があるとかいう注意を与える。被告人が監房を出てから裁判所まで送られ更に審理が開始されるまでかなりの余裕があり、その間接触していることであるから、右の如き注意がかなり微細にまで渉ることは容易に想像しうる。何しろ看守は何年かに亘って日々事件の審理を傍聴して居り、幾人幾十人の裁判官の審理振を親しく見聞していることであるから、いやでもその比較によって優劣を感ぜざるを得ない。況《いわん》や審理後その審理をうけた被告人を押送しつつ被告人のうけた印象の如何を直接実見していることであるから、その批判は蓋《けだ》し侮ることのできないものがある。元来裁判官は法廷でその人物そのままを裸にして見せるものである。いかなる巧慧な人物でも法廷でその性根を隠しおおせることはできない。日々同一の裁判官の審理を細大となく傍聴させられている看守の批判は相当に深刻なものがあろう。この看守の批判が、被告人にとって、その裁判長に対する第一印象をなすのである。この批評に聞いて裁判長を、或は慈愛深き救い主とも観じ、或は秋霜烈日厳刻な性格の持主とも観ずるのであって、この印象は公判を通じて被告人の頭脳を支配する。いかに裁判官がその日その事件に平素に倍する努力を傾けたにせよ、もし被告人の公判に先だってうけた印象が不良であったなら結局被告人の心をとらえることは出来ないであろう。

以上は拘禁された被告人のことであるが、拘禁されない被告人についても亦《また》同じようなことがいえる。この人々は或は老廷丁から、或は経験の豊富な傍聴人から、公判前に必要以上の知識を獲た後に、公判を迎えるを常とするのである。呼出された証人にしても同様である。

この先入的印象の如何に微妙に公判審理に作用するかを考えるとき、つくづく平素無事の間に於ける精進の大切なことを思わざるを得ない。

註

甲某の聴取書の一節

一、今年ノ二月野村ノ入ッテ居ル二舎二房へ私ガ来タ時、野村ノ予審終結決定書ヲ見テヤリ、房内ノ本デ紙ノ枚数ヲ天地人ニ別ケ、野村カラ詳細ナ犯罪事実ヲ問ウテ見テ八卦ヲ置イテヤリマシタガ、沢水困ト云ウ卦ガ出タカラ、野村ニ罪ヲ受ケナイ様ニナルト申聞ケテ遣リマシタ。

一、房内ノ者ハ皆私ニ八卦ヲ置イテ貰イ、私ハ犯罪事実ヲ詳細ニ聞イテカラ八卦ニ依ッテ有罪、無罪、執行猶予ヲ判定シテ遣リマシタガ、皆的確ニ当リマシタ。刑期モ検事求刑ヨリモ半分以上ト半分以下ニ分ケテ数エテ遣ッタノデアリマス。私ハ以前△△県△△郡ノ××神社ノ神官ヲシテ居ッタ事ヲ同房者ニ教エマシタカラ、皆ガ私ヲ神様ト呼ンデ居マシタ。

乙某の聴取書の一節

一、身分帳作業表ニハ何ノ様ニ舎房ノ点ガ記載シテアルカ知リマセヌガ、私ハ××支所二舎二房ニ丈ケ一年四ケ月居リマシタガ、同房シテ来ル者ニ対シテ、犯罪事実ヲ詳細ニ聞キ、証拠品ヲ聞イテ私ガ判断シテヤルト、刑期ガ当リマスノデ、私ノ事ヲ同房者ガ弁護士々々ト称シテ居ッタノデアリマス。

一、私ハ弁護士ヲヤッタ事モナシ法律書ヲ勉強シタ訳デハアリマセヌガ、私ノ経験上犯罪事実ノ認定、刑ノ言渡ガ当ルノデアリマス。

一、昨年野村ガ二舎二房ヘ同房シテ参リマシタ。野村ハ犯罪事実ヲ詳細ニ述べ、証拠品トシテハ鷹匠足袋十一文ガ領置サレテ居ルガ、自分ノ履イテ居ッタ鷹匠足袋ハ十文ダカラ、足袋ノ点カラシテモ違ウト申シテ居リマシタ。

一、××支所ニ於テハ独房ノ者ガ独居房丈ケヲ七、八名宛纏メテ同一浴場ヘ入浴サセマスノデ、オ互ニ顔ヲ下ニ向ケ手拭デ顔ヲ洗イ乍ラジャブジャブ言ワセナガラ話ヲスレバ、隣ニ居ル者ト話ハ出来マス。

委託

昔自分の取扱った事件に、或る中年の男が窃盗罪で執行猶予の判決をうけてその期間を無事にすませたが、間もなく公園のベンチに眠っている人を見てふと悪心を起し、その持物を盗んだため捉まったという事件があった。本人もひどく悔悟しているし、自分としては再び執行猶予にするか或は実刑を言渡すかに迷った結果、被告人の弟を証人として呼ぶことにした。弟というのは艱難を忍んで自分の地位を築いた真面目な商人で非常な兄思いの人であった。自分はその弟に向って兄をどう処置することが望ましいかと尋ねたところ、その人は、兄は前に執行猶予になったので、私共も共々お上に対し再び悪いことをさせぬようお誓い申したのに、又犯罪を犯したことであるから、兄弟の情としては執行猶予にしていただきたいが、自分としても此度は確たる自信がつかないので是非私共に引取らせていただきたいとは申しあげかねる、兄の処分については一切お上にお任せ致しますから、どうぞ兄がよき人間になりますようお取計らいを願いますと、誠意をこめて陳述したのである。つまりこの事件で裁判所は被告人の弟から被告人をよくするように委託されそれを引きうけた形になったのであるが、よく考えれば、裁判所はあらゆる事件について被告人の親族友人から或は社会から、常にその人をよくして社会に戻すように無言の委託をうけ、之を受諾しているのであって、なにもこの事件のみがそうであるわけではない。

　この事件で裁判所は被告人に実刑を課した。つまり裁判所は弟の依頼を引きうけて兄を真人間にすることの責任を進んでとったわけである。自分は弟の法廷に於ける熱誠に対しても、その被告人をよくしなければならないことを痛感したので、刑務所に於ける受刑中、その男の指導を懈《おこた》らなかったつもりであるが、何分刑期も短かかったのでやがてその男は出獄してしまった。それから二三年たった後、偶々その事件の弁護人であった弁護士にあった機会に、その被告人のその後の模様をきいたが、その人は既にその名さえも忘れているので、遂にその兄についても弟についても消息をきくことが出来ない。

多弁な判決

或る裁判が法律上間違っていないということは、宛も競馬場で馬がコースの外に出ないで走っているというまでのことで、その裁判が正しいということにはならない。競馬が優勝を贏《か》ちうるということは、単にコースの中で走ったというだけでなく、そのコースを如何にして短時間に走って早くゴールに着くかということにあるから、優勝の極意はコースの外に出ないように気をつけることよりも、快速力で有利に走ることにさまざまな工夫を要することは見易い道理である。であるから、裁判は、法律に従うことは勿論だが、あらゆる工夫をつくし、あらゆる方法を考えて、あたかも各箇の裁判が夫々の独特の香りと色を発揮し、百花爛漫の野の如き観を呈すべきだ。が、現在の裁判はいつも一つ色であり、一つ香であり、一つの形であって、百花爛漫の趣に乏しい。むしろ無味乾燥で味わいに欠ける憾《うらみ》がある。この傾向のために、偶々特殊の工夫を廻らし、特殊の工夫のもとに独特の味を出そうとすると、多くの場合とかく反対を受け易い。前の大審院長横田秀雄氏は、裁判に於て先人の企て及ばざりし幾多の裁判を下されたが、世間の評判とは反対に部内ではそれがさほどに重んぜられず、むしろ例外視された。

一体裁判官には剛直な人が多いが、剛直と狭量とは紙一重で、ともすれば他を容るるに吝《やぶさか》となり易い。司法部の伝統的精神が保守にあることは間違いないが、それに藉口して、新しい工夫を阻止する先輩が少くない。今でも屡々《しばしば》感ずることであるが、下級裁判所で或る若い判事が真に良心に恥じない判決を書こうと決心し、率直に自分の意見を表明し、被告人側の主張に対しても懇切な判断を加えた判決は、多くの場合、上級審で歓迎されない。蓋《けだ》し斯の如き判決は、多くの場合、その若い判事の学識経験の不十分なために、却ってよけいな議論をひき起したり、非難さるべき隙《すき》を示したりするために、上級審に於いて破毀される危険が多く、その結果、この若い判事に非難が集中するので、矢張り平凡なあたりまえの判決を書いた方が無難だということになり、折角の若い判事の勇気を挫き、無為平凡の判決が依然として横行することになる。この現象が現在の司法部の癌だと自分は思う。多弁な判決は破れ易いかも知れぬが、さればといって言うべきことを言わず、被告人の切なる主張に対して親切な判断を与えない判決は、たとえ上級審に於いて是とされたとしても、耳を蔽うて鈴を盗むの類である。かくの如く良心的な判決が無残に破毀され、却ってこの種の判決が瑕瑾《かきん》のないために、恰《あたか》も上級審で是認されたかの如き観を呈することは、司法部の進歩を阻害するものであるから、上級審としては、良心的な判決は、たとえ破毀しても、これを称揚するだけの雅量と慈愛とを示すべきで、こうしたことが司法部に明朗な空気の醸し出される素因になると自分は思うのである。

卑怯

裁判官は法律によって裁判しているのだから、法律に適合することは必要である。然し法律に合えばそれでよいと考え、自分の責任が法律に転嫁されるように考えると、その結果卑怯だと思われる考え方をする危険がある。例えば、被告人が横領をした場合、その金の大部分を遊興費に小部分を生活費に使った場合、「遊興費等に費消し」と書かれるのは致し方ないが、その金を遊興費より生活費によけいに使っているとき、「遊興費等に費消し」と書かれることは、被告人にとっては心外である。「家計費等に費消し」と書いてもらいたいのである。すべて、被告人にことさらに悪い感じを与えたり、強いて悪い者に見せようとすることは、被告人に対して卑怯な振舞と言うべきである。

いま一つの例を説こう。衆議院議員の総選挙のあったときのことである。かねて或る選挙区から立候補したいと時期を待っていた青年政治家があった。彼は以前からその専門とする学問をもとに時局経済に関する研究団体を組織していて時折会合や講演会を催していたが、その会員中には彼の立候補せんとする選挙区の選挙権者も相当にあったことは当然である。あとから考えればいささか無謀であったのだが、総選挙に先だつこと数月の或る日、かねての計画によってこの研究団体は風光の佳い某地で会員の会合をすることとし、一日の清遊を終ってその夕はそこの旅館に一泊したのだが、その夕食だけは、会費の勘定とせずに会長たる彼が慰労として饗応しその費用を支払った。この会合には会員の多くが出席し、その中に選挙区の有権者も若干名居たのである。ところが端《はし》なくもこのことが官の疑うところとなって、彼は官憲の取調を受けることになった。彼は右の会合によって選挙運動をするつもりではなかったので、正直に事実を陳述しそれで身の明《あか》りは自然に立つものと信じていた。彼の陳述を全部聴いた後、係り官は静に、「君はその晩会員の慰労のために御馳走したのであろうが、その中には君の選挙区の有権者である会員もある。その人を御馳走することは、後日君が候補に立ったとき何かの利益になるとは考えなかったかね」とたずねた。之に対して若き政治家は率直に「私は当時選挙区の有権者だから御馳走をしようなどとは決して考えていませんでした。しかしお言葉のように会員の中に有権者が居て、それにも御馳走したので、当時その人たちに御馳走することが立候補の暁私のために有利に影響するであろうということを全然考の上にのぼせていなかった、とここで今私が述べるとすれば、少くともそれは私の良心に反する言葉です」と答えた。この素朴な陳述を、心なしに調書に移すと、結局彼は有権者に対し立候補の暁彼の為に有利に働いてくれる報酬の意味をも含めて饗応をしたという事実を認めたことになって、折角の彼の厳格な良心が彼を陥れる結果になる。かかる場合狡猾な経験者は、頑強にその饗応は立候補後の助力の依頼と全然無関係になされたといい張って、決して良心的な附け加えをしないのが常である。然らば、この厚顔な強弁者と良心的な青年政治家と、人間として何れを尊重し何れの言に信を措くべきかは、一般社会の批判に於ては議論はない。唯それが陳述として調書の上に載せらるる場合、もしその批判が蔑《ないがしろ》にされると、言葉の端によって良心的な陳述が却って不利を醸す処がないでもない。この区別をことさら曖昧にして徒に証拠の辻褄をあわせることに努めることも亦《また》卑怯な心事である。

英国の諺に「裁判官は弁解せず」という言葉が残っている。これをよいことにして、不十分な裁判をしても、弁解しないでいいと思っているのは最も卑怯な振舞である。この諺は裁判を批判から遠ざけることを意味するものではない。裁判が公開を原則としていることは他の如何なる国家の行為よりも批判に曝していることの明白な証拠である。その公開の法廷で、裁判官はすべてをさらけ出して裁判をすべきであるから、その外に補足し弁解すべき何ものも残らないというにすぎないのである。現に英国の判事達は多弁であり能弁である。嘗て天津で英国の判事の裁判を見たことがあるが、その日はその判事がナイトに叙せられた直後であって、弁護人はその弁護をするに先だって叙爵の祝辞を述べ、判事は之に謝意を表した上、御厚意を妻にも伝えるということまで言い添えていた。わが法廷にこれまでの多弁を要するというのではないが、発言する勇気のないことを「弁解せず」の裏にかくれて曖昧に葬り批判を免れようとする態度はあるまじきことである。

わが裁判所には現在以上にもっと厳密な批判の風を鼓吹すべきであって、もし現在の病患を指摘するとせば、それは卑怯な振舞に対し之を黙過せんとする遠慮の存在であるといいたい。

瞋恚《しんい》

裁判官として数多くの事件を取扱っていると、世の中には「怒」に値する何ものも存在しないということをしみじみ感じるものである。「怒る」ということは対象に面して自分が先ず畜生に堕ちるかんじだと考える。審理に当っていて、もし心に怒りを生ずると、その途端電話がきれたように相手の心がこちらに通じなくなり、又こちらの気持が向うに通じなくなる。かりに、一つの甖《びん》の中に心が這入っているとすると、その甖に栓をしたようなもので、外からも心へ這入れないし、心も亦《また》外へ出られなくなる。かように対象物との間に気持の連絡が絶えれば、ほんとうの意義に於ける審理は不能となるから、裁判官としては本気で怒るということは、どう考えても許されないことである。だから万一にも心頭に怒りを発したと感じるときは、手ばやく審理を打切るより外にないのである。

自分の調べた被告人に極めて凶悪無残な人間がいた。この男は子供のとき脳を患った記録もあり、非常な鋭い頭を持っていながらも、その鋭い頭は人の行為の裏を裏をとうかがうことにばかり向けられていた。たとえば人が親切な言葉をかければ、その男は必ずその親切の後方に何らかの利害関係があることを嗅ぎつけようと穿鑿《せんさく》するのである。彼を見て私は屢々《しばしば》キリストの言葉の

「悪魔は暗きを好み」という句を思い出した。彼が自己の事件に於て凡ゆる策動を試みたに拘らず、彼の強弁も遂にその効がなくなって事件は次第に彼に不利に帰し彼の焦燥と陰険さが益々露骨となって来たそのときであった。或る日私は刑務所に行き彼の独房の覗き孔からそっと彼の行動を見ると、彼は何か用をしているようだったが、その背筋から肩にかけての線がどうも狐とか熊とかのそれに極めて似ており、更にその動きを見てもやはり畜類という感じのひしひしとくるのを禁じ得ないのであった。しかし、いかになんでも人を見て畜類と思うことはその人に対する重大な冒瀆《とく》なので、さすがに私もその感じを唯私だけの心に秘めて、人にはかつて洩らさなかった。ところがそれからしばらくたった或る日、彼の教誨にあたってもらっていたカナダの宣教師ミス・マクドナルドと話した時、たまたま彼のことに及び、

「あの人はあなたの手で救えませんか」

と私は端的にいうと、この何事にも決然たる態度をとる男のような婦人は、一瞬暗い顔を見せた後

「あなたは見ませんか、あの人は獣《ビースト》になって行くじゃありませんか。」

と言うのである。私は自分のひそかな胸の中を見すかされたように感じてハッとしたが、同時に、ミス・マクドナルドにも全く同じことが感じられていることを知って慄然とした。このことがあってから、私は人間はいつでも獣となることができるものと考えている。

書の四

国家に於ける司法の立場

大東亜戦争の開始以来、軍のあげた驚異的戦果が若き司法官の心裡に及ぼした影響は非常に大きなものがある。若き司法官たちが、同胞であり同じく官にある陸海軍の軍人たちのあのような赫々《かくかく》たる戦果を挙げているのに対して、日々平和時に於けると同様な司法裁判に関係していることが、何かしら為すべきことをなしていないような、この最も生けるしるしある時代に於て為すところなきかの如き口惜しさを持ち、このままではじっとしてはいられないといった感じにとらわれ、それがために、何か現在の司法裁判の仕事以上に国家のために働く道はないかと焦慮しているのは、現在一般に見られる現象である。若き血のたぎる青年司法官たちがそう考えることは尤もなことであり、又実際今日の司法裁判に没頭してこの戦争を乗切った後で、恐らく旧態依然たるであろう司法官の気持と、挺身報国第一線で働いた人々の気持との間になんとなしに一致しない喰い違いが起りはしないかということは案じられない節もないではないのである。

が然し、司法官の仕事は、日本の現に立っている立場と、そんなにも離れているものであろうか、われわれは今少しく現在を検討して考えて見る必要がある。若い人たちがそういう考えを起すについても、司法部はまず現在の司法官の状態が、司法官の本来の姿であるかを検討する必要があり、もし本来の姿でないなら、本来の姿に戻して考えて、その上で時局下の御奉公として果して物足りないかどうかを検討しなければならないのだ。

私の考によると、若い人たちが物足りなさを感じる素因としては、先ず第一に、若い人に本当の裁判の尊き所以が示されてないことを数えたい。彼等は、裁判官としての修行を十分にさせられていないし、その為に、裁判の魅力を十分に身に感じていない。だから軽々に自らの職業を他の職業と比較して考えるのである。この弊を救うためには、若い司法官に対する訓練の方法を改める必要がある。第二は、裁判官が刺激を受けない立場に立つようにできていることがいけない。裁判官は地位の独立という安全地帯にいるために、自分の職業に対して真剣な気持をもつことが、陸海軍の若き軍人のようにゆかない。伝えられる「月月火水木金金」というが如き生活に於ける緊張味は、今の裁判官の仕事の上では養い得ない形になっている。だから裁判官の仕事ぶりを現在よりももっと真剣勝負に近づけなければならない。そうすれば時局と認識の遠くなる憂いはないのだ。徳川家康は「己に如かざる者を友とすること勿れ。」という処生訓を遺しているが、この言葉は自分が気を許してつき合える人間だけを友としておれば、その易きに狎れて向上しないという意味に解釈すべきである。実際、刺激のない、反省を促されない交際をしておれば、緊張を欠くのは当然である。第三は、裁判の国家に及ぼす影響を考えることに疎いことだ。今の裁判は法律の上で分業的になっており、裁判官は単に審理判決の部分のみを担当していて、従って自分の活動が国家に対して決定的な貢献をしていることがはっきりしない。それ故に自分の受持ちの部分だけをつくしたのでは、良心に省みて国家に対する御奉公が足らないように思うのだ。これは、裁判官が法律によって命ぜられていることだけをやっていればよいという旧来の司法部の気風がまちがっていたので、裁判官はむしろ法律に反せざる限り縦横にその独自の工夫を運らし、自分の仕事に光彩あらしめるべきであり、その独創の境地に自己の生命を見出そうと努めるならば、立派に国家の負托に応じ得る自信が出来る筈である。而《しこう》してそれと共に法規も出来るだけ分業的な小細工を撤廃して大きな人物が大きな仕事をするように改むべきである。第四には、現在の裁判を支配する法規の解釈に倫理性が欠けているために、司法官自身自己の人格を以て国民に教え、審理裁判に倫理性を持たせることの用意に欠くるところあることだ。現在の実際を見ると、裁判官は何か機械的な事務を執っているような感じを抱かせるものがある。もし国家の裁判がほんとうに機械的な事務に堕したなら、そこにはもう司法というものの影はない筈だ。

裁判は太古から国家生活に必要欠くべからざる政道の一面であって、時の必要から生じたものではない。戦時に於ける裁判と平時に於ける裁判と、そこには時代の特性から来るところの影響がないわけではないが、しかし、いつ如何なる時に於いても、裁判官は正しき裁判をすべく要求され、その正しきことによって、国民は国家の正義を信じようとしているのである。

国家の行動を国民が全幅的に信頼している場合、司法の値うちは、特に一般の注意するところとはならないけれども、一旦国家が難局に立って、国民の国家に対する信頼がどこかに動揺を来す場合には、国民は必ず司法が国家の正義を護ってくれることの必要をかんずるものである。司法は国家にとって塩の如き存在なのだ。

監督官

自分が司法次官をやめて大審院判事になってから半年になるが、この半年の月日は自分の気持が判事の仕事に落つくために費されたと言ってよい。或る先輩は判事は職人だと言われたが、実際、判事という職人に戻って、職人になりきるべく撚《より》を戻すには、少くとも半年くらいの月日は要るのが当然である。行政官と司法官の仕事の味の違う点がはっきりわかったような気がする。

判事の仲間には昔から二つの潮流がある。一方では判事たる以上は行政官の仕事と判事の仕事とは相容れないと言って、その意味で行政官たることを極端に嫌う人があるし、他方では行政官になることは判事としての才能を豊富にする所以だと言って、それになることを奨励する人がある。自分はそれは各人の性格傾向によることで一概には言えない、ことと考える。実際に見ても、判事から行政官になって司法官としての魂を見失ったと思われる人もあるし、行政官となったために司法官としての仕事が幅と奥行を増したと思われる人もある。で、行政官になりたいものはなればよいし、司法官として止っていたい者はそうすればよいのである。

これについて思い起すことは、自分を指導して下さった立石判事は、東京地方裁判所、東京控訴院で、あれほど熱心に、あれほど卓越した才能を裁判の上に示されたにも拘らず、横浜地方裁判所長となられて以来名古屋控訴院長となって停年で退職されるまで約二十年に近い間、一回も法廷に出られなかった。自分は、それとは反対に、昭和九年東京地方裁判所長となったときも、折があれば裁判をしたいと思っていたし、札幌控訴院長になっても、長崎控訴院長となってもやはり法廷に出て裁判をやった。即ち、立石氏とはちがって、監督官になっても裁判をすることをやめなかったのである。一体自分は裁判がすきで、記録を見ると自分の事件でなくともなんとなしにそれに読み耽りたくなる性分ゆえ、私の裁判するのはむしろ私の嗜好から出ているともいえるのであるが、私は故池田大審院長と共に、判事は監督官になっても裁判をしなければならぬものだと考えており、それが自分のためになり部下のためになると確信しているのである。この点に於いて立石氏と私とは違った意見を持っているように考えたので、自分はかつて立石氏の主宰されていた「名古屋法曹」という雑誌に寄稿して、立石氏に是非裁判をしてもらいたいという一文を草したくらいだが、ついに再び立石氏のあの名裁判を見る機会はなくして終った。

ひそかに立石氏の考えを忖度すると、氏は裁判を無上の神聖なものと考えておられ、裁判官の心には微塵も夾雑物《きょうざつぶつ》を入れてはならぬと思っていられるのである。然るに判事が一面監督官として行政の事務を司りその傍ら裁判の仕事に従事するとすれば、裁判に対する心境が監督事務処理の便宜を主とする考えの傾向によってかき乱される虞れがある。それは判事自ら気がつかないところに影響があるとも考えられる。裁判を少しの塵汚れなく、玲瓏《れいろう》たる気持でするには俗的な行政事務の影響から完全に隔離する必要があるというのであろう。立石氏の厳格な性格から考えて、そういう意見の尤《もっと》もな点を認めないわけではないが、自分としては、判事を率いる監督官が自ら裁判をしないでどうして部下を統御し得るかを考えたい。元来判事は裁判することの外にその能力を発揮する道はなく、その以外に行政的な卓越した才能を持っていないのが普通である。だから、衆を悦服する手腕を判事の行政手腕に求めるのは無理で、寧ろ裁判を通してその手腕を知らしめ、その人をしらしめることが与えられた唯一の方法なのである。ただ裁判から玲瓏《れいろう》性を失う懸念を防ぐためには、監督官は、あまり行政的な些事にまで深入りしないがよい。行政的な事務は、寧ろ検事の側に託するなり或は書記長に任すなりして大綱を統べる程度にすれば、裁判をする心境を保存出来ると考える。近来の判事の傾向として、判事の職務の高く尊きを考えながらも、どことなしに行政部の魅力に牽かれるような弱点の見られることを、私はひそかに憂いとしている。若い判事は所謂職人として一人前になるまでは、脇目もふらずに仕事に邁進して行政官に目移りせぬことである。相当の年月をかけて一旦職人としての手腕を体得すれば、たとえ行政官になっても司法の尊きことを忘れないであろうし、更に司法官に戻っても必ずやその意識を取戻すにきまっていると思うのである。

本文に述べた立石氏に対する公開状と之に対する立石氏のお答とをここに再録する。

立石院長に寄するの書

わが司法部が時代の歩度に歩調をあわせ得ず、質に於ても未曾有の行き詰りに直面していることは心ある者の決して見逃すべからざる現象であって、司法部は正にこの時に於て積年の高踏的・退嬰的態度を清算し、時代に即する施設をしなければ、時世の匡救《きょうきゅう》思いもよらずといわなければならない。

立石院長が頃日来声を大にして司法部の拡充を唱えられるのは、現在の国情に於ける司法部の位置を顧念さるる憂国の至誠に出づるものであって、在朝在野を問わず苟《いやしく》も司法権の権威を念とする者の等しくその憂いをわかたなければならないところのものと思われる。しかし、私は窃かに思う。われわれ下僚としては、政府が近き将来に於て司法部拡充の挙に出づるであろうことを確信し期待し安心していていいであろうか。時は非常時であり、財政は極端に困難である。この時に吾等の願が聴かれて、司法部のみ拡充されるということの実現を見るべきであろうか。過去もそうであったことは、おそらくは将来もそうであろう。吾等は予算編成に際して、吾等の願いが聴かれた程度を虫眼鏡で探さなければならないであろうことを惧れる。院長は長官として又行政上の監督官として、飽くまで司法部拡充の貫徹に努められるのは、将にそのところであって、われわれは院長の健闘を多とするけれども、退いてわれわれはその期待に倚頼《いらい》して漫然将来を待つべきであろうか。

私の昔裁判した被告人島倉儀平の書きのこした文の中に、「裁判官は証拠十分というけれども、例えばここに一個の桝があって、これに豆を盛ったとする。豆は十分に盛られて、これ以上容るる余地がない。しかし、もし之に砂を入れるとすれば、なお之を容るる余地があるのである。又もし砂を容れる余地がないに至っても、更に之に水を注げばその之を容るる余地はなお大に存するではないか。裁判官の証拠十分というのは、豆の十分か、砂の十分か、将又《はたまた》水の十分であるか」というのがある。この言葉は爾来十数年間私の頭の中で繰返し繰返し吟味している言葉である。この理窟はすべてのわれわれの仕事の上にあてはまる。「われわれの能力には限りがある。」という言葉はよく聞く言葉であるが、これについては私はよくこの言葉を想起する。

現代は熟練工から大量生産への転移の時代だということである。しかし、われわれの仕事はあくまで熟練工の仕事である。然るに往々にして大量生産的の原理が屡々《しばしば》われわれの仕事の上に適用される傾きがある。もし粗笨《そほん》なること豆粒の如き頭脳の人が、その能力の限りを尽したとしても、その人の能力は緻密なること砂粒に似たる人の能力の限りに比して遠く及ばないし、又砂粒の如き緻密な頭脳の人も、水の如き滑かな頭脳の人の能力の限度に比して更に遠く及ばないとおもう。この三者の能力を何れも同一の能力と見て、われわれの能力の限度を測定することは大量生産式の見解である。

しかし、今の人々の中には知らず識らずのうちに、この大量生産式の見解が巣くうている。デモクラシーはすべての人を、熟練と不熟練とに拘らず平等に取扱うことを主張する。人が人として振舞う限りに於ては、希くは謙抑でありたいことは私の願いであって、人の人としての行動に於て差別を立てることには私は断乎として反対する。しかし、熟練した人がその熟練に基いてその技を発揮する場合には、私はその人を尊敬してその前に跪きたい。然るに司法部内を見渡すに、自己の技能に満足し安心している人の多いのを認める。甚しきに至っては、自負慢心、自己あって他なき底の人を見る。司法官はおおけなくも他人の罪を判断し、之を強制してその自由を奪う職権を持っている。洵《まこと》に懼《おそれ》れても亦《また》懼れざるべからざる職である。その司法官が未熟を知って敢てその職に当ることすら僭上至極であるのに、況《いわん》や未熟を知らずして敢て熟達せりと自負するに至っては、天下此上の危険はない。司法官は自省の上にも自省を必要とするのは当然のことである。私はこの意味から司法官がその心を虚くして有徳練達の士に倣《なら》うの度量と謙譲とを持つの風を鼓吹したい。

司法部が直面した現下の難局を現在のままで切り抜けよというならば、私は唯すべての司法官がこの際最練達せる人の仕事振りに倣って最有能に仕事をするの外はないと考える。労農ロシアはその組織をとっているとの事である。各人がお山の大将式に従来の軌道を追い、従来の軌範の中にのみ動いていては、いつまでたっても難局は難局である。

難局の打開には異常の精神と決断とを要する。非常時ということは内閣大臣の単なる懸声ではないのであって、この非常時は又吾等の非常時である。非常時には非常時の事務取扱いがあるべきであり、非常時には非常時の判例があるべきである。もしそれがなかったら、現在は少くとも司法部にとって非常時ではないことになる。それ故、吾等にして真実非常時を打開するという信念に燃えるならば、非常時の故を以て、弁護人の要求に応酬し得るであろうし、非常時の故を以て従来の大審院判例に反する処置をなし得なければならない。

要するに事は吾等の覚悟一つだ。もしほんとうにその事が正しいと信じ、自を忘れてそれに傾倒する誠心が存するならば、その裁判官に対して弁護人から我儘な要求のいえるものではない。これは老巧な弁護士の常に口にするところである。弁護人から我儘をいわれるのは、その裁判に隙があるからである。その裁判官がまだほんとうに仕事三昧に入っていない証拠なのである。「断じて行えば鬼神も避く」とはいい言葉である。

それにしても吾等は力が弱い。願くは吾等の先頭に立って身を以て吾等を率いる人がほしいのである。実際ほんとうの裁判はあらゆる色気を清算し枯淡の域に這入った人にして初めて完全になし得るのである。吾等には現在不幸にして師とすべき大裁判官が与えられていない。これがわが司法部の最大の不幸事である。私はこの意味に於て、立石院長が身を挺して裁判の実務に当られ、身を以て吾等に範を垂れられることを切に望むものである。

もし立石院長がその範を示されるならば、真にこの非常時に当って非常時に適する裁判振りが実現されるであろうし、少くともそれに対して何れの方面からも謂われなき反抗を敢てしないことを信じる。従って吾等はいかほどそのために恩沢をうけるか、蓋《けだ》し測り知るべからざるものがある。

私は過去に於て幾度か院長の出盧《しゅつろ》を要請した。しかし、院長は行政事務の重要なことを説かれて私の請に耳を藉されなかった。院長が行政事務を重要視される真意は、自己を捨てて後進のために十二分に力を尽したいという院長の宿論に胚胎するのである。しかし、私は現在の非常時に於て、真にこの難局を打開せられるため裁判上に活動されることが行政事務より重要でないとは、どうしても考えることが出来ない。行政事務は利口な人なら誰でも出来るのである。何等判事たる経験なく、判事たる魂がなくとも、怜悧俊敏でさえあれば或程度まで行政事務はこなしてゆけるものであって、その例は敢て乏しくはない。院長の如き裁判事務に於ける練達の士が、更に行政事務にも堪能であるとしても、寸毫もこれがために吾等の崇拝を高めないのである。

加之《しかのみならず》私は時として行政手腕のために吾等の崇拝を低めやしないかをおそれるものである。行政事務は裁判事務の如く、単一無想身も魂も打ちこむという醍醐味はない。いわば俗事である。人の心はともすれば俗にひかれるものであって、卑俗にかかわること多きにつけおのずから心も身も俗臭を帯びるものである。吾等は幸いにして与えられた天職に従い、無我虚心の境地に身をおくの機会を決して逸してはならないのである。

行政事務の最主要なものは裁判の監督である。裁判の監督ということは私には意味のない言葉である。裁判は他から監督する方法がないからである。裁判の監督ということは、躬自ら裁判することの外にあり得ない。芸術に監督ということが存し得ないと同様である。芸術に身も心も打ち込む芸術家の如く、裁判に身も心も引き込まれることによりて始めて真の眼を開くのである。その悟によって或は慚じ、或は発奮して、ここに新生の意気が昂然として起るものである。それがほんとうの裁判の監督であるとおもう。

要するにこの難局に於て、真に司法部を匡救《きょうきゅう》するものは新な光である。ここに新な光が輝くならば、現在の人員を以てして、現在の設備を以てして、優に現在の数倍の仕事が出来ることを信じる。重ねていう「断じて行えば鬼神も避く」である。

（七、七、一二）

（附記）言々肺腑より出づる三宅氏の私に宛てたる公開状の文句、一々御尤《もっと》もで深く感銘の至りである。殊に私が勝手に付けさせて貰った圏点《けんてん》の一節は、私にとりてはまさに頂門の一針である！　多謝々々……が、併し今の司法機関の状態では直ちに君の意のあるところを実行することの出来ない私の微力さを悲しむものである。

（甫水）

上司と下僚

大正の初年、私が最下級の判事で民事の陪席判事をつとめていた時代、私の指導に当られた部長は、特に、私を可愛がって下さった。開廷日、仕事が終って一緒に役所の門を出ると、きまって日比谷公園を散歩しましょうと、私を誘《いざな》われた。当時私の宅は築地にあったので、日比谷公園を通るのは私にとって順路であり、むしろ渋谷に住んで居られる部長の方が逆《ぎやく》になるわけであった。一体、日比谷は、私の幼時からの馴染の土地で、ふるいことをいえば、福島中佐がシベリアの旅から帰朝されたとき、私は日比谷の原の北、今の交叉点附近にあった橋の袂（たもと）で、車夫に負われて歓迎した思出がある位であり、長じてその脇の中学に居たとき公園が出来て、作文を作らせられた記憶もあるところでありながら、どういうわけか、今日になっても少しも懐旧的な情味の湧かないところで、実は部長と共々に、或は藤の花の下を、躑躅（つつじ）の丘の上を、或は花壇のダリアを銀杏の金色の葉を、という風な記憶はあっても、それを背景としての当時のわれわれの情趣を浮ばせるだけの印象が残念ながら私には残っていないのである。だが、その散歩のあいだに、話し好きな部長から、たえず、仕事の上、仕事の外のさまざまな教をうけた、その言葉には、今に活き活きと私の耳朶（じだ）に残っているものがある。

「私は判事になってまもなく、判事は法律を勉強しなければならないと思って、一、二年のあいだは他との交渉をたち、書斎にばかりこもって法律の本を読んでいました。だが、裁判をするには、書斎にばかりこもっていてはいけないのです。その後社会のいろいろな人につきあってみて、それがよくわかりました。だから、私は現在慶應に講義にゆくのにも、時間より早目に教授室に出かけて、そこで教授たちと話をするのがたのしみです。」

日比谷公園を漫歩してから、私たちは、足を銀座の方にむけて、その当時出来たばかりで、かなり人のきたカフェー・パウリスタに這入るのを常とした。部厚《ぶあつ》な茶碗に濃いブラジルコーヒーを盛《も》ったのを一杯と、洋菓子を前に置いて、相かわらず二人は相語っていた。そして薄暗くなろうとする頃あいに尾張町の交叉点のところでお別れして、部長は渋谷へ、私は築地へ帰ったのである。

私は、この部長の下で、民事裁判の手ほどきをうけ、そうしてこの部長の審理を見て民事裁判の何であるかを知ったのである。後に、刑事裁判に当るに及んで、私は、この部長の下で学んだ民事裁判のコツを、刑事裁判に応用したので、当時の刑事裁判としては、とにかく一種の特色を持ったわけであるが、それ等の私の仕事は、全くこの親しみのこもった指導の下に成り立ったものなのである。

この日比谷から銀座にかけての散歩を、われわれは一週間に一回又は二回やっていた。そうしてその際のパウリスタのコーヒーなどの代はいつも部長が払われた。私も時には払いたいと思ったが、いつも部長がさきに立って払われるのでその機会がなく、しまいには部長に払って頂くのが習慣のようになってしまった。当時の部長は、民事の部長になられてまもない頃であったから、おそらく六級俸位で、さまで高官でもなく、いかに十銭か十五銭のコーヒー代でも、きまって支払って頂くのはさすがに心苦しく思ったので、私は或るとき、父にそのことを告げて「どうしたものでしょう」と相談した。父は「それは僅なことでも恐縮だから、煙草をのまれる方なら、幸い貰った西洋の煙草があるから、それを差上げたらよかろう」といって平たい長方形の煙草の函をとり出して私に渡した。そこで或る日、私は、その函を持って部長の宅を訪ねたが、学生の気分が失《う》せない私はそんなことをするのがひどくきまりがわるく、常なら、座敷にとおされてから話をするのに、玄関のところで、「父がこれを差上げてくれと申しますので」と、不手際な口上をいって煙草の函を差出したところ、部長はいつになく厳粛な、会津武士を思わせる態度になって「そういうものを戴くことはないから持って帰って下さい」ときっぱりいわれ、いつものように「あがり給え」ともいわれず、玄関にきちんと座ったままで居られるので、自分もいたし方なく、その函を収めて体裁わるく部長の宅を辞去した。そのときの気まりのわるかった味は、いまでも尚お忘れ得ない体験である。

　爾来私は、上司に贈り物をしないことにした。そのうちに、私もやがて上司と呼ばれるようになり、長官と呼ばれるようにもなった。そこで追々と私の感じたことは、上司が下僚に応分の馳走をしても、下僚は気にするに及ばない。それがためわざわざ下僚が上司に返礼をすることが却って上司としてはむしろ心苦しいことなのである。その代りその下僚が上司になったとき、それだけのことを自分の下僚に対してすればよいのだ。つまり上から受けた恩を、下に向って返えすのである。こうしてつぎつぎに上から下へと濃かな情味のリレーされることは美しいことだと思う。或る先輩は下僚が上司に対して心をこめた贈り物をするのは日本の古来のしきたりで、それを拒むべきでないといわれたが、それはそうであるとしても、もし長官がさような態度を示されると、必ず下僚の中に心ならず贈り物をする風を馴致する。由来よき上司が意外に不評判を買うことのあるのは、下僚からの贈り物に胚胎する場合が多い。その人に決して貪る心がないに拘らず、結果に於て、その人が貪婪《どんらん》な性格を持ったと全く同一な不快な空気を下僚の間に作るからである。板倉伊賀守勝重は、奉行職は賄賂を受けざること第一の伝授なりといったそうだが、多くの下僚を率いる上司としては、下僚から贈り物を受けないことが第一の伝授だというべきである。

鍔《つば》ぜり合い

宮本武蔵の「五輪書」を読むと、彼はその全生涯を挙げて、剣で勝つことに捧げている。勝つといっても、弱敵に勝ったのでは、勝ったことにはならない。彼は強敵を強敵をと索《もと》めて、その者に対する僅かな心の優越、力の優越で、彼の勝が確立する、その勝を尊重し楽しんでいるようである。無事を願う心からいえば、そんな風に命《いのち》を危険に曝し一かばちかの博奕をうつことが、何の意義があるかと疑いたくなる。

これについて思い出すことは、雋敏慧眼《しゅんびんけいがん》を以て聞えた横田千之助氏が司法大臣たりし当時、私に語られた言葉である。——自分はとかく事を好む男だという非難を蒙る。それはある点まで当っているが、自分は敢て殊更事を好み、人を騒がすのではない。自分という人間は、自分一箇だけで居ると、器量手腕に於ていかにも弱く小さい男としか観じられないのだが、それが何かのことで、自分より数等偉大だと思う人間と角逐するときになると、不思議にもその場合の自分は、平常の自分とはちがって、その人に匹敵するだけの力量が、自分のうちに出てくるのを発見する。それだから、勢い自分より偉いと思う人間を見つけては之と張り合ってみたくなるのだ。——この横田氏の言葉をきいて、私は

うきことのなほこの上に積れかしかぎりある身の力ためさむ

という歌を詠じた山中鹿之助も、決して単にうきことの身につもることを願望したのではなく、自分の堪えきれないと思う試練に向って闘うことにより、己を大きくすることに興味を持ったのだと思った。こう考えると、宮本武蔵も、たとえ或る試合に於て強敵のためにあやまって敗をとり、そこにあえなく命をおとしたとしても、少しも悔いるところがなかったろうと思われる。

鍔ぜりあいという言葉があるが、人間は他人との間に鍔ぜりあいをしているような緊張した場面に自分を置く機会が多ければ多いほどその人の仕合せだと思う。家庭の和楽や、気をゆるした友との談笑の裡では、人物は出来ない。近思録にも「人の家に拠る。骨肉父子の間に在りては大率情を以て礼に勝ち恩を以て義を奪う。唯だ剛立の人は則ち能く私愛を以てその正理を失わず故に家人の卦大要剛を以て善とす」と戒めている。つまり家庭団欒の際でさえもみだりに許さない心持なのであって、これに従えば、人間の全生涯は鍔ぜりあいの連続である。

この点に於ては裁判官の生活にはたしかに欠点がある。私恣を肯定する危険が伏在するからである。法律は裁判官をして自己の信念に基き、純一に裁判をさせんが為に他の一切の干渉から裁判官を保護している。裁判官の地位はあたかも箱入娘の如く、万事は他の犠牲に於て配慮され、本人には少しも苦労をさせぬように仕組まれているのである。しかし、かかる箱入娘が必しも純真を保つと限らないように、裁判官の心の中にも他の干渉のなきに狎れて徒に私恣をほしいままにする癖を養う余地がないとはいえない。板倉重宗がこの私恣を特に惧れたのは、裁判官の持つ宿命的な弱点であるからであろう。現代に顧みても裁判官はともすれば「お山の大将」式な気持に陥りやすい。だから、出来るだけ鍔ぜりあいの機会を持ち、つとめて他人に揉《も》まれる地位に身を置き、あらゆる方面に触角を働かせて、自己反省のキッカケを掴むべきである。

今から二十年以前には、法廷に於て屡々《しばしば》鍔ぜり合いに類する葛藤が展開された。弁護人が裁判長の一寸した油断にも詰問の矢を放つことが少くないので、「法廷は戦場だ」という言葉が今よりより多くの実感を持っていた。当時花井卓藏弁護士は裁判長与《くみ》し易《やす》しと見るときには、裁判長の不用意な点を捉えて相当辛辣に追及するという噂が高かった。或るとき自分は花井氏にそのことをただしたら、花井氏は笑って、現在の刑事訴訟手続に於ては弁護人が裁判官をやっつけるなどということは到底出来ないようになっている。それにも拘らず弁護人から窮追されるとすれば、それはよくよくのことなのだと答えられた。

判事として検事として将又《はたまた》弁護士として巨大な足跡を残した故秋山高三郎氏は、自分達のためには実によき師であった。一日の仕事が了り他の判事が帰られた後も、ひとり判事室に残り給仕に命じて茶を運ばせ、おもむろにわれわれ後進に向って、所謂「長講一席」を説かれたものである。その談話の一々を筆記しておいたなら蓋《けだ》し珠玉の文字であったのだが、惜しいかな、その多くは記憶から逸して僅かにおぼえているのはその二三にすぎない。その一つに、秋山氏が予審判事をしていた時代の話がある。政界の古強者《ふるつわもの》ではあるが、品性の芳しからざる或る政治家を取調べたときのことであるが、鄭重な秋山氏の取調に対して極端に厚顔無恥な態度で応酬し、再三注意を促しても毫《ごう》も省みる色がなく、どうしても相手にならないので、流石の秋山氏も堪えかねて声を励まし「君のような不徳漢はわれわれの風上におけぬ人間だ」と罵った。この言葉をきくと、その男は、突然席をたって、いかにも慇懃らしく、「これは大変失礼しました。私は間違ってあなたの風上に居りました。どうぞこちらへ」といったので、憤慨していた秋山氏は、拍子をぬかれて二の句がつげなかったという話である。

裁判官と弁護人と、裁判官と関係人との間に火花を散らす白兵戦が演ぜられた頃は、裁判官の修行のためには、仕合せな時代だった。それに備えて、裁判官は常に油断なく身構えをしていたし、一旦争端を開く場合も、沈着に相手をこなすことが出来るし、よし手許に肉薄されても、鍔ぜりあいで仕とめる用意があった。ところが、最近二十年、世上の風潮につれて、いつとはなしに訴訟関係者までが、お互にいい子になることを競い、正しいことでも他人の機嫌を損ずることは口にしないのを美徳と思うようになったために、弁護人もよほどの事情がない限り、進んで裁判官に苦言を呈したり、抗争を挑んだりしないのを賢明なりとするようになったかに思われる。そうなると、鍔ぜりあいの機会も遠くなり裁判官も無事に狎れて自然イージーゴーイングな風に傾き易く、裁判官その人の錬成ということには、極めて不利な傾向になったといわざるを得ない。

だが、外部からの鍔ぜりあいの機会は、少くなっても、裁判官が内面的に鍔ぜりあいを考える機会は、決して減じていないのである。裁判官が審理に面して、内に準備の不十分なことを愧じる場合がそれである。例えば、裁判官が事件の記録について、十分の検討をなさなかった場合、そのため審理に生じる亀裂は、如何とも彌縫《びほう》し得ないものがある。況《いわ》んやその法廷には、その記録につき十分に調査を遂げた陪席判事、検事、弁護人も立会っているのである。実際、刑事記録は、その全部に目を通《とお》さない限り決して安心は出来ないものである。仮りに記録の調査を省略したとして、その省略した部分に、如何なる珠玉がかくされてあるかわからないからである。ある裁判官が記録の中の一枚——それは事件の重要な人物の死を報告した書面であったが——を見落して、公判で職権を以てその人物を証人として喚問する決定を言渡し、調査の欠陥を曝露した事例もある。よし又記録を調査したにせよ、その見方に深浅広狭の差があり、之より導き出す見識に高下の差があって、事件を見る眼が他の訴訟関係者に比して痛く劣っていたことを愧ずる場合もあり、甚しいときは、自己の修行不足のためにあたかも自己が他から唐竹割《からたけわり》に斬られたかに感じることすらもある。この意味に於て、ここにも、矢張「鍔ぜりあい」があるのである。苟《いやしく》も恥を知り求めてやまない精進を持つ者なら、進んで事件の中に、身を投じて鍔ぜりあいの機会を掴まんとすること、必や横田千之助氏の如くあるべきであろう。

掏摸（すり）

人込《ごみ》の中《なか》で掏摸が財布を掏《す》った。が、その財布を手にする途端に見つかって、彼は忽ち群集から袋《ふくろ》叩《だた》きにされ、挙句の果《はて》警察につき出された。彼の所業《しょぎょう》は明かに他人の財物に対する所持を奪って自分の所持に移したもので、窃盗の既遂として処断されるのが当然である。しかし、本人にして見ればそこに陳弁したいことが若干残っている。というのは、第一に、彼は盗んだ財布を手にしただけである。第二に、従って、その財布の中にいくらの金があったかも知らない。たとえ巨額の金員が這入っていたとしても、彼にとって何にもならない。第三に、彼は、一文も自分の為につかっていない。つまりその金によって多くの盗賊の味う如き快楽を得ていない。第四に、盗まれた相手には、何の損害もなかった。それだけならまだいい。その上に彼は群集の為に乱打され、ひどい目にあっているのである。以上のことは、この掏摸として是非訴えたい言い分なのである。もとよりそれは、彼の法律に対する無知識によるのでもあろう。或は彼の手前勝手な打算によるのでもあろう。がそれにも拘らず、彼としては、とにかくこれを是非訴えたいのであって、彼の身になってみれば、あながち一概に無理ともいえないのである。「盗人にも三分の理」という諺のある所以である。

かやうな場合、判事はそれをどうさばくであろうかを想像してみる。考えうる第一の判事は、被告人がそれをくどくどと述べはじめた場合、それを遮《さえぎ》って「だってお前は、ちゃんと財布を取ったではないか」と一言で突き放してしまうであろう。もし被告人が更に執拗に陳弁を試みようとすれば、それは聴く必要のないことだという顔をする。之に反して第二の判事は、被告人の心事を諒として、被告人にそのいわんとするところを――それは愚痴と勝手としぶとさと、そして或る場合には嘗《な》めた仕打を交えたものであっても――十分に述べさせ、多大の辛抱と或る場合には卑屈と見えるほどの寛容さを以て、それを傾聴する。この第二の判事の審理振りは、第一の判事のそれよりいいことは勿論だが、唯このように被告人に都合のよいことばかり述べさせることは、被告人をして、裁判所があたかもその身勝手な注文をも容認してくれるものの如き錯覚をおこさせる嫌があって、後日被告人の主張が認められなかったことがわかった場合、より大きな不平を勃発させることがある。元来公判の審理はいつも公平な軌道に沿うてなさるべきものである。被告人の言い分だけを「大写し」にして他の資料を小さく写すことは、審理のバランスを失わしめる。さればといって被告人の言葉を中途で遮ることは極力避くべきことであるから、被告人に言わせるならば終《しまい》まで言わせなければならない。こう考えると、第二の判事のやり方必しも適当ではないのである。

ではどうしたらよいか。第三の判事は、あらかじめ記録について、被告人の切に訴えんとするところが奈辺にあるかを察知する。そして公判に臨んでは、被告人がそのことを口にしない前に、審理の間、判事の口からそれとなしにその事情を夙《（つと）》に承知していることを、被告人に知らしめるのである。被告人は概して従順であって、判事が承知していると思えばまずその洞察に感服し、その判事に信頼を置いて、重ねて自分からくどくそのことを陳弁しようとしないものである。そうしてその感服と信頼の度が強ければ、一切をその判事の処置にまかせる心になって、裁判がどうなろうと以後不満を残さないものである。

要は、記録によって正確に被告人の心事を読みとる工夫と、それを被告人に諒承せしめる工夫に存すると思う。

天職

私が司法部に這入った明治四十四年は司法部がひどく人員の過剰に苦しんでいた頃で、新に多数の司法官試補を採用しても、それを消化し切れなかった時代であった。そんな情勢の下にあったからであろう、当時の職員課長は、司法官を志して新な希望に燃えているわれわれを前にして、極めて張りあいのないようなことをいわれたものである。——裁判官というものは就職の第一日から身を終るまで（当時は裁判官は終身官であった）の長い長いあいだ、唯裁判という一つの仕事に従事する。区裁判所判事と大審院判事とその地位は大にちがっても、執るところの職務は、裁判という同じ仕事なのだ。従って当初はその職に興味を感じた者でも、長いあいだ同じことを繰返しているうちに、おのずから倦《あき》がきて、その職をつまらぬと思う気にもなる。そのため折角修行しながら、中途で他の職業に転じてゆく人が出来る。それゆえ、ほんとうに終身裁判官で御奉公をするという固い決心を持つ人は歓迎するけれども、差当りやってみようとか、暫くやって他に転じるかも知れないと思っている人は、今この席で志望を撤回してもらいたい。——こんな意味のことをわれわれは聴かされたのであるが、そんなに念をおされて採用されたに拘らず、それから数年ならずして、第一次世界大戦が勃発しやがて好景気時代が現出するや、俊秀慧敏な判事が続々とその職を退いて、或は在野法曹に或は実業界に転じていった。それを見送って私は、才気煥発の士がその覇気を殺してひたすら裁判のことに没頭することが相当難事であるのを感じて、あらためて職員課長の言を想い起したものである。

更に職員課長のいわれた、区裁判所判事と大審院判事と仕事の性質に差別のないということも、私の体験が立派に私に証明した。私はこれまで判事として区裁判所、地方裁判所、控訴院、大審院の何れにも勤めた経験を持っているが、現在、人あって私に「お前はどの裁判所で判事の仕事をしたいか」と問うものがあったら、私は言下に、地方裁判所の刑事の裁判長と答えるであろう。ふりかえってみて、私は、その昔東京地方裁判所の刑事の裁判長をしていた時代が一番なつかしく慕わしいのである。現在のように、大審院で上告事件を審理しているより、下級審で事実の調べをしているほうが、私にはより裁判官らしく思われるのである。

区裁判所の判事の仕事は、現在一般に尊重されていない。しかし全国の刑事事件の八〇パーセントは区裁判所でさばかれているのであるから、仕事の幅に於ては他の比でない。それのみならず、その土地に親しみを持つために、仕事のほんとうの効果を期待し得る利便が極めて大である。この土地との親しみということにつき、最近になって、私はあらためて区裁判所判事の尊とさを見直した事例がある。

昭和十四年は旱魃《かんばつ》の年で、九州でも山間地方はその害をうけて無収穫の田が多かった。その旱魃の初期のことである。山の傾斜面に相接して二つの田を耕作している二人の若い貧しい農夫が居た。同じ村の同じ字《あざ》でそだち、少し前後しているが同じ頃小学校に居たこともあり親しい仲であったが、土地の気風で、素樸のうちに二人《ふたり》とも情《じょう》がこわかった。田に落とす水がだんだんに少くなってきたので、二人は協定して夜は甲の耕す田に、昼は乙の耕す田にと案配していたが、水は少くなる一方で二人とも気が気でなかったところ、或る夜甲が見廻ってみると、意外にも自分の田にくる筈の水が乙の田に注がれているので、乙の不信を憤りつつ堰をなおしていると、偶然にそこに乙が来たところから争論になり、互に手にしていた鍬を構えて睨みあっているうち、平素から稍《やや》傲慢だった乙の一言にカッとなって、払った甲の鍬の刃が暗い夜のことではあり乙の脛に深く喰い込んで骨を折ってしまった。さすがに驚いて、甲は直に乙を背負って家にとどけ、手当を加えたのだが、不幸にもその傷から破傷風をうけ乙は数日で死んでしまった。乙には七人の幼い子女がおり、唯ひとりの働き人を失った家庭の悲惨な有様を知っている甲としては、自分の所業のおそろしい結果に大きな責任を感じなければならなかった。しかしその甲とても、家には八十を越した母親と三歳になる女の子だけしか居ないのである。彼は直に警察に自首したが、彼の家の事情を酌んで、彼はともかくも家に帰された。彼がぼんやりと村に帰ってきたときは、引きつづいての旱天《かんてん》のために、あんな騒ぎをおこした彼の田も、附近の田も、一帯にひびわれて、稲は焼け焦げたように枯れていた。

秋になって、裁判が下り、彼は懲役三年を言渡された。その判決に対して彼は控訴を申立て、執行猶予を与えられたいと望んだ。彼としては年来の友人を殺した責任の重いことを深く自覚しないではないけれども、何分にも老母と幼児だけでとてもこのさき暮してゆけない彼の家庭を顧みると、枉《ま》げてもお上《かみ》の憐憫にすがらなければならない立場に在るからであった。事案《こと》が咄嗟のはずみに起ったのではあるし、水に対する農民の特殊な心持を考えて、控訴審も彼に同情しないわけにはゆかなかったけれど、現に七人の子女を抱えて途方にくれている被害者の妻が、彼と同じ字に在ることだけを考えても、彼に徒らに寛大であるわけにはゆかないのである。遂に彼は、裁判長の説得に服して、彼の母と子との始末をつけるだけの猶予を与えて頂けば、いさぎよく刑を受けることを承知した。

元来彼の妻はその前年まで彼の家に居たのであるが、勝気であり、近代の教育をうけた婦人の常として理屈っぽいために、母親との折合がわるく、終に離縁話となって実家に帰ってしまったのである。もしこの婦人の復縁ということが出来て、彼の入獄後一家の処理に当らせれば、彼にとってこの上もない安心なのであるが、元来彼が居る際《あいだ》ですら仲のわるかった娵《よめ》を、彼の不在中姑と一所に暮させることが至難のことで、とても尋常の手段で家の始末がつくとは思われなかった。その至難なことを控訴審の依頼によってその土地の区裁判所判事が引受けられたのである。

以下はその区裁判所判事の書面の抄録である。

「御手紙委細拝見、一同感激其極に達し、直ちに奔走に従事致したる結果、幸いに警察署長、郵便局長、駐在巡査等の援助により本日郵便局長宅に本人老母を呼び、昨夜まで去りし妻を復縁せしむることに絶対に反対せし老母も漸く各方面の御心配と御同情に感激し、明日妻を私共に於て当地に呼び諭し戒めたる後幸いに双方円満に了解出来候上は打揃って本人老母妻子供皆相共に手をつなぎ家に帰らしめ、円満に更生新年を迎えたる上本人も安心して入所する段取に致すよう相成居候。去りし妻は去るに際し老母に対しあるまじき失言をなせしため老母の怒を買いたる等老母の怒るも尤もなる事情有之、又妻側にては、去りし後着物を取りに来りし際本人が暴行せしとて告訴したる等の複雑なる関係ありて、約二年間融けざりし感情も長官の熱心なる御温情に抱かれ漸くここまで漕ぎつけ申候。妻さえ帰れば、経済上食うに困ることはあるまじとのことに候。……」

「さて御配慮下されたる事件に対しては、本日夕方、事件発生以来の世話人にて親戚の××といえる人と、本人の妻及其父母当地に来りたるを以て、警察署長室にて夜に入るまで小生、警察署長、郵便局長及右××氏よりまず長官の御親切と御温情を説ききかせ、ほろりとさせたる後、将来本人、妻、老母仲よく暮し、本人留守中は、妻は何事も我慢して暮し村中のほめられ者になる好き機会なることを説き励まし、迷と心にかかる曇をとり去れば人の霊は神にも仏にもなれる立派なるものなることなど説き申候。最初本人の妻は泣いてばかり居り、其母は本人が鉄の棒にて妻を殴り居るに老母はとめもせぬような人ですなどいろいろ愚痴をこぼし、皆様がかくまでお世話下さるし子供もあることだし帰らせようとは思えど将来が心配なりなど申し居りし故、小生等は、一昨夜以前のことはいざ知らず昨日よりは本人も老母も全く妻を帰らせて貰う事に心も融けて居るし、待っていることと思う故此機会を失わば本人も老母も再び疑心暗鬼を生ずる結果となる虞ある意味を説き、着物や道具は親戚の者が届けるといわれるから此足にて帰りまず老母に詫びよと説き候処、漸く妻もその母も心が晴れ笑顔を見せるようになり、室内に朗な笑声も起るように相成候。本人の家には、駐在巡査及びもと学校長たりし隣家の老教育家も、妻の帰るのを待ち居るよう連絡をとられ、帰家の上は、一同、一家の者を説くことにしてあり、かくして妻は親戚の者に伴われ郵便局長と共に、今後心を入れかえて老母に仕え、打ち揃い新らしき年を迎えた上本人を刑務所に送り出す気持にて自動車にて本人の家に帰り候……」

「一月四日本人来訪致し、其後も円満に行き居る故安心して入所出来ると申居り、是迄寄り付かざりし親戚の者共も和らぎ大分よくなりし由にて本人入所の後も生活には困ることはない故御安心被下と申候。一旦離籍されし妻も、昨七日再び入籍の手続をすませ、法律上も立派な妻と相成り、万事結了致候……」

この書面にあらわれたような諸方面の尽力のおかげで、ともかくも家庭の平和は回復し、本人も安心しよろこんで刑務所に入所した。しかし本人の入所中の家庭は、必しもいつも春のようにはゆかないで、屡々《しばしば》判事を煩わしたようである。判事のその後の書面によっても判事は常に「止まず撓《たわ》まざる心配を続け」なければならなかった。「老母と嫁との間柄は教養の浅きために嫁が小児をつれ実家に帰ってしまい」判事と警察署長と刑務所の教務係長とで双方に説いて漸く帰宅せしめたこともあり、又小児が重患に罹ったり、嫁が病気にかかったりしたこともあり、そのたびに一々判事に苦労をかけたようであったが、その親切が効を奏して、曲りなりにも家庭は維持されてゆき、服役一年十月にして仮出獄により本人が出所したとき、老母妻子の三人揃って健康な面《おもて》に喜悦を輝《かがや》かせ本人を迎えることが出来たのであった。

この事件によって、私は区裁判所判事の大きな天職を知り得たのである。区裁判所判事の仕事というとややもすると最下級の仕事のように考える人もないではないが、その任地の土地の平和と密切な関係を保ち、その土地の人々と同じく呼吸してよろこびを共にし、悲しみを共にすることによって、ほんとうに実際に即した仕事が出来るのは区裁判所判事の特権である。私は過去に於て区裁判所に勤務したことがあるけれど、専ら執行事件に従事して、このような平和判事ともいうべき仕事をとらなかったことを、今にして残念に思うと共に、区裁判所判事と大審院判事と仕事に於て差別がないといはれた往年の職員課長の言葉をあらためて玩味しているのである。

癖

私は自分の審理について他の批判を求めたい心から立会の書記に対しても、常に私の審理について気づいた廉《かど》があるなら遠慮なく批評してほしいと頼んでいる。すると或る日、立会の書記から、あなたが時に被告人を揶揄《からか》うような言葉を出されるのを聴き苦しく感じますという注意をうけた。その瞬間私ははっとした。というのは、私はその昔恩師立石裁判長の陪席判事をしていたとき、立石裁判長の審理につき窃かに心にその批評を加え、自分はあれをやらぬようにしようと思ったことを想い出したからである。もっとも立石裁判長も、決して徒らに被告人を揶揄されたわけではない。被告人の中には実に図々しいのが居て、自分の罪を免れよう一心から、誰がきいても承認し得ないような勝手な理屈や、結局辻褄のあわないことの明白な事理を、しらじらしく力説して毫《ごう》も愧じる色のないのが居る。かような被告人に対して、議論をして屈服させるのは愚かしいので、被告人の得々と論ずる出端《でばな》を挫くため、諧謔を以て一矢を報い、その剛戻と狡猾とに止《とど》めをさそうとする気持になることもあり、一面それは、審理の中心が被告人の勝手な方向にひきずられるのを救うことにもなるので、一概に非難すべきことではないのである。

しかし、私の信条としては、いかなる場合でも被告人を揶揄したり辱しめたりしてはならないと思う。被告人は、よしその罪を悟りその非を悔いたとしても、そんな取扱をうけることによって、もはやその判事を尊敬したくとも尊敬し得なくなる。判事は、どんな不逞な被告人でも、その人柄を尊重することを決して忘れてはならない、と私は平素思っているのである。

その私が、立会書記から注意を受けたので、私は狼狽し赤面した。注意されて見れば、立石裁判長の感化は深く私の身にしみ込んで、私は知らず識らずのうちに、その真似をしていたのである。

人に学ぶ場合、容易に学びとるところは、多くはその人の短所であって、しかもそれは、学ぼうと心掛けなくとも、自然に継承してしまうものである。その人の長所は決して容易に学びとり得るものではない筈であるから、自然そうなるのが当りまえといえる。それは、声帯模写についてみてよくわかる。もし名人の芸の長所をとり得る程の者なら、既に名人であるべきで、模写などしている筈がない。彼等は、その人の短所を似せることによって辛うじてその人を模写しているだけなのである。

裁判には声帯模写の余地はない筈だ。

書の五

「学なければ卑し」

江木司法大臣のとき司法研究制度が司法部最初の試みとして行われた。その第一回の会同の劈頭《へきとう》、時の大審院長横田秀雄博士は、研究員に対し「学なければ卑し」という語を示して訓諭をされた。私はその典拠を究めていないが、爾来十数年この語は、意味の深い言葉として私の頭脳《あたま》に残っている。

この「学」という言葉は、おそらくその典拠に於ては、広い意味の学問をいうのだと思うが、いまそれを法律学というような専門的な研究、又はそれぞれの技芸という意味にとってもいいのである。専門的な研究や技芸は、それ自体に修身斉家を目的としているものではないけれども、これに渾身の力を傾け努めてやまざるに於ては、その研究技芸から卓越した人格が磨き出されるものなのだ。或る学問技芸が、それ自体直接に治国平天下の道に寄与するところが尠《すくな》いからといって、その価値を卑しむ向《むき》があるけれど、それはその学その芸によって、人間至上の境地に入る道のあることを知らざる者である。問題は、それが極めて至り難き業であるということであって、いかに学に秀で芸に優れても、その域に達するのは万人に一人あるかないかである。私も法律学者の多くを見ているけれど、真に法律学というもので、人格を磨きあげたといえる人は、纔《わずか》に一二を識るだけである。

昔観世太夫が三代将軍家光の前で能を演じたとき、陪観の柳生但馬守宗矩が嘆じて、観世太夫が舞う間、剣をつけることが出来ない、といったという話があるが、宗矩は決して太夫の至芸に感心して、剣を用いるのを忘れたわけではなく、一芸に達すれば、何人も犯し難き心境を得るものであると思う。

学問技芸の本来の目的は、かかる境地に達することであって、それであればこそ一生をこれに托する甲斐があるといえるのであるが、仮りにいまだその境地に到り得ないにしても、一事一芸に渾身の努力を傾倒するものには、奪い得ない志がある。その事その芸に対するその者の信念の致すところである。その信念がその者を誤らせず惑わせざるところに、気高さが生じる。世上見るところ、時の好みに応じて馳走する輩は、多くは一生を托する自分の業を持たざる人々である。

裁判官はその職責上、是非とも法律学に通じなければならない。法律学は、それが直に裁判の学ではないけれど、心を潜めて法律学を究め、そこに一家の識見を立つる程に及べば、その人はその自信があるによって、濫に他の言によって動揺せず、瘦我慢をしても、自己の見識に忠実ならんと努めるから、そこにおのずから裁判の道を体得する。徒らに他の顔色を窺って、去就を二三にするのは、自己の仕事に信念を持たない証拠である。知慧才覚だけで立っている者は、いざという場合に見ぐるしい態度を示して卑しさを露呈する。この意味に於て、裁判官は、濫に他のために動かされざるためにも、法律学を究める必要がある。そこに「学なければ卑し」の意味がある。

愚直

裁判に対する心掛けは、智慧才覚にたよらず、どこまでも愚直に終始して、狙いどころをあくまで追求するところにあるのである。行政には、淡き執着を持つ方が賢明だと思う場合が多いが、司法には、常に灰汁《あく》の強い執着がなければならない。

元来刑事裁判の目的は、その人を良くしその社会を清く美しくするにある。社会を良くすることはしばらく措き、人その人を良くすることだけでも、すでに容易ならざる事業である。現在わが国の教育がさまざまに批判されて居り、われわれが考えても、これまでの教育には満足し得ない数々があるが、普通人の教育ですらまだこの状態にあるとすれば、まして、素質や環境の劣る特殊の国民の教育に、完全な方策が立っていたとはいわれまい。裁判所の受け持つ人々は、国民の中でその素質環境に恵まれない成人である。学者の説によると、人間の根性は十六歳以後になっては、とても生れ変るようには変らないものだということである。恰度《ちようど》小児時代の腎臓炎は完全に治癒するが、成年以後のそれは不治の痼疾《こしつ》となるという、肉体に対しての定説と呼応するものであろうが、私は人の精神が肉体と同様な理論を容れるとは考えないけれど、とにかく、生れかわったように、人の精神を直すということは至難の業で、そのためには、奇蹟を信じてかからなければいけないとまで考えているのである。今日釈放者の更生ということが、とかく簡単に論じられがちであるが、尋常一様の努力でそれが達せられると思うのは、大きなあやまりである。だから裁判官は、一旦自分が手がけた被告人について、聊《いささか》でも悔悛の端緒を掴みうる機会があると思ったら、それに喰い下って、飽くまでその人を良くしなければやまない執拗さを持たなければならない。仏説の、「衆生をさきに渡して自らは遂に仏にならず」という言葉があるように、自分がたとえ地獄に堕ちても、自分の済度しようと念《おも》う相手は、さきに成仏せしめるという意気が、この仕事にも必要なのである。嘗て私が裁判した人のために骨を折っているのを見て、立石控訴院長はそのゆきすぎを懸念せられたが、自分はたとえミイラとりがミイラになっても、被告人が苟《いやしく》も悔悛する見込がある限り、望みをすててはならないと考えていた。元来恵まれない人間を良くするのである。まだ悔悛を十分にしていない人間から、とにかく信頼を受けなければならないのだ。さらでだに世を白眼視している人から、親身《しんみ》な信頼を得ようとするには、相当長い期間に亘って誠意を以て接することが必要であり、そのあいだには屡々《しばしば》忍び難きを忍ばなければならない。しかもその期間中は、たとえどんなにこちらで気をつけても、再び道に迷う危険が多く、そのためにその世話をした者は自分はおろか、他人にまで迷惑をかけ、不明の譏《そしり》を甘んじてうけなければならず、甚しい場合には、その者に利用されて思いもよらない疑惑をさえ受けることにもなる。世に社会事業と呼ばれる仕事の中で、最も割《わり》のわるいのは、犯罪者の更生を目的とする仕事だと、私は常に思っている。

私が名古屋から東京に転任して二年ほどたった或る日、名古屋で裁判した一被告人から手紙が来た。殺人未遂の被告人であったが、その書面は、刑期を終えたら上京する、お世話を願うという文面である。その男は相当の年輩であり、弟の家は名古屋附近で相当な農家であることを知っている自分としては、都会の誘惑に負けて罪を犯したその被告人を、むしろ実家に置きたかったのだが、本人も弟もそれを好まないで、共々私の手で将来を見て貰いたいということなのである。世は不況時代で、釈放者を待っている仕事はなかった。漸く私の知己に頼んで下男のような仕事に使ってもらったが、本人は待遇の酷なことと給料の少いことを訴えてやまなかった。興奮しやすい性質で、時には、「どうせこういう身《からだ》で、どうなってもいい」というような捨鉢な言を吐き、私の家の女中など火でも放《つ》けやしないかと怖《こわ》がる程だったが、そんなことが何年もつづくうちに、私の妻など、「あの人があんなことをいうのは毎年きまって木《き》の芽時《めどき》だから、もう少し経《た》てばやみますよ。」というようにさえなった。

ところが、そのうち偶然知りあった女に、釈放者の常で、自分の身分を誇大に吹聴したことから関係が出来、遂に女が妊娠したと聴いたとき、自分だけがやっと食べてゆかれるこの釈放者の身の上が一体どうなることかと、私共の胸を冷させたのだが、その途端に日支事変が勃発し、工業が盛になると、彼の犯罪以前の職が役に立って、彼はある大きな会社の機関部に勤めることになり、今では妻子と楽しく暮して、貯金の額を私の妻に自慢する身となっている。この男についてよく妻と語ることだが、彼の更生はまったく日支事変のおかげで、もしその勃発がなかったら、彼は情婦と子とに板挟みにされて自棄に陥り、再び罪を犯していたかも知れないのである。今になって私達に功ありとするなら、それは十年のあいだ辛抱づよく彼にくっついていたというまでのことなのである。

この私共の小さな経験からでも察せられるように、この仕事はいつもじめじめしていて、しかも思うような結果の得られない仕事である。私が強靱な愚直さと執拗さを説くのはそのためである。

幸にも司法部には、この愚直執拗という属性を、裁判官に保たせて、之を庇《かば》うだけの用意があるのである。これ等の属性は、司法部以外の官吏に於ては、およそよろこばれないものであるが、裁判官は本来自分の意見で事を決し、自分の手で判決を草し、自分の職務の範囲内に於ては直情径行、各人の実力と持ち味とを思うさま発揮し、しかもその結果につき全責任を負う仕組になっているから、愚直や執拗が、ここでは累《わずらい》にならずして、却って美徳となる。だから、われわれ裁判官は、宜しく愚直さ執拗さに徹すべきで、迂愚鈍重の譏（そしり）を気にすることはないのである。

しかのみならず、更にわれわれをして言をなさしむるならば、愚直執拗必ずしも痴愚拙劣を意味しないのである。事に対して懸命であり、深思熟慮を尽すならば、良き知慧はおのずから湧き出づるものである。唯、俊敏慧悟の人の如く、事に臨んで即座に機敏に出ないだけである。かかる機敏は、裁判官にはあまり必要でない。裁判官が裁判をするには、それに先だって事件の記録が与えられ、あらかじめ之につき調査を遂げる余裕が与えられる。遭遇戦で咄嗟に勝算を立てるのではない。だからもし平生心がけて努めて多くの事物に接し、そのとりどりの知識経験を蓄えておき、その知識経験を動員して一生懸命記録にぶつかり、心を虚しくして事件に対したならば、縦《よ》し鈍重な頭脳であっても、余裕と努力とのお蔭で、慧敏な人を凌ぐほどの、良き智慧を考えつくと思う。

私の畏敬する故清水行恕検事は、検事になってまもなく、有名なシーメンス事件の検挙に関与し、シーメンス・シュッケルト会社の事務所を捜索したが、あの時代に於てドイツの大会社に手を入れたのであるから、どうあっても結果をあげなければならなかったけれど、多数の外国の書類帳簿の中から的確な証拠を見つけることは容易でないと思われた。それがやすやすと検挙の端緒を得たのは、清水検事が小切手帳の中からVの符号のついた小切手を指摘し出したからで、清水検事はその符号が vertraulich 即ち機密を示すことを看破したのであった。この功は、まさに清水検事の慧敏な頭脳に帰すべきであるが、静かに考えると、この位の発見はわれわれの絶対に企及を許さない程度の智慧ではないように思う。遅鈍な亀でも或る程度まで敏慧な兎に及び得るのである。われわれにとって必要なのは、平生の蓄積と、事に臨んでの懸命の努力である。

一体世の中の物の動き、人の働きを、繰り返えし繰り返えし冷静に観察していると、その推移におのずからなる理法の存することがわかるもののようである。易経という書物は、そういう見方を記したものであろう。昔、私は、芥川龍之介氏の「河童」を読んで殺気とでもいうものを痛烈に感じたので「芥川氏は自殺しやしないか」と語ったところ、久米氏は「芥川君は近来は以前よりずっといい」と答えられたが、それから幾日もたたないで私の不吉な予感が事実となってあらわれた。いろいろな現象に目うつりしている賢い頭脳《あたま》より、素直な魯鈍な頭脳《あたま》が却って真実を捉える一例である。裁判官はたとえ達人たる知見を具えずとも、冷静に且数多く社会と人とを観察する立場に置かれているから、多年に亘ってこの観察力を働かせ、努めて倦まざるに於ては、或は天地間に於けるこの所謂「已むを得ざる」の理を知り得るところまでゆけるかも知れない。

文学

森鷗外博士は「後腹《あとばら》のやめない楽は学問と芸術だ、」と言われたそうだが、自分も、いくらかでも文学を味うたのしみを持ち得たことを、この世での大きな倖《しあわせ》だと思っている。自分が中学生であった頃、同級の土岐善麿君などはすでに「文庫」や「明星」を読んでおられたけれど、私は級中で年齢《とし》も少かったし又年齢《とし》以上に幼稚でもあったため、文学の話などはてんで頭脳《あたま》がうけつけてくれなかった。高等学校、大学と進むにつれて、友達の感化で、文芸に親しんだことは事実だが、それとても今から考えると、ほんとうにわかっていたのではなく、その証拠には、作物を読んでも独自の批判が立たず、いつも他の批判に追随してばかり居た。

薄々《うすうす》ながら文芸の味が自分だけで味わいうるようになったのは、社会へ出て十年ほどたってからのことである。それには、私の裁判の仕事も助けになった。幸に文芸にたずさわる人々と交遊する機会もあって啓発されるところも多く、今では、今後何を与えられなくとも唯文芸だけを楽しんで立派に余生を送りうる安心を持っている。

裁判に関与していると、さまざまな人生を見る。しかし通常、記録の表面にあらわれた事件の部分は常套的な人生記録で、よし三面記事的乃至は大衆小説的な興味を寄せ得ても、人生を知る材料には割合に乏しいものである。以前私がよく作家と往来していた頃、屢々《しばしば》促されて、取扱っていた事件の話をしたが、作家のよろこぶと思った話は、案外に興味を牽かないで、私の少しも重きを置かない傍系的な挿話がひどく気に入るのを不思議に思ったが、それは自分の人生を見る眼が深くなかったためだったことを、後日に悟ったことである。一体刑事々件の捜査に従事する官憲は、概して事件を追及するに急で、そこに文学的な情趣を感じる余裕のないのが常であるから、記録にあらわれた事件の風貌は、卑俗でありがちである。自分はよく興味の深い事件をさがしては、記録をよむことを楽としているが、いつも記録を手にして失望する。記録には自分の求めている情趣が流れていないのである。他人の調べた記録で、文学を感じるということには、多くの期待をかけられない。それゆえもし私が事件の上で少しでも文学的興味を覚えるとすれば、それは自分自身直接審理に当り、自分の力で事件を掘り下げた場合か、或は、後日事件の行衛をたずねた場合に殆んど限られるといっていい。かようなわけで刑事記録は、多分に素材をもつが如くにして実は甚だ貧弱だといわなければならない。

記録に文学が乏しいということが、単に文学の問題ならば、われわれは多く論ずることはない。だが、もしそれは、官憲の眼が人生に徹していないからだというなら、それは同時に、われわれの仕事の本質に関係を持つ。実際、人間として人間性に徹していないといわれることは、大きな欠点であり大きな恥辱だ。私はここで文学を論ずる資格はないけれど、私の希望をいわせるならば、裁判官である限り、せめて事件を人間性にまで掘り下げ、事件そのものよりも、事件の裏にある人間性の動きで事件を知り、その中のよきものを剰さずみとめて欲しいのであって、それは文学に親しむことによって最もよく達せられるところだと思うのである。

一体現代は文運隆昌のときといわれているけれども、私は決してそう思わない。私はこれまで指導階級に属する随分多くの人々に接したけれど、その大多数は文学に親しまない人である。文学を解することを知らないで日本精神を説く人の多いのが、私には不思議でならない。教養の深いことを何よりも必要とする裁判官だけは、是非この粗野な風潮から脱せしめて、清い情操を養わしめたい。迂遠なようだが、司法部にこの風を作興することが、所謂人権蹂躙の憂を絶つ最も効果ある政策だと、私は思っているのである。

だが、教養の問題として文学を論ずることはこの位にしておこう。私には裁判官のために新に文学を説くべき緊切な題目があるのである。

文学は世の中のことを広く自由に見ているから、世の中に対するいろいろな見方——囚われたる囚われざる、広き狭き、深き浅き、高き卑き、あらゆる角度からの見方をわれわれに教える。裁判官はあらゆる事相に通じなければいけないといっても、その育ち、その環境、その教育からいって極めて狭い範囲の体験しか持っていない。それにその生活が無風単調であるから、ややもすれば考が一箇所に凝固しがちである。この固定しがちな人生観を、文学は解きほごしてくれ、月並な見方を修正してくれるのである。菊池寛氏は、嘗《かつ》て、結婚前の女子に小説を読むことを勧められた。小説の中には男のあらゆる性格が描かれてあるから、配偶の選択に窮屈なわが国で、その知識は多分に役立つのである。裁判官とても同じことである。裁判所にあらわれる事件は、一見同じような形のものが多いので、人生に興味を持つことを閑却すると、一律に事務的に処理する危険があるが、実は事件に同じものは絶対になく、簡単なものでも、それぞれにその固有な味を蔵している。文学に心をよせると、人生に生起し経験しうる事象の限りなき種別を教えられ、その一々の特徴と味とを学ぶから、従って事件事件の含む事象について、それぞれに特異な性質を理解するし、その一々の味に即して審理がなされるから、深く良き省察が下さるることになる。その点に於て、私は大衆小説的見方を嫌う。大衆小説は、とかく人を物を誇張して、或る基準に持ってゆく癖があり、そのために事物を著しく常套化する。これは裁判官として最も忌むべき傾向なのだ。文学は又、時代の隠れたる動き、人心の機微な傾向を見のがさない。それは、その時代の新しい動向についていわれるばかりでなく、昔の作物について、繰返す歴史の方向を知ることも出来るのである。

なお私の見解に従えば、裁判官には好奇心が必要だ。出来るだけ見たがり聞きたがる性分がある方がいい。これは啻《ただ》に知識の蒐集のためというばかりでなく、この心が取調べている事実の中に、或は人の心の中に、隠れた真実を発見することに役立つ。文学の愛好は、この好奇心を助ける。そしてそれによって養われた好奇心は、卑俗に堕しないことが特色である。

最後に私は、文学が私に与えてくれた特殊な功徳を語りたい。第一次世界大戦が終って媾和条約が締結されるや、私は条約実施の命を受けて巴里《パリ》に赴き、大正九年一月条約が実施されるのを待ちかねて、ドイツの東プロシアで、境界確定のため人民投票を施行する地区に赴任した。私の三十四歳のときだったが、そこでは、その地区の司法部長として、ドイツ、ポーランドの裁判官を監督して、平和に人民投票を行わせる任務が待っていた。そこの老控訴院長は、ドイツ法学界に於ける耆宿《きしゅく》の一人で、私が大学で教わった参考書の著者であった。この土地に私は、残雪のある早春から矢車草の乱れ咲く収穫《みのり》の秋まで事務をとって、無事に人民投票をすませたが、この野趣の美しきプロシアでの半年あまりの生活は、今もなお尽きることなき思い出を私の心に呼びおこすのであるが、わけても私が聯合国側の人人の誰よりも、彼地の判事たちによろこばれ、判事たちの家庭の中に隔てなく迎えられたことは、私の任務上によかったのみならず、私の生活をこの上もなく豊富にした。私がいよいよその地を去るとき、控訴院長の老夫人は涙をこぼして別れを惜しまれたし、その後関東大震災のあとではわざわざ東京のドイツ大使館を通じて、私の安否を彼地から照会してきた判事があり、最近松岡全権訪独の際も、くわしく模様を知らせてきた判事もある。私の随筆「宮城前」にあらわれる老ドイツ人も亦《また》このときの判事の一人である。どうして遠いところから来た異人種の若輩がそんなに判事たちと親しくすることが出来たか、その功を私は文学に帰したいのである。私が高等学校に居たとき寄宿寮の同じ部屋に鷗外博士を崇拝する友が多く、共々千駄木を散歩して、鷗外邸の二階に憧憬の眼を光らせたりした、その感化で、私は「即興詩人」から始めて、博士の翻訳物を片端から読んでいたが、その知識が端《はし》なくプロシアで役に立ったのである。判事たちと卓を囲んで語るとき、話題が文学に転じても、私は決して落伍しなかった。新しい文学の領域では、むしろ却って私の方が詳しい場合すらあったのである。そもそもその土地に日本人が住んだというのは私たちが初めてで、最初私たちが或る茶亭に入ったときは、すべての客が立ちあがって私たちを眺めた位であった。それほどに馴染の薄い日東帝国である。その国でハウプトマン、ズーデルマンから、シュニツラー、リルケまで、独墺の作物が翻訳されて紹介されていることは夢にも考えないことであり、況《ま》してや、「アルトハイデルベルヒ」のような戯曲までが日本の劇場で演じられていることなど、信じたくても信じられないようだった。この鷗外博士を通じての独墺文学の知識が、どれだけ私の信頼を強め高めたかわからない。若い私の印象が、二十何年の今日なお彼地の判事たちの心に残っているとすれば、それは文学のおかげであると思う。

さわれ、文学は、よし功徳がなくとも、文学としての味だけで、十分に自分を満足させてくれる。私は今、御奉公を終えた後の日のために、蟻のように書物を集めている。

素朴

肥前平戸の松浦公の祖廟亀岡神社の社前に爆弾三勇士の一人、作江上等兵の銅像が立っている。勇士の銅像だから、壮烈決死の風貌をあらわしていると思いの外、そこに立っているのは、着なれない軍服をつけた純樸な漁村の子弟で、その素朴な顔を見ていると思わずほほえましくなるのである。この銅像にむきあって、志士沖禎介氏の銅像が立っているが、沖氏は胸を張り拳を握って遥に北満の空を睨み、気魄《きはく》に満ちた顔に血潮をたぎらせているかに見うけられる。この両箇の銅像の間に立って感ずるところは、沖氏の銅像からわれわれは強く迫るものを感じても、それは瞬間的に消えてゆく種類のものなのに、作江上等兵の姿からは、この素朴さからこそ、あれだけの犠牲が捧げられたのだという感じで、われわれの心を激しく動かすものがある。何よりも人の心を動かすものは、その事蹟の巾や大さではなくして、その底にある人間らしい心だと、私はしみじみと感じたのである。

裁判官は、ひとりで自分の実力のみをたよりに仕事をするのであるから、ありのままの自分をそこに出す外はない。それがほんとうに出しうれば、惻々として人の心を打つことになる。もし裁判官に工夫が要るとすれば、いかにして自己のありのままを出しうるかの工夫であろう。

唯単にありのままというと、多くは、消極的な静的なありのままをいうようである。裁判官は、もともと愚直が本分であるだけに、その意味の素朴を持ち合せている人は、敢て少しとしない。しかしありのままという中《うち》には、積極的なありのままをも含む。即ち自分が為さなければならないと思ったことは、そのまま直に行動に移すありのままである。この種のありのままには、裁判官は甚だ苦手《にがて》である。裁判官は日常、「受けて立つ」という風な仕事をやっているために、その風に狎れて、何事でもまず相手の注文をきき、会得《えとく》がゆく場合に始めて行動する、会得がゆかなければ動かない、という生活方式になっている。その習慣は多分に不精《ぶしょう》の風を助長する。久しぶりに会った若い判事が、筆不精のために通信を怠っていることを弁解するとき、私は屡々《しばしば》「君は筆だけ不精なのかね」と揶揄するのである。

ステファン・ツワイグの随筆に次のような話がある。

自分がウインナの高等学校にいたとき、メッテルニヒと渾名をつけた十六歳の同級生がいた。非常に出来がよくて、勉強家であり、態度も洗練されていてみんなから好かれていた。若し嫌われるところがあるとすれば、彼が大そうおしゃれで、いつも立派な着物を着ており、雨の降る日などには自動車に乗ってやって来ると言ったところだった。

彼は或る日欠席した。すると午の時間になって、大会社の社長である彼の父がインチキをやって検挙されたことがわかった。翌日の新聞は彼の家庭の写真まで掲げて悪口を書きたてたので、メッテルニヒが学校へ来られないわけがわかった。彼は二週間ばかり休んだが、三週間目の或る日突然やって来て自分の席に着いた。そして、教科書をあけたまま二時間のあいだ頁から少しも目をはなさなかった。その時間がすんで我々は外へ出た。メッテルニヒは廊下の隅の方にただ一人佇《たたず》んで窓から外を眺めていた。彼が我々の視線をさけるためにそうしていることは我々にもわかっていた。彼の立場を考えて我々はただだまっていた。しかし、彼は我々のやさしい言葉を求めていたのである。我々としても、メッテルニヒが我々の友情にあふれた言葉を待っていることを気付かないではなかったけれど、彼の誇りを傷けずに接近する機会を見つけ得ないうちに、次のベルが鳴ってしまった。そして、その次の時間には、メッテルニヒは学校から出て再び姿を見せなくなってしまった。

自分は今、彼の顔を思い浮べ、慰めの言葉を与えなかったために、この一人の青年を不幸にしたことを想うが、人生にはこうしたことは屡々《しばしば》あることで、実際我々は勇気を欠いたがために他人に対して不利益を与えることが随分多いのである。

裁判官は人の運命に重大密接な関係のある仕事を行うのであるから、いうべきことは敢然といい、為すべきことは敢然となすべきである。それを国家は裁判官に期待し義務づけている。もし裁判官が徒らに保守の名に隠れて、義を見て為さざるならば、それは大きな職務の曠廃《こうはい》だと言うべきである。裁判官がまめまめしく自分から事件に働きかけて、溌剌と新しい境地を開拓するという気風を促進したいものである。

世阿彌

能楽の大成者世阿彌元清（一三六三—一四四三）は、その著「花伝書」の別紙口伝というところで、次のように説いている。

花の咲くを見て、よろずに花とたとえはじめしことわりをわきまうべし。そもそも花というに、万木千草において、四季おりふしに咲くものなれば、その時を得てめずらしきゆえに、もてあそぶなり。申楽《さるがく》も、人の心にめずらしきと知るところ、すなわちおもしろき心なり。いずれの花か散らで残るべき。散るゆえによりて、咲くころあればめずらしきなり。能《のう》も住《じゅう》するところなきをまず花と知るべし。

（現代語訳）

草木の花が咲く有様を見て、この『花伝』において万事を花という言葉で比喩《ひゆ》的に述べてきた理由をよくよく分別《ふんべつ》するがよい。

そもそも花というものは、万木千草《ばんぼくせんそう》のいずれの花もが、四季の内の定まる時節に咲くものであって、その時節を待ち得て咲いたのが珍しい—新鮮である—からこそ、人々が花を愛《め》ではやすのである。猿楽《さるがく》の場合も同じで、人々が能を見て珍しいと感じる心が、同時に面白いと思う心でもあるのだ。だから、「花」と「面白き」と「珍しき」と、この三つは同じことなのである。草木の花は、どんな花でもいつかは散り、散らずに咲き残る花はない。散るからこそ、また咲く時節がやってきて、珍しさが生じるのだ。能も同様で、「住《じゅう》せぬ」（同じ境地に停滞しない）のが花であると、まず心得るがよい。……——編集部註：読者の便を考慮し参考に現代語訳、表章ほか訳『日本の古典をよむ（一七）風姿花伝・謡曲名作選』（小学館、二〇〇九年）を引用した。

つまり人の胸にうったえて、深い感動をひきおこすには、めずらしきと思わせることが必要だというのである。めずらしきといっても珍奇というのでないことは世阿彌が特に強調しているところであり、おそらくこの語の中には、当時はまだ「愛でる」という意味が多分に残っていたと思う。これを演者の主観についていえば、所謂住《じゅう》するところなきことで、即ち一つことに拘泥せず常に角度を按配して物を観、その場所その空気に応じて、自在に最も適切なやり方をするということである。検察、裁判、行刑、保護という一貫した作業に於て、その中心をなすものは、何といっても裁判である。数多くの犯罪者を手がけた老刑務所長は、きまって「裁判に心服していない犯罪者は、結実しない」という。この言葉は、公判審理がともすれば形式に流れんとする現在の迷蒙をさます警鐘である。もし裁判が司法の一貫作業の王座を占めること、今も昔とかわらないとすれば、裁判の効果ということに、もっと大きな考慮が払われていい。何しろいろいろな性格感情の犯罪者に接し、それを僅な日時の審理の裡に心服させるのであるから、そこに工夫の要《い》るのは当然である。それには、世阿彌と共に、常にその事件事件に応じて、こちらの観点を調整し、常套に堕することを避けなければならない。

しかれば、物数をきわめつくしたらん仕手《して》は、初春の梅より、秋の菊の花の咲きはつるまで、一年中の花のたねを持ちたらんがごとし。いずれの花なりとも、人の望、時によりて取りいだすべし。物数をきわめずば時によりて花を失うことあるべし。たとえば、春の花のころをすぎて、夏の草の花を賞翫せんずる時分に、春の花の風体ばかりを得たらん仕手《して》が、夏草の花はなくて、すぎし春の花をまたもちていでたらんは、時の花にあうべしや。

（現代語訳）

その点、あらゆる芸曲を体得し尽くしている為手《して》（演者）は、初春の梅から秋の菊《きく》の花が咲き終るまでの、一年中の花の種を持っているようなものだ。どんな花でも、人の望みに応じ、その時に応じて、自在に取り出して咲かせ得《う》るであろう。すべての能を極めていなくては、場合によっては花を失うことがあるはずだ。たとえば、春の花の時期が過ぎて、人人が夏草の花を観賞したいと思っている頃《ころ》に、春の花にあたる芸風だけを身につけた為手が、夏の花を持たないため、時節遅れの春の花をまた持ち出して演じたとしたら、時節の花を望む人々の心に合うはずがあるまい。……――前掲編集部註。

要するに、裁判官は出来るだけ多く抽斗を持たなければならないということに一致するのである。ただ能楽はその演者が比較的自在に奔放に演出し得るけれども、裁判は、法律というまことにめずらしくないものから、多分に制約を受けなければならない。国家が一定の命題を掲げて自らも之を守るべく約束することはたしかに意義があるが、その反面に、この約束を利用しあらかじめ計画をして自分の欲を達しようとする奸詐な者に対しても、約束の手前やむなくその非を遂げしめることになり、又、この約束を知っている者と知らない者との間にひどく不平等の結果を生じることになる。私が初めて民事の裁判を見たとき、第一に感じたのは、所謂三百代言と称せらるる人格低劣な輩が国家の裁判に於て実際に存外有利な地位を占めているように見えることであった。彼等はその犀利《さいり》な法律の知識を利用してあらかじめ一種の陥穽《かんせい》をしつらえておき、法律を知らない人を巧みに誘って自然とその陥穽に落ちるように仕組むのであるが、その狂言は、法律の名文の下に裁判所の前では是認され、裁判官は彼等の陋劣《ろうれつ》に眉をひそめながら彼等に凱歌をあげさせざるを得ないのを見て、私は切歯した。裁判所の前でさえそうなのだから、社会に於ける亡状は更に劇しいものがあろうこれを退治しなければ裁判所の権威は樹立されない、と私は考えたのである。爾来三十年、法律の解釈の発達と、裁判官の精進とによって、この弊は相当除かれたものの、法律が一つの命題をハッキリといいきって国民に示すために、「夏の草の花を賞翫せんずる時分に、すぎし春の花をまたもちていでたらん」結果になることは避けられない。だから法律の約束した範囲はやむを得ないとして、裁判官はその範囲の外に於て努めてめずらかなるように、そのあらゆる抽斗を動員しなければならないので、裁判を活かすか殺すかはこの努力にかかる。昔の名裁判として伝えられた事例の多くは、二度とやれないことである。例えば、実の母を発見するために、二人の母にその子の手を引かせ、引き勝った方を実の母だといいながら、実際引かせて手を放った方を実の母と決めたという裁判も、同じ案件に二度と用いることの出来ない手で、更に同じ案件に対した場合には、全然新な構想を以てしなければならない。世に伝えられる板倉裁判、大岡裁判にはこの種のものが多い。

更に世阿彌は、「覚習條條」の中に
見所《けんしょ》の批判《ひはん》に云う、せぬこころがおもしろきなど云う事あり。是は仕手《して》の秘《ひ》する所の安心也。まず二曲をはじめとして、立はたらき、物まねの色々、ことごとくみな身になす態《わざ》なり。せぬ所と申すは、そのひまなり。このせぬひまは何とておもしろきぞと、見所、是は油断《ゆだん》なく、心をつなぐ性根《しょうね》也。舞をまいやむひま、音曲をうたいやむところ、そのほか、言葉、物まね、あらゆるしなじなの、ひまびまに心をすてずして、用心をもつ内心也。この内心の感、外においておもしろき也。かようなれども、此内心ありて、よそに見えてはわるかるべし。もし見えば、それは態になるべし。せぬにてはあるべからず。無心の位にて、我心をわれにもかくす安心にて、せぬひまの前後をつなぐべし。是則ち万能を一心にてつなぐ感力也。「生死去来、棚頭傀儡、一線断時、落落磊磊。」是は生死に輪廻する人間のありさまをたとえたる也。棚の上のつくり物のあやつり、色色に見ゆとも、まことには動く物にあらず。あやつりたる糸のわざ也。この糸断れん時は落ちくずれなんとの心也。中楽《さるがく》も色色の物まねはつくり物也。これをもつものは心也。この心を人に見ゆべからず。もし見えば、あやつりの糸の見えんが如し。返す返す心をば糸にして人に知られずして万能をつなぐべし。此の如くならば能《のう》のいのちあるべし。惣じて即座にかぎるべからず。

日日夜夜、行住座臥にこの心をわすれずして、定心につなぐべし。

こうなると、これは一申楽の奥義の問題ではなく、日本の持つ芸術の根本のこころであり、日本民族の到り得た至上の境地である。このことを把握しないで、いかに日本精神を説いても駄目だと私は思う。さるにてもこの観念が一世阿彌の発明でなく、おそらく当時の有識人の常識であったと考えるとき、われわれは改めて祖先に感謝し、その子孫として生れ、その血を身に承継していることを深く光栄としなければならない。

婦人

徳川家康が天正十四年浜松から駿河の府中に移らんとして、駿府の町奉行に板倉勝重を任じたときの話である。

家康、勝重を多くの家人の中より撰《えら》み出して、駿府の町奉行に命ぜり。勝重其任に堪えざる由を固辞す。されども更に許容なし。勝重「さらば宿所に罷帰り、妻と議《はか》りて御返事をば申すべし」と言う。家康笑て「さもありなん、罷帰りて相議《はか》れ」と言わる。妻は勝重の帰りを迎えて「喜ぶべきことありと告げ知らする人あり、如何なる幸や候」と言いけるに、勝重物をも言わず少し意味含みて衣裳脱ぎ捨て座に直り、「されば今日召されしこと餘《よ》のことにあらず、此度《こたび》御座所を移さるるに依て彼町の奉行たるべき由を仰せ下さる、如何にも叶うべからざる旨を辞し申せども御許しなし、さらば我家に帰り妻なる者に議り候わんと申して罷り帰りぬ、さて其許《もと》にはいかにや思う」と問う。妻は大に驚いて「浅まし、私の事ならば夫婦議《はか》るということもこそあれ、公にて斯ることを宣《のたま》うべき、まして是は仰せ下さるる所なり、殊にその職に堪うると堪えざるとは御心にこそあるべければ、自《みずか》らはいかで知り候べき」と言えば、勝重「否々われ此職に堪うると堪えざるとは我心一つのみにあらず其許の心に寄ることぞ、まず心を鎮《しず》めてよく聞き候え、古より今に至り異国にも本朝にも奉行頭人《かしらびと》などいわるる者の其身を失い其家を亡ぼさぬは希《まれ》なり、或は内縁《ないえん》に就て訴を断ずること公ならず、或は賄賂に依て理を分つこと私多し、是等の禍多くは婦人より起る所なり、われ若し此職たらん後は親しき人の倚頼たりとも訴訟の執持《とりもち》致すまじきか、纔《わずか》の贈物参らせたることありとも苞苴《ほうしょ》の物受けまじきか、此等のことを始めとして其許勝重が身の上にいかなる不思議のことありとも差出て物申すまじき由固く誓《ちかい》を請けざらんには勝重此職に任ずることは如何にも叶うべからず、さればこそ其許と議るべしとは申したれ」と言う。妻熟々《つくづく》と聞きて「誠に宣う所理《ことわり》なり、自らは如何なる誓をも立てなん、疾く参りて御請せらるべし」と言う。勝重大に喜びて、神に掛け仏に掛けて堅き誓を立てさせて「此上は思い置くことなし、さらば参らん」とて衣裳引繕い出ず。袴の後の腰を押捻りて着たり。妻後《うしろ》さまに見て「袴の後《うしろ》悪しく候」と言いて立寄りて直さんとす。勝重聞くもあえず「さればこそ我妻に議らんと申ししは誤たざりけり、勝重身の上のこと如何なる不思議ありとも差出て物言わじと誓いしは今の程ぞかし、早くも忘れしよな、此定ならんには勝重職承わること叶うべからず」とて又衣裳脱ぎ捨てんとす。妻大に驚き悔いて様々の怠状を参らす。「さらば此言いつまで忘るるな」と言いて出でければ、家康「如何に汝が妻はなにとか言いし」と問わる。「妻にて候者も慎みて承われと申侍る」と申す。「さこそあらめ」とて大に笑われしとなり。

新井白石の周到な叙述によって描き出された勝重夫妻の情義、まことに羨しき限りである。「名判官物語」ではこれを「少しく誇張した物語」と評されているけれど、このときこの場合、衣裳に注意させて妻をたしなめたことは、絶大な効果で、勝重の手腕心にくきものがある。妻としても全面的に理に服するの外はなかったと思われる。

官吏の妻の心得として、私は、この物語以上の佳き話を知らない。私は、力めて、公務に関する知識を妻に与えないようにしている。妻にいわせれば、妻がそれを知りたがらないのをいいことにして放っておくという。何れにしても、この点に於て、私は絶対に板倉勝重を支持する。

附け加えて私は、同僚の夫人との交際について一言を費したい。これが現在に於ける官吏の妻の大きな悩みだからである。元来夫たる官吏はそれぞれ一定の才能一定の資格によって任用されたものので、従ってその人格器量に於てさまで甲乙のないことを常とするが、その妻女は別に資格があって結婚したものでないから、等しく同僚の夫人といっても、人物教養に甚しい差異があり、加うるに各人の家庭にはそれぞれの事情がある。この不均等な婦人達が、同僚の夫人であるという名の下に、種々行動するのを、そのなすままにまかせておくと、その結果は不平等な犠牲を要求することになり、甚しい場合には、非常識な言動にまで発展して、官場の空気を暗くする。これを察して、あらかじめ深切な斟酌を加えるのが上長の務であって、同僚の妻女たるが故の勤労は、常にその必要な最小限度にとどめ、余は、市民としての一般の勤労に委譲せしむべきである。私は過去に於て、この種の犠牲に泣く幾多の夫人を見ているが故に、せめてこの一文が、今後斯る夫人たちのために、いくらかでも支援を与えることが出来ればと念って、敢えてここに言及したわけである。

書の六

流儀

私は、武道に真影流とか無念流とかいう流儀があるように、裁判にも流儀があると思う。武道の流儀というのも、単なる術の差《ちがい》から出ているのでなく、これをつかう人の心的傾向の差によるものが多いと、私は見ている。だから、その流儀の祖《おや》の持つ心の傾向が多分に流儀のゆきかたを支配している。その傾向を持たない輩《やから》がいかに努力しても、自分の傾向を捨て得ない限り、その流儀に達する見込はない。「蟹は甲羅に似せて穴を掘る」という諺はこの道に於ても正しい。

裁判についても、その裁判官の心の傾向の如何によって、ゆきかたが著しくちがう。裁判は裁判官がその全人格を傾け尽して行うものであるとすれば、その裁判官の心的傾向によって、審理の基調が形づくられることも当然であり、その傾向の如何によって審理の上に、大きな差違《ちがい》が生じる。大雑把《おおざっぱ》にいって、人間には強気の人と弱気の人とある。強気の裁判官には、その傾向に添うた審理の流儀があり、弱気の裁判官には、その気持に適した審理の流儀があるものである。弱気の傾向の者が強気の裁判官の審理振を学んでも成功せず、強気の者が弱気の裁判官に私淑しても自分の真の味を裁判の上に出し得ない。そこに師を選ぶ必要がある。

或る場末《ばすえ》の芸妓が春を売ったということで警察で処罰されたが、彼女は、その処罰に服しないで、区裁判所の裁判を求め、その裁判にも不満足なので、更に地方裁判所に控訴した。彼女の言い分は、客とその約束をして或る家に往ったけれど、約束を実行に移そうとする直前に警官に発見されて検挙されたゆえ、売春の行為に及んだわけでないというのである。若い女が自分の恥になることを、こんなに強くどこまでも訴えてやまない心情から察すると、彼女のいうこともあながち不実とばかり考えられない節がある、と思ったA裁判長は、他の判事と合議の上、ともかくも彼女の主張するような事実であるのかどうかを取調べようと思い、彼女の求めた証人を喚問する決定を下した。ところがその決定した証人をまだ取調べないうちに、A裁判長は他に転任したため、その事件はB裁判長の係りに廻され、B裁判長の手で改めて調べなおされることになった。そこで新にB裁判長の下に審理が行われたが、B裁判長は、さきにA裁判長の下した証拠決定は取調べの必要がないとして取消し、単に被告人を訊問しただけで結審し、被告人の抗弁を排斥して売春の行為を認め有罪の判決を言渡した。ゆきかたのちがったこの二つの裁判は、その何れを優れりとし何れを劣れりとすることも出来ない。すべてはAB裁判長の見解により、その心的傾向による。この裁判を批判する者も亦《また》自分自身の主観的傾向によって或はかれを是とし、或はこれを是とするであろう。あくまで事実を詮索し、相手の情を尽すことを尚ぶ、弱気に属する傾向の人々には、A裁判長の審理振が気に入るであろうし、大所から国家の正義を宣べ、末梢的神経に媚びることを忌む強気の人々には、B裁判長の審理振が好もしく思われるであろう。

かくの如く同一の事件に対する裁判の結果が、裁判官の主観的傾向によって異なるの理を、公平を欠くものとして訝しく思う人もあろう。しかし、裁判そのものには、本来規格もなく、相場もない。裁判の価値は、裁判の結果でなくて、味《あじわい》である。その味《あじわい》とは、裁判を受けた者をしてその裁判に心から悦服せしめることであり、裁判の中の正義と仁愛とを心から信ぜしめることである。結果に於ける差違《ちがい》は、――物質的見方では大きく映るけれど、――その心服の前には極めて小さな存在でしかない。徒に公平を願って死んだ裁判を得るよりも、不均等でも活きた裁判を私は望みたい。

自白

裁判に於て私が常に護符《おまもり》のように心に思っていることは、自白を信ずることの危険なことである。これは昔からいいふるされていることで、誰も承知していることであるが、さて現実の事件に当ると、とかく鹿を逐うもの山を見ずの譬《(たとえ)》のように、その危険が無視される虞がある。そこで、私は自白について、殆ど考えられないような極端な実例を銘記して、それを自分の戒めとしている。

今から二十年も前に、播州の龍野に、一家五六人が鏖殺《(おうさつ)》された事件があった。その犯人として、その隣家の男が嫌疑をうけ、警察署検事局で調べられ、更に予審に廻されて取調を受けたのであるが、この男は、警察でも、検事局でも、予審に於ても、詳細に自分が手を下《くだ》して一家を鏖殺した事実を陳述した。この人は相当な年輩であり十分に知慮分別のある人であって、かかる自白をした以上、それに対して如何なる刑が待っているかにつき決して無智な人ではないのである。ところがその後、鏖殺された一家の近親の中から真犯人があらわれて、最初起訴された男は免訴となり、真犯人に対する死刑の判決が確定した。自白が真犯人の出現によって覆えされた例は稀ではないが、この事件のように、自白をすればその結果は死刑の裁判をうけるという場合に、猶且虚偽な自白を敢えてするということは、驚くべきことで、自白の価値の三思三省せざるべからざることを厳《きび》しくわれわれに教えるものである。
龍野の事件は二十年の昔で、今日となっては(稍《やや》)現実感に乏しい憾みがあるかも知れないから、更に比較的近時の一事例を附け加えて説明する。それは、或る地方裁判所検事局の一書記が明に収賄したことを自白し、しかも後日それがまったく心にもない陳述だったことの判明した事案である。

その裁判所の門前に性質《たち》のよくない代書人が居た。或る日刑事事件で検挙されようとしている男がその店に来て、何とかして免《のが》れる方法がないかと相談をかけたのがもとで、彼はその男に地獄の沙汰も金次第だということを吹きこみ、自分の手で係り官にそれぞれ賄賂をとり次いでやろうと説いて、結局多額の金をその男から受けとったが、その実彼はその金を着服して、係り官の誰にも提供しなかった。そのため、彼は詐欺だとして告訴され、検事の調《しらべ》をうけることになったが、そうなると彼は不敵になって、渡された金はそれぞれの係り官に交付したのだと申立て、係り官に手渡ししたときの有様などを誠しやかに供述した。不幸、当時の係り官の中に遊興の稍度《ど》にすぎる人があったことが禍《わざわい》して、検事は漸次代書人の供述に耳を傾けるようになり、そこでまず、代書人から三百円を受けとったといわれる検事局の書記から取調を行うこととなった。書記は昨日まで上司として仕えた人の前に呼び出されて、被疑者として連日厳重な訊問を受けたが、もとよりそんな金を受けとった覚えがないので陳弁に努めたけれど、検事の諒承を得ることが出来ず、数日の後には、あくまで否認しつづけるなら、身柄《みがら》を拘束して取調べてゆく外はないといわれるまでに立ち至ってしまった。いよいよ明日《あす》は拘束されると覚悟した前夜、書記は老母と妻を前に、始めて彼の現在陥っている災難を告げ、明日は刑務所に送られて、帰宅の出来ない身になることを語った。老母も妻も暫くのあいだは言葉もなかったが、何とかして刑務所にゆかないですむ道はないかと彼に質《ただ》した。それに対して彼は、この際ここに三百円の金があればそれを貰った金だといって検事に差出し事情を訴えて憐憫を願ったら、刑務所に送られずに済むかも知れないが、と半ば投げ出すようにいった。それを聴いた老母は立って戸棚から自分の手函を出し、その中から三百円をとりだし、これはお前の知るとおり永年細々《ながねんほそぼそ》と内職を稼いで蓄めた金だが、これでお前が刑務所にゆかずにすむなら、蓄《た》めた甲斐があったわけで本望だから、明朝之を持っていって検事さんに差上げ、よくあやまるがよいと、我が子の前に手のきれるような新しい十円紙幣を三十枚並べた。その新しい紙幣は、老母の癖で、伜《せがれ》の頂《いただ》いてきた俸給の中に新しい紙幣があると必ず自分の貯蓄と両替しておいた、その紙幣なのである。かくして書記はその翌日検事の前に出て、いままで頑強に否認したことの心得違いであったことを陳謝し、まことは代書人から三百円を貰ったので、その金はそのまま手許に置いていたがここに差出しますといって、十円紙幣三十枚を提出した。この虚偽の自白と三百円の提出とによって、彼は刑務所に拘置されることを免れたけれど、彼の考えたように直に不起訴になるような模様はなかった。しかし幸にも彼の受けとったと主張する紙幣の新しいことが、代書人の供述するところと明に齟齬したために、この紙幣の調《しらべ》から、書記の一家の内情が知れ、遂に代書人の虚偽《いつわり》が見あらわされて辛うじて事件は危機を脱することが出来たが、検事局の書記のような裁判検察の事務に通じている人にして猶お虚偽の自白をするということは更に深くわれわれに考えしめるものがある。

嫌疑を受けた者が官憲の追求にあう場合、心弱くも不実の自白をすることが多く、ために裁判をあやまるから、自白の追求ということを全然やめろという議論が由来一部に強く主張され、英米の如きはその非難に顧みて物的捜査に我国とは比較にならぬ程の苦心を払っている。だが、私としては、真に罪を犯した者であれば、その罪を自白せしめた上で裁判を言渡すのが被告人に親切なやりかたであると心得るから、裁判官に自白を求めることをやめよという主張には反対である。被告人は、自白して初めてそこに懺悔悔悟の実があがるのであり、自白することによって、本人でなければわからない機微な消息が明になるのである。だが、罪があるかないかよくもわからないうちに、早く事件の結果を得ようとして自白をとろうと焦ることは、たとえその際不当な圧迫を加えないにしても動もすれば虚偽の自白を招く危険があり、その結果事件の真相を逸する虞れがあるから、取調べ官としては出来るだけ状況の証拠の蒐集に力むべきだと思う。ただ、これまでのわが国の司法の状況に見ると、大多数の事件が本人の真実の自白によって正しき結着を見ているといえるから、とかく自白によって結末を得ようとする傾向があり、従って、物的証拠の蒐集、特にその科学的な考慮に疎なる憾みがなしとしない。そのために科学的捜査の方法が思うように進歩せず、是非科学の力を藉《か》りなければならない性質の事件に面して、さてどうも十分の効果が挙らぬ虞がある。近い例が、事件が紛糾して来て、翻って捜査の当時なぜ現場で指紋を取ることに注意しなかったのだろう、その際指紋さえとってあれば、決して事件が紛糾しなかったであろうと考える事件が相当に多い。敢て指紋に限らず、現在では新しい科学を応用した種々な捜査の方法が外国で用いられているのに、わが国で取入れたものは甚だ乏しく、この点ではまことに幼稚の感が深い。

自白の危険を感じて、その価値を極力警戒している英米に於ては、それだけに、捜査がわが国より慎重である。彼等と雖も、自白に頼って捜査をすることの、敏速であり、治安のために好ましいことを百も承知の筈である。それを忍んで迂遠な手続を履んでいることを説明するために、次に二つの実例を示そう。

その第一例は有名なリンドバーク大佐の幼児の殺された事件である。リンドバーク大佐の、生れて一年八ケ月の嫡男が一九三二年三月一日の夜、ニュージャージー州ホープウェルの山荘から奪われ、尋《つ》いで犯人から償金を求めて来たので、愛児を助けんが為に大佐は人を介して犯人と数々の交渉の末、四月二日夜セントトレイモント墓地で、犯人に当初の要求額五万弗《ドル》を手交したが、犯人は遂にその約束の場所に嬰児を連れて来なかったのみならず、ついで五月十二日嬰児は山荘より程遠からぬ地点で死体となって発見されたというニュースは、当時全世界に喧伝されたことであったが、米国官憲の懸命の捜査に拘らず、犯人はなかなか逮捕されず、漸く犯行の翌々年一九三四年九月十九日になって、犯人リチャード・ハウプトマン（満三十五歳）が逮捕され、審理の結果一九三五年二月十一日ニュージャージー陪審裁判所で死刑の言渡があり、四月三日電気による死刑の執行がなされた。この世界の好奇心を湧かせた犯罪事件で、犯人が逮捕されるまでに二年半を要したことは、いろいろの問題を提供するが、その経緯は省いて、ここでは唯ハウプトマンの逮捕直前の捜査方法について説明を試みたい。犯行後犯人の捜査に費された官憲の努力は非常なものであったが、あらゆる化学的捜査方法も結局犯人を発見するに役立たず、結局償金として交付した兌換券の市場に出るのを辿《たど》って犯人を知るの外はなかった。その兌換券も少額のものであった為に、屡々《しばしば》金融機関に対して官憲の注意があったに拘らず、容易に突きとめることが出来なかった。ところが、一九三三年の十一月二十七日になって、ニューヨークの或る銀行が、レウスシュリダン街劇場より受入れた金額の中に、償金の番号に該当する五弗兌換券が発見され、劇場の観劇券発売者の言によると、その兌換券交付者は、セントレイモント墓地で償金を受とった男の人相と符合することがわかった。その翌年の一九三四年九月六日になって、ニューヨークのヨークヴィル国立銀行が八十九街の野菜店から受入れた十弗兌換券に償金該当のものが発見され、その店員は買手が六仙《セント》の買物にその兌換券で釣銭を求めたのに文句をいったので、その人相を記憶しておりそれは正しく償金を受とった男と合致して居た。九月十日以後は諸所に償金の兌換券が発見されてきたので、注意していると、九月十八日ニューヨーク百二十五街の銀行で発見された償金の兌換券が百二十七街のガソリンスタンドで受けとったものであり、その兌換券の縁には自動車番号とおぼしき数字が書きつけてあるので、取調の結果その番号の自動車は二百二十二街東一二七九番のリチャード・ハウプトマンに属することがわかり、同人の人相は償金をうけとった人物に該当することがわかった。これで嬰児奪取犯人の永い間の捜査は終りに近づいたわけだが、官憲はなお大事をとって、直に同人の居宅に踏み込むことをしなかった。蓋《けだ》し、ハウプトマンの居宅を取囲み踏込んだなら、その間に貴重な証拠が失われることを虞れたからである。特に、こういう場合証拠の償金が隠匿される危険があるので、犯人の外出するところを捕えれば、少くとも償金該当の兌換券を彼の身辺に発見しうるということが考えられたのである。それゆえ極めて熟練した刑事連をして徹宵彼の家を警戒させた上、翌朝彼の外出するのを待ち構えていると、八時五十五分彼は現われて車庫にゆき、自動車に乗ったので、二三哩《マイル》追跡した上で彼の車をとめるように合図して停車させ、直に彼を捕え、その着物を改めたら、果して償金たる二十弗兌換券を発見したということである。

第二例はアメリカの雑誌に出ていた探偵談である。兌換券を完全に偽造するには、よほどの設備を要するので、多くの偽造兌換券は一見その偽造なことが看破されるのであるが、或る年非常に巧妙な偽造兌換券が金融市場に出て、ひどく狼狽《ろうばい》させたことがあった。官憲は捜査の結果、その少しく前に、優秀な技能を持つ印刷工が二人ほど或る精巧な印刷工場から解雇された事実を探知し、その印刷工が怪しいと睨んで、捜査を進めると、その印刷工の手で或煙草会社の封緘紙が偽造されていることがわかったが、しかし、官憲は肝腎の兌換券偽造の証拠の失われるを虞れて直に逮捕しなかった。探偵はその印刷工の作業場に若い事務員が雇われていて、その者が作業場の鍵を持っていることを探知したので、或る日その事務員と電車に同乗して話をしかけ、その事務員が俳優志願であることを聞いたので、その者と日を約して共々探偵の知人である或る俳優の許をたずね、そこで、俳優たる能力を試すため、事務員にいろいろな衣裳を着用させた隙に、その衣類中から作業場の鍵を出して、携えた石膏でその型をとり、それによって作成した鍵で、或る夜作業場に入り兌換券偽造についてのあらゆる証拠物を点検蒐集した上で、二人の印刷工を逮捕したということである。

わが国で科学的捜査方法の今に盛にならない一つの理由は、適当と信じる方法でも、之を一部で実施してみるという試みを許さない点にある。わが国の官僚はおそろしく画一を好み、一地方で実施して他地方で実施し得ないことを、不公平の名の下に、排斥する。然し、科学捜査の如きは、他の科学的な設備と関連して初めて用を成す場合が多く、その設備のない場所で行おうとしても行い得ないことは、既にわれわれが血液検査の如き法医学的捜査につき、その設備のない地方に於て困難を感じていることで、夙《つと》に実験していることである。又法規に規定してない理由によってかかる方法を用いるのに怯懦《きょうだ》であるようだが、特に犯人の身体に侵害を加えるものでない以上国家の必要の前に許されていいことと考える。かくして科学的捜査方法を試みる風が行われるようになれば、科学的捜査は急速な進歩をする。蓋《けだ》し、もし一回でも実際の捜査に用いて偉効を奏したら、多少の法規上の問題の如きは必要の前に忽《たちま》ち解決されるからである。いままで幾たびか人を欧米に派し、科学的捜査を研究させながら、その報告が簿書堆裏に没して用いられないのは、実用が証明されないからであると思う。

井原西鶴の「桜陰秘事」を読むと、幼稚ではあるが、科学的捜査といってよいものに出あう。十二人の弟子の中から誰が犯人であるかを発見するのに医者を呼んで各人の脈搏を検査させ平素の脈搏とちがう者に犯人の疑をかけたという話の如きはその例である。この西鶴の物語はアメリカで行われているライ・ディデクターのやり口と似ている。アメリカのライ・ディデクターは現在では官の捜査以外、多数の社員を持つ会社に於ける不正の発見に盛んに用いられているそうで、既に立派に実用化されているのである。又離れた場所の音響を巨細に聞き得る盗聴機械の如きは、極めて簡単な機械だが、これなどもアメリカでは初め警察に於いて用いられ、後には多数の社員を使役する会社で、各室の勤務振りを何時にても盗聴し得る装置のあることによって社員の怠惰を防ぐことに用いられているという話である。この機械の如きは、拘置監の監房に取付けることによって、各自の恣《ほしいまま》な交話、通謀を止めると共にその動静を知り得る方法に資することができると思う。

匂《におい》を保存し鑑別する方法は捜査上極めて必要なことだが、現在の科学では極めて困難なことのようになっている。それでも、或種の匂については必ずしも不可能ではないのだから、匂の各種類についてそれぞれの研究をしたならば匂による捜査も必ず実現する。現在おこる事件でも、犯人の体臭が鑑別出来れば、解決のつく事案がかなり多い。この方面の研究の促進を切に希望する。

人証

現在の裁判所で用いられるものは人証である。が、人間の記憶ほど不正確なものはない。西洋の遊びに、記憶力を利用した面白い遊びがある。比較的大きな盆にこまごました品物例えば時計の磁石だとかペン先だとかいうものを十五六種並べておいてそれをナフキンで匿しておき、来会者の中央へ持って来てナフキンを取除き、三分間乃至五分間見せる。そして、再びそれらの品物を蔽い、十五六分たってから見た物の名前をメモに書かせて多く正確に記憶した者を勝とするのであるが、この遊びを一度すると、人間の記憶力がいかに薄弱なものであるかということがわかる。盆の上の品物で見なかったものはないのだが、さてメモにはっきり書き得るのは半分くらいで、最後の三四に至ってはどう考えても思い出せない。自分の今迄の経験では全部をあてたものは一人もなかった。現在目の前に見た物に対する記憶でさえこの通りであるから、況《いわ》んや、五年七年の後に於て、自分の利害に関して体験したことではなく、偶々他人のしたことを傍観したというようなことについて訊かれる場合、忘れたというのがむしろ正確で、若し知っているとすれば、更にその後何かの機会に記憶を喚起した、その記憶を言っているのではないかと思われる。それなのに、証人に向って、そのことが五月であったか六月であったか、その日雨が降っていたか、降らなかったかというようなことまで問いただし、若し明確な答えをしないときは記憶力の不正確を咎めるような口吻を浮べるのは、甚だ無理な話である。

今から二十年も前になるが、青島還附後の行政処分について、自分は外務書記官としての意見を問われたことがあった。その事に関して、何年かの後に訴訟が起って、四五年前にはそれが東京控訴院の民事部に繫属していた。当時そのことに関係していた、外務省の官吏数人の中、一部は死亡し、一部は海外にいて、そのことを知る者は自分だけだということで、その事件の証人に申請された。その訊問事項を聞いて見ると、その事に関係した記憶は明確であり、関係した人の名前もはっきり知っており、その時訊かれた事項の記憶もはっきりしていたが、さて自分の意見をどう述べたか、どう処置されたかについては、いかに考えても、責任を以てはっきりと答えるほどの記憶がない。自分の証人としての答が重要な影響を与えることを考えて実に当惑した。もし、証人となって出た場合、事件の関係について正確なことを答えた後で、自分自身の曽て述べた意見を十分に記憶していないと陳述すれば、事件の裁判官としては、どうして意見が言えないかと怪しまざるを得ないであろうが、事実、自分の記憶はそこへ来て曖昧模糊としているのだ。この自分の体験よりしても、一般の証人が無理な質問に内心いかに当惑しているかを考えざるを得ない。

自分は又親戚の相続人廃除事件で証人にたったことがある。事件に争いがあるわけではなく、問う方も答える方も安心して問答し得るものであるに拘らず、訊問に答える場合は相当に緊張を覚えるし、また予期せざる問に心中あわてることもある。又陪席判事が側面から自分を凝視しているのをかんじると、どこかに間違いがあったのではないかと、不安を覚えるのである。我々の如きそのことに常に接している者にして左様であるから、初めて法廷に立った証人たちが、十分に答えられないのはあたり前の話で、むしろその方が正直に証言をしているわけであり、もし澱みなき証言をするとすれば一応その真偽を疑っていいと思う。

証人が喚問せられる知らせを受取った時には、民事であると刑事であるとを問わず、まず一種の不安を抱く。そして次の瞬間には証言に間違があってはならぬと思い当時の記憶を喚起しようとつとめる。この場合、自分だけで記憶を喚起することでは満足な結果に到達しないので、当時同じく関係した知人に質して、自分の記憶が正しいかどうかを聞き、記憶のないところはその人の記憶で補足したくなるのが人情である。こういう場合に関係者は小範囲であることが多いから、その人々がお互に記憶を修正しあい、補足しあった上で、その各が順次事件の証人として呼ばれたとすれば、その各証人の供述はすべて一致するわけであるが、それは当然で、決して各人の独立した記憶が一致したというわけでなく、従って一致した証言の数の多いことは必ずしも真実を担保するものではない。これは善意の場合だが、もし自己に有利な証拠を作ろうとする企みがあった場合、このやりかたによって、関係のうすい者に、真実でないことを事実として述べさせることも出来るわけである。

昔或る人が、重大な影響のある証言をしなければならぬ場合、友人に相談をした処、その友人はその証人のなすべきあらゆる想定的証言を列記し、甲の場合はその次にこれこれの質問が来る、乙の場合はこういう質問が来る、丙の場合ならこうだと、陳述のこまかな予備的陳述書を書いて与えたので、その訊問応答をたぐり、その結果を十分に考えた上で訊問に答えたという話がある。

証人の訊問に当り、陳述に作為がありはしないかということは常に念頭に置かなければならないことで、それゆえ尋ね方に細心の工夫が必要となる。従って予め提出された訊問事項に拘らず、独創的な考から質問を準備して問うべきは当然であるが、それには事件そのものを裁判官が色々な角度から見ていることが必要である。その結果は訊問事項に書いてないことで、相当重要な証言をその証人から引出すことが出来るものである。一例をあげれば、その証人の職業や住所について知識を養っておき、その点から訊問に入り当事者との職業的地理的縁故に及んでゆくことによって、新な陳述を引き出すことが出来ることがあり、又事件と間接な関係しかない挿話をゆっくりときいているうちに、事件の雰囲気を掴むことがある。

文章

事実を調べて、その真相を法廷に示すということは、過去にあったことを、そのままに再現させるというものではない。いかに事実に忠実に、そのままを出したとしても、それで必しも事実を伝えたことにはならない。俳優が舞台で台詞《せりふ》をいう場合、たとえ現代劇にしても、普通の言葉つきで話したのでは、劇にならない。或る意味で誇張し、技巧を加えた発声法によって、はじめて、観客にほんとうらしく思わせるのである。「工藤左衛門祐経」という台詞《せりふ》について、九代目團十郎は今の六代目菊五郎に教え「わしはスケチネと発音している、その方が見物にははっきりとスケツネと聞えるようだ」といった話が残っている。裁判に於ける事実の取調も、時がたってからその事実を再現するのであるから、描写については事実をそのまま現わすというよりも、事実をそのまま感じとるようにしつらえて現出せしむる用意が必要である。それでこそ、事実を正しく了解せしむることが出来るし、事実の強みと素朴さを印象づけることが出来るのだ。要するに、審理には主観を直《じ》接《か》に示さず、事実の客観描写の中におのずから主観をぼかし出すことが必要である。

この練習は文章を書くとよくわかる。文章を書くことによって事実の見方を覚え現わし方を覚える。若い人に事実の見方を教えるには文芸に親しますのが近道だという自分の所論もそこから来るのだ、ところが、現在裁判所に於て使われる文章は多くは文語体である。文語体は事実の個性を殺し、印象を平凡ならしめる。或る文士はいう。「候文や文語体で文章を書くとこれが自分の事を書いたものかと疑わずにはいられない。自分の事を十分にあらわすには候文や文語体ではできない。ただ一つ、候文で便利なことは借金の断わりと、相手を攻撃するときだ。自分に都合の悪い点はぼんやりと書けるからである。」その通りで、判決文を文語体で書くと、都合のわるい所はさりげなくあつかい、体裁のよいところだけを表面に出すのには便利である。頼山陽の褒めた馬士《まご》の手紙に

一金五両

右馬代、くすか、くさぬか、こらどうじゃ、くすというならそれでよし、くさぬにおいてはおれがいく。いくにつけてはただおかぬ。亀の腕には骨がある。

というのがあるが、これから受ける素朴な風格は、文語体からはうけ得られない。

一体、自分は文語体が判決文として不適当だと言うのではない。今の教育を受けた人の文語体では不十分だということ、型にはまった現在の文語体にならうのは悪いということ、この二つの理由からいうのである。明治の中葉以前には何人も文語体ばかりを書き、我々の如きも小学一年の読本の巻の一から文語体を教わった。その頃は文語体を習うについて現在より高度の教授と多くの時間を与えられていたし、別に漢学を習う風習もあって、当時の学生は現代の教育をうけた人々とは比較にならぬほど漢語を駆使する道を心得ていた。司法省法学校の入学試験は漢学だったと聞いている。それに合格した人々の書いた初期の大審院判決が漢文の持ち味である豪快簡潔な言い廻し方の

中に巧みに当時の社会の気持を具現し、判決が文章の上に生々躍動しているのを感じるのは当然である。ところが現在では、読み方綴り方は口語体本位で、文語体は例外的に扱われ、一般の読み物はすべて口語体であり、書翰《しょかん》文でさえ殆ど口語体になっている、その時代に育った判事の書いた文語体の判決文が、四書五経や十八史略で養われた曽ての判事の書かれたそれと比較にならないのは当り前のことで、そういう判事たちが文語体で判決文を草するとすれば、勢い先人の型に倣いそれにすがるより外はない。だから現在の判決は、どの判決を見ても印刷したように同じ型であり、その事件の一々の性格がでていないし、表現がたどたどしく、いかにも自信のない書き方に見えるのである。苟《いやしく》も文章であるからには、それは自分のものであり、自分の主観がはっきりと表わせるものでなければならない。他人の着物を着、他人の帽子をつけたような文章ではその人の気魄《きはく》や見識を掬みとる訳にはいかない。

私が若いころ学んだ三淵部長は漢文の素養の豊かな方《かた》で、大学を卒業されたとき文筆で立とうかと考えられた位の人だったが、部長の判決は文章が極めていきいきとして居り、普通に使う語彙以外に適切な言葉を取入れられ、一見三淵氏の手になったものであることがはっきりとわかった。自分は暇《ひま》があれば、地方裁判所の地下室にあった既済記録を蔵する室へ行って、三淵氏の曽て書かれた判決を探しだして読み耽っていたものである。

だが、一面から言えば、今の時代のとかく易きを求める風潮からすれば、たとえ気魄見識は現われずとも、人の真似をした文語体の判決の方が無難だと考える者もあるだろう。あらゆる分野に於いて文語体が姿を消した今日、裁判の分野に於いてのみ文語体が隆盛をきわめているのは右の風潮に胚胎していると悪口をいう者があった場合われわれは何といって抗弁すべきであろうか。

自分はできるだけ過去の型から解放される意味からいっても、又自分の思うままに自分の考を表わす便宜からいっても、口語体の判決を書くべきだと考え、しきりに之を鼓吹しているのだが、部内に有力な反対者が多く、その仕事は遅々としてなかなか進まない。尤《もっと》も、私としても、反対者の主張に一理ありと思う点がある。それは口語体の判決が難しいという点だ。杖にたよっていたものが杖なしで歩き出すことが不安な如く、型によって仕事をしていた者が型のない分野で仕事を初めることは不安である。ついでそれよりも困ることは、文章というものを書くことが一体に下手になったことである。口語体が発達の過程にある今日、判決の威厳と調子を失わずして自分の考を口語体で残りなく表現することは相当苦心を要することで、動もすれば冗漫に流れ、語調を弱くし、結局に於いて、国家の断定的な意思を伝えるのに生ぬるいという欠点に陥りやすいのは事実である。然し元来文章というものが簡単に書けるものと思うのが間違だ。文章にしても、言葉にしても、之によってある事柄を再現出することは容易な業ではない。単なる機械的な労苦で達し得られないことである。

藤原行成の手跡を見て感心することは、あの仮名を書いていながら、その仮名の筆致の重心となるべきところに雄勁《ゆうけい》な力のこめられているのを見ることである。一見して女の書いた文字かと思われる中に、雄勁な気魄をかんじて、改めて日本人固有の精神に触れたように思う。草書体の文字にすらそれだけの力がこめられるのに、口語体の文章に雄勁な気魄をこめ得られない筈はない。語調が弱くなるというのは口語体の罪ではなく、口語体の修行の到らないためだと思う。

口語体が文語体より、言葉の多くなることは事実だ。文語体の特徴が物事を有権的に明快にいいきるところにあるとすれば、それにくらべて口語体を冗漫なりと感ずるのは、もっともである。だが、一面、文語体は説いて詳かならざるために、相手に対して不親切な嫌《きらい》がある。特に裁判についてて見ると、裁判を受けた者が、裁判をした人の心持を十分に受取り得ざるところがある。例えば文語体判決の常套語である「情状刑ノ執行猶予ヲ与フルヲ相当トスルヲ以テ刑法第二十五条ニ依リ裁判確定ノ日ヨリ三年間刑ノ執行ヲ猶予シ」という文にしても、これを直訳体に口語体になおしたのでは判決文として不十分だ。即ち「情状が刑ノ執行猶予ヲ与ヘルヲ相当トスルカラ刑法第二十五条ニヨリ裁判確定ノ日ヨリ三年間刑ノ執行ヲ猶予シ」となるが、本来丁寧であるべき口語体でこう端折って書いては、いかにも素気《そつけ》なく権柄《けんぺい》づくに響く。口語体ならこの場合、なぜ刑の執行猶予を与えるかという具体的な事情の説明がないと文章がととのわない。少くとも「被告人ハ反省シテ自分ノ罪ヲ痛ク悔イテ居ルシ、年少ノコトデモアリ、父兄モ将来一層被告人ノ監督ニ努メルト誓ツテ居ルコトデアルカラ、刑法第二十五条ニヨリ三年間刑ノ執行ヲ猶予スルコトトシ」とでも書かないと、気がすまない感じがするのである。この点で口語体という形式は、裁判官の態度をより良心的にするといいえる。

近代のわが国の教育は、形式と実体とを区別しようと努めるが、昔のわが教育は、形式の中に実質を盛り、実質の中に形式を容れ、両者の全然切り放せないことを教えていた。私が口語体を薦めるのは、よい良心的な判決を得たいためであって、それは又より良心的な審理を求むることになるからである。

調書

裁判は過去にあった事件を事実に最も近く再現させることである。再現ということは、その事件を構成する時代、場所、人を如実に示すというのでは十分でなく、そのすべてを通じての「事件の気持」「時の調子」「たたずまい」というようなものを現出せしめることが必要である。昔は調書に陳述を記載するについて、出来るだけその人らしくその場合らしき雰囲気を漂わせることがやかましく唱えられた。即ち奥さんの調査には奥さんらしいところがでており、女給の証言には女給らしい言葉づかいがうかがわれ、地方人なら地方人らしい調子が示さるべきだというのである。調書にどこかその人らしきところがあらわれていると、それだけでその調書を親しみ易くし、その信憑力を高めるものである。

もとより、調書は言葉の模写ではなく録取である。従って方言なり言葉なりを喋ったままにただ書き記されたのでは徒に冗長になり、了解を困難にもするものだから、それは上乗なものと言えない。適当と思われる或る箇所にその人の言葉つきなり方言なりを、了解を妨げない程度に現わすことが賢いやりかたである。近松の「博多小女郎波枕」の中に毛剃九右衛門の長崎言葉が写されてある。近松は幼時唐津に居たといわれるだけあってその長崎言葉は架空のものでないが、さりとて読者の了解を害してはいけないので、巧みに点点と織込まれてあり、その手法はまことに敬服にたえないものがある。あの骨《こつ》を学んでさまざまの調子たたずまいを調書の上に浮び上らせる工夫を凝らすべきだと思う。

悪い株屋が「株をやれば儲かる」と宣伝し、素人をだまして金を出させそれを使い込んだという事件があった。その株屋は散々悪いことをした揚句、朝鮮に逃げていたが、何年かたって帰ったところを検挙されたのである。その男は自分の悪事を白状し、その弁償としてその後朝鮮で儲けた金を吐き出して損をかけた人々に返した。そこで、弁護人は、既に全部の損害をかえした以上、罪は完全に償われたのであるから寛大な処置をとっていただきたいと言って執行猶予を求めた。なるほど、この被告人のしたように一旦詐欺を働いても、後にその金を返してしまえば罪の償いをしたようにも一応は見えるが、よく考えて見ると、彼が何年か前に詐欺した金を何年か後になって返したとしても、それで被害者が元通りの状態に復したわけではないのだ。試みに想像をほしいままにすれば、普通の生活《くらし》をしている小市民から千円からの金を騙り取ったとすれば、その打撃は相当深刻である筈だ。或る家庭では婚期の娘がお嫁に行けなくなったということもあろうし、或る家庭では子弟が上級の学校への入学を断念したということもあろうし、病人が病院へ入れることが出来なかったために死期を早めたというようなこともあるだろう。甚しいのはそのために娘が茶屋小屋の奉公をしなければならなくなったことが起ったかも知れない。もし、予審判事が注意深く被害者の調書中に、単に金をかたり取られた顚末ばかりでなく、かたり取られたことによって、その後現実にどのような悲劇があったかという後日物語まで書いておいたなら、後に返金しても、その金では到底償い得ない損失があったことが明瞭にされ、徒に被告人を利する結果にはならないことになろう。かかる後日物語は、法律では罪の構成という上に要求されていない条件であるため、ともすれば閑却され勝ちであるが、これなども調書に事件の醸した調子の現われていない一例である。

書記の養成

良き調書を作るには良き書記が必要である。書記は現在の機構に於ては判事の旨をうけて取調の状況を記録するものであるが、それには書記が判事の気持、傾向を十分に呑み込んでいることが必要であるし、又、その事件に向う判事の態度が書記によくわかっていなければならない。それでなければ判事の調べたことが、判事の思うように調書に表われ得ない。判事と書記は、あたかも義太夫の太夫と三味線ひきの如く、おのずから気の合っていることが調書の完全性に欠くべからざる要件である。

昔私を指導された三淵部長は常に言われた。自分は老練な書記を必要としない、自分の書記としては雇から書記になったばかりの人がよい、そういう人は自分の思い通りに指導することができるから、他の部で経験をつんだ者よりすなおに自分のやり方を体得してくれる。若いその人を一人前の書記に仕上げるまでには四五ケ月の期間を要するし、その間は部長は殆ど書記に代って書記の仕事をしてやらねばならないが、一度その苦労をすれば、その後は何んの苦労もせず立派に任せていけるのである、だから結局に於てはこのやり方が一番経済的なのだ、こう三淵部長はいわれるのである。

三淵部長は新しい書記に対してはその調書の草稿を自分で原稿用紙に細かにしたためられて書記に示され指導された。若い人の発達は早いもので四五ケ月するとその書記は立派に調書を書けるようになって、自分の見るところでも老練な書記に比して決して遜色がないのであった。

三淵部長はこのように書記を養成されたが、自分はそれに加えて、書記を判事室の中に収容することを企てた。書記が判事室の中にいれば、書記は常に判事の言動を知り得るので、判事の性格は勿論、個々の事件についての判事の審理の方針を知り得るから、判事がどういう方法で事件をこなしてゆくか、どの点の調を重要とするかを頭脳《あたま》に入れて調書を作る。又調書を作る以外、法廷の内外に於ける事件進行上の措置についても絶えずその心持であたるので、判事が一々指図しなくとも判事の思うように事件が処理されて、そこに毫末《ごうまつ》も渋滞ということがない。反対する者は、書記を同室に入れると、判事の言動が外部に洩れる虞れがあるという。公の機密が書記の口から洩るべからざることは当然のことであるし、もし公に非らざる事が漏れて困るというなら、それは寧ろ判事の方で反省すべき事ではないかと思う。

自分が事務の簡易と、用紙の節約のために予審調書をペン書きにして、洋紙を用いる案をたてたとき、まず試みにその可否を東京の予審にたずねてみた。今日の若い人が毛筆を手にする機会は、初等教育を初め昔とは著しく減じているし、その結果か若い人の毛筆による文字は概して拙いから、一つには若い人が毛筆になれないこと、二つには若い人の毛筆による文字の拙いことから私の提案が多数の賛成を得るものと考えていた。ところが実際はそうでなくて、書記の多くは毛筆を持つことに賛成だという話で、その言い分は筆の方がペンより軽くかつ紙との接触が軟かで、ペンほど指を労しないというのだった。そこで、自分はそれにしても文字が拙劣では困るではないかと、読む方《ほう》の側として、抗議を申出たところ、その返答として予審の当局から、或る若い書記が始めて書いた予審調書と、その後三月ほどたって後にその書記の書いた調書とを提出された。これを較べると、前者は晦渋拙劣を極めること予想した通りであるが、後者の文字は一字一字を検すると決して巧といえないが、とにかくなだらかに心持悪くなく読み得るだけの書体になっているのでひどく感心した。これで、自分のペン書きの提案が容易に現在の司法部で承認されない理由《わけ》がわかったわけなのである。つまり三月の間の修練によってその書記は予審調書向きの書体を学び取ったような気がしたが、しかし私はそれだからと言って、ペン書きの主唱を捨てるつもりはない。むしろ若い書記のこの調書によって、私は、若い人々の環境に応ずる自在な性能を発見したので、これを巧みに利用し指導して新に能率の向上を図ろうとする方策を考えなければならないと考えたのである。

一体今の日本人は外来のものを使用するについて独自の工夫を凝らすことに稍《やや》疎笨《そほん》な嫌がある。たとえば右にいうペン書の問題にしても、坊間売っているペン軸は大体に於いて筆より太く、筆より重い。況《いわ》んや万年筆を使うとなれば、筆の数倍の重さを必要とする。そんな重い筆で書くとすれば、たしかに毛筆の軽きに比して指を労するのは当然だ。私は手控えを書くのに小さい文字を早く書く必要があるので、そのために始めは万年筆を用いていたが、書くのに時間がかかって間に合わない。そこでこれは重さによることだと考え、軽い小さな万年筆にかえたが、更に考えたのは、万年筆とすればインキが軸の中にあるだけ重くなるし、溜めておいたインキは濃くなるから小さな文字を記すのに不便である。そこで軽い筆を用い淡いインキで書くために、自分は万年筆を捨ててペン軸を使うことにした。そのペン軸は坊間を漁って最も軽いのを探し出し、それを何年も使っている。随分さびてきたので、役に立たなくなったら、自分は杉箸のような質のものでペン軸を作りたいと思っている。この軽いペン軸により、濃くない普通のインキを使って書けば、普通の人の文字を書く速力の数倍の早さで書ける筈である。この理を移して、若し若い書記諸君が軽いペン先を用いられたならば、筆の方がペンより軽いという論は消滅するだろうと思われる。何んといっても、今後の物資を考えれば、筆を用いて大きな文字を書き、たくさんの日本紙を使用することは許されなくなる時代が来るであろう。そうなれば、否応《いやおう》なしにペンを用い洋紙を用いることになるので、その時は自分の考えるようなペンが用いられるに違いないと思っている。

書の七

司法研究所に於ける刑事裁判の研究で、自分は五十余の項目をあげそのそれぞれについて研究員の研究を求めた。その研究の結果を見ると、熱心に研究されたことは認められるけれど、何分にも多数の研究員の説を一つに纏めたため、その結論はとかく抽象的に流れ易く、必しも私の期していたところに添わないのである。そこで考えたことは、裁判のやり方は、各人の流儀に従って、それを熟達させた成果をこそ尚ぶべきで、多数の人から一般的な原則を得ようと求めるのは必しも当然でないということである。そこで、今自分はこの問題について自分一個としての囚われない立場から一々について答案を書いてみようと思う。

一　記録の見方

　裁判長は公判前どの位の間隔をおいて記録を読むべきかという問題については、理想的に言えば公判前適当の間隔を置いて記録を調査し、証拠物を調べ、あらゆる準備を完了して後に公判に臨むべきであるが、実際は多数の事件を処理する関係もあり主任の陪席判事や検事が記録を読むことも考慮せねばならないし、又、あまり前以て記録を読むことは事件に対しての熱意が高潮に達しない関係もあり、こまかな廉《かど》々を忘れる憂いもあるので、自分は、公判に近接したところで記録を読むことにしている。即ち、公判の前日、若くは前々日に読むのが原則で、もし記録が尨大《ぼうだい》ならばそれに必要なだけの公判直前の期間をそれに捧げることにしている。

　期日に接して記録を読むと、時間が切れて読み得ない惧はないかという懸念をきくが、あらかじめ記録の分量を見てそれに要する時間は察知できることだし、いよいよ期日に迫って記録の内容上読みきれないような場合は、自分は期日の前夜徹夜をしても読み了えることにしている。その事件に興味を持ち、飽くことなく記録に見入っていれば、徹夜の無理は決して翌日の審理に影響を及ぼさない。何よりも、記録を読んだ印象が新しく、事件に対する熱意がたかまる汐時が肝腎で、それには記録を公判に近接して読むことが有利である。ただこのやり方に於ける最大の欠点は証拠物の検討が十分に行われ得ないことであるが、証拠物を被告人の訊問に必要な程度に調べることはその公判の直前に於いてもなし得ないことではないし、もし詳密にその証拠を検討しなければならない事件ならば、一回の審理で終結しないのが普通だから、証拠物を周到に検討する機会は後日に残されてもいいわけだ。又右のやり方は冷静に事件を批判する余裕を与えないという非難があるが、之は後に述べるような記録の精読と手控えの作成の間《かん》に於てできるし、又一面からいうと、あまりに公判前に事件の全貌を臆測することは或る場合に却って審理の融通無碍《ゆうずうむげ》を害する結果にもなるから、程々にしてよいと思う。

然らばどういう順序に記録を読むべきかというと、自分の適当だと思うことは、最初に公訴事実がなんであるか（第二審であれば、更に、第一審が如何なる判決を下しているか）を見て、事件の輪廓を知り、その上で冒頭から、即ち警察の調書から順序に従って読破してゆくことである。元来自分は警察官の作成した書類に多大の興味を持つもので、警察の記録を粗末に読む流義には絶対に反対である。記録を飛々に読むことは重要な点を読み落す危険が多分にあって賛成できない。劈頭《へきとう》の一頁から洩れなく目を通すことが必要だと思っている。自分のやり方は、警察の調書から始めて検事の記録まではただ読んで行き、予審の調書に這入ってから手控を作り出すのだが、司法警察官や検事の聴取書の中でも必要と思われる個処は手控の最初の部分にメモとして要点だけ記入しておく。例えば被告人の家庭の状況、生い立、経歴の或部分や、事件と比較的遠い関係人の供述の如きは爾後の記録に現われないことがあるから、それらのことについては忘れないように記入しておく必要がある。

自分は証拠力のない書類を、判事が読まないでよいという意見には反対で、判事はできるだけ見聞を広くしておくべきだと思うのである。一体、証拠力のない書類について心証を作ってはならぬと言われるが、判事の心証が、限られた材料によって作られ得ると考えるのが機械的な見方であって、判事はその経験し得べきあらゆる材料について、その叡智で心証を作るべきである。事は、判事の叡智を前提としていて、判事の凡庸を前提としているのではない。判事の行動を外部からとやかくと制限することによって正しき叡智を作ろうとすることは、いわれなき干渉である。

警察の書類は多くの場合証拠力がないと言われるけれども、事件の背景を始めとしてその深さ広さを説明するに於いて警察の調書ほど饒舌なものはないから、その中から事件に対する新しい検討の手蔓を得るし又事件の多彩な背景を了解し得る。だから、私は証拠力の有無によって書類の読み方に精疎の区別を立てることには全然反対であるし、しかも必要な材料は、どこに書いてあったにせよ、凡て備忘的処置を取っておくべきである。しかし右は心証を構成する準備の問題で、裁判を下すとしては証拠力のあるものとないものとをあらかじめ区別しておくことを忘れてならないのは勿論《もちろん》である。自分が手控の作成を予審の調書を読むときから始めるのはそのためで、証拠力の有無を問わずに漫然手控をとることは間違の種である。が、証拠力のないものでも後日の審理の手蔓として必要なものについては、一旦予審以後の関係人のものを書き取った後、之と齟齬する部分をその供述の傍に書き添えておくことがある。この場合にはインキの色を変えるか、或は司法警察官の聴取書の記載であることを明かにして記入しておくことにしている。

二 証拠物の点検

公判前に完全に記録を精読し終ればよいが、前に述べたようにそういう場合は比較的少く、公判期日に接着するとき読むとすれば証拠物の点検は公判の直前になる。尤《もっと》も期日が変更されれば、次の公判迄に十分検討する余裕がある。いずれの場合に於ても証拠物を公判廷で始めて判事が見るということは、絶対によくない。況《いわ》んや公判廷に於て証拠物を捜したり、陪席判事と相談しあったりするのは法廷の威厳を傷ける。陪席判事は審理に入る前予め証拠物を整理しておいて、審理の進行に伴って順次必要な証拠物を裁判長に提供してゆくように気をつけるべきである。

この証拠物の点検について一つの経験談がある。ある事件について押収品中に第一号、第二号とショベルが二つあった。記録によると被告人はそのうちの新しいショベルを使ったと陳述していて、第一号を示され、それを使ったと言っている。ところが、公判に先ってショベルを点検すると、第一号のショベルは古いもので、第二号は新しいショベルになっている。そうなると、被告人の供述と証拠物とが合わないのだが、調べてみると、一旦ショベルに付けた番号の貼札が落ちたのを貼りかえる時、第一号と第二号と間違えたことがわかった。こういう場合、公判前に証拠物を調べておかないと、厄介な結果が生じることがある。

公判判事は事件発覚の当時捜査に関与していないし、被疑者関係人の事件当初の取調にも立会っていないから、事件に対する印象の深さに於ては、直接これ等の取調に当った検事よりも遜色のあるのはまぬがれない理だ。だから、これらの取調の中からこれまで誰も気づかなかった新しい手蔓を発見することは割合に稀で、判事の新しい発見は、証拠物を仔細に点検することによってなされる場合が多い。一体証拠物は犯罪当時の現状をそのままにとどめているものであって、溯って真相を調べる唯一の鍵として残っているから、新しい事実を発見しようとするにはこれを仔細に調べかえすことが第一である。特に書証は警察官の手によっては重要な点が気づかれずに終るということがあるから、判事に於てその経験に基き周密な検討を加える余地があり、特に判事は民事事件も取扱った経験があって、(有名な潮予審判事は永く民事の判事をせられそれから予審判事になられて、あれだけの仕事をなされたのである) 民事の法律関係や商取引の関係に関して特殊の知識を持っているから、証拠物に対する検討についても、従来とは異った角度から見て存外新しい鍵を発見することが多い。又警察官は道徳的に見て悪辣な行為は何とかして法律上でも犯罪を構成するように取扱いたい衝動に駆られるため、複雑な法律関係を見あやまり軽々に難点を看過することがあるから、この点でも異なる角度で考察する必要がある。啻《ただ》にかかる法律関係についてのみならず、書証を眼光紙背に徹する眼で検討すると、当事者の破綻が思わざる処にひそんでいることもあって、検討を重ねると意外の収穫を見ることがある。

書証を点検する方法として推薦したいことは、何遍も何遍もそれを手にし、くりかえしくりかえし見直すことである。どこに疑問をおくという廉《かど》もなく、どういう風に調べるという当《あて》もなくとも、ただ幾たびとなくそれを手にして見かえし見なおすことである。そうしていると、そのうちに何かの拍子に何ものかを発見することがある。「読書百遍意自ら通ず、」という言葉は、この場合にもあてはまる金言だと思う。

それについて自分の経験した一例がある。被告人が控訴審になって自分の当用日記を証拠として提出し、自分はこれまで犯罪を否認してきたが、この日記によっても犯罪の当日自分は犯罪の場所に往《い》っておらないのであるから、よく検討して頂きたいといった。かような場合その日記が果して真正のものか或は後になって作ったものなのかは、大に怪しいのであるから、一応疑の眼を以て点検したが、その日記は日毎に筆つきやインキ墨色がちがって居り、当時の外界の現象即ち天候、事変、出来事についても一々正確な記載があるので、係り検事も一概にこの日記を虚偽だと断定する根拠がないので困っていた。自分もその当用日記をうけとってその一々の記載を調べてみたが、別に疑を挿むに足る材料が見出せない。しかし、それに失望せず数日間ここを読み、かしこを読みながらその日記をいじくっていた。すると、端なく日記の表紙のカバーの隅に鉛筆で小さな文字が二三字記してあるのが眼についた。それを私は本屋の符号だと見た。そしてもしこの日記が新しい日記として売られたなら符号のついてる筈がない、被告人は古いものを買って書いたに違いないと思い、本屋について調べてみると、果してその日記は翌年の三月頃売り出されたもので、文字は代価の符号であることがわかった。つまり、被告人は、裁判官の眼をくらますため、新に当用日記を買入れ、之に記入して提出したのだが、その記入には特に注意して墨色をちがえ、犯罪のあった日以外の記載は、全部かねて自分のつけていたほんとうの日記の記載を写し、犯罪のあった日だけ都合のいい記載をしていたのであった。

このことは物証についても同様である。自分が昔扱った事件に、箱師の控訴事件があった。被告人はその道での前科者で、公訴事実は国府津附近の汽車の中で乗客から百円札を盗んだということと、氏名不詳の者から櫛を盗んだという事実であったが、第一審では百円札を盗んだ事実を認め有罪を言渡したので、之に対して被告人が控訴したのである。当時国府津附近の車中で百円札入りの紙入を掏《す》られた人があり、その頃被告人は穴守稲荷に奉納金をするのに百円札を出して釣をとった事実があるので、その百円札はその贓物らしくもあるが、被告人は極力百円札を掏った事実を否認するし、一体、一方に百円札を盗まれた人があり、被告人が百円札を持っていたことがあったにしても、その百円札が盗まれた百円札に符合する証拠がない以上、それだけで被告人をその犯人だとするには無理があった。ところが、第一審では認められなかったが、櫛を盗まれたという公訴事実の被害品たる櫛は現に押収されてある。尤《もっと》もその櫛も何人のものでいつ盗まれたものかわからないとすれば、単に被告人風情《ふぜい》の持つべき品でないということだけでは、直に有罪を認めるわけにゆかないのは当然である。唯、この方は被害品が現存しているので、この被害品から被害者を求め得られるとすれば、そこに被告人の犯罪をつきとめる見込はあるわけだ。そこで、自分はまずその櫛を点検することを始めた。その櫛は二三十あったが、いろいろと点検してゆくうち、その多数の櫛に一つとして同じ型のもののないことを発見したので、自分はそれ等を見本品であると判断し、従ってそれが問屋筋の被害品だと考えた。よって早速東京の小間物商組合長を鑑定人として呼出し、その櫛を見せたところ、鑑定人は櫛を見て即座にそれが東京の某々商店の見本品であることを証言した。そこで、その商店の主人を呼出したところ、その主人はその櫛は店員が某月某日東海道の汽車中で盗まれたものであると陳述した。この事実に面して流石の被告人も形勢非なるを悟って、その場で控訴を取下げ、第一審の刑に服してしまったのである。

これは証拠物の点検の必要な一例であるが、序に述ぶべきことは、かような場合にはその櫛について被告人に弁解を求め、詳細にその弁解を調書にとどめておくことである。かかる弁解が多くの場合被告人の拵《こしら》えた嘘であることは推測がつくのであるが、そういうときでも、素直にその径路を聴いて録取しておくべきである。そうすれば、後に事実のあらわれた場合、更に胡魔化しをたくむ余地を封じてしまい、被告人を自縄自縛に陥らせるものである。

記録を読みながら之と並行して証拠物を点検し得られるならば、それは最も望ましきことだが、多数の証拠物を自宅へ運ぶことは事実に於いて不可能なことが多く、よく出来ても散佚《さんいつ》の危険がある。然し書証については、之を閑却して記録を読んだのでは事件を了解し得ない虞れもあるし、前に述べたように、新に事実を発見する手蔓ともなることであるから、書証だけは是非記録を読みながら見るようにしなければならない。裁判所によっては関係人に返す必要のない書証までも、証拠物として別にしておく取扱いをするが、関係人に返す必要のない書証はむしろ記録に綴り込んでおいた方が調査上便利である。

三　手控の様式

公判審理の準備のための手控えの様式——これを私は自分で工夫して爾来二十年の間同じ様式で作っている。裁判をするのに手控を作ることは欠くべからざることで、その様式が公判審理を指導するといっても過言でない。自分が刑事裁判を教わった立石部長は忠実に手控をつくっておられた。それは主任の陪席判事がつくっていたものよりずっと精密なもので、部長はそれを真書《しんかき》のような毛筆で普通の判決用紙にこまごまと記しておられた。司法官試補だった自分たちが時とすると一時に何件も判決を書かせられるとき部長は自分の手控をわれわれに渡して、「引用すべき証拠はみんなこの中に書いてあるよ」と言われたものである。まったくそれを見ると、必要な証拠は丁寧に調書からその部分が抜き書きしてあり、それに基いて判決の証拠は直ぐに書けるようになっていた。その立石部長の手控は、必要な証拠を羅列し、ところどころに注意すべき点を書き記してあるという普通に用いられる様式であった。

私の考案した様式は、必要な証拠をできるだけ詳細に抜き書きしておく点は同様であるが、ただそれを時間的《クロノロジカリー》に配列する点が変っているのである。大体の骨組を言えば、フールスキャップの西洋罫紙に四段又は五段の棚（普通は四段）を作り、第一段には、被告人の陳述を時間的に、即ち自分のやり方に従えば、被告人の生れた時代から犯罪の萠芽となった時、犯行の時を経て事件の審理をする時までの供述を時間的に整理して書きしるし、第二段、第三段、第四段等は、証人の供述を、第一段の被告人の供述と時間的に相当する下段に書きしるすのである。この段は必ずしも一人の証人で全段を占領する必要はなく、被告人の供述に応ずるその場合々々の証人、即ち、何人も証人の証言が同じ段につぎつぎに示される。なお共同被告人があれば第二段第三段に同様の方式でその供述を整理するし、検証調書の附図の如きも、必要だと思えば、その略図を第二段以下の余白に示しておく。これが大体の仕組である。

簡単な例を示せば、第一段に被告人甲が共同被告人乙と共に丙某を斬った、という供述があり、第二段のその下に当るところに、共同被告人乙が甲と一緒に斬りましたという供述があり、第三段のその部分には被害者丙が斬られましたという証人としての供述があり、第四段第五段は証人丁戊の供述として、甲と乙とが丙を斬るのを目撃しましたという証言が示されるわけである。

かように、「斬りました、」「斬りました、」「斬られました、」「斬られるのを見ました、」という供述に齟齬がなければ、その事実は正確と見ていいが、それが一致しない場合が問題になる。例えば、第一段に、被告人甲の供述として共同被告人乙とともに斬りましたとあるのに、第二段に、共同被告人乙の私はその場にいませんでしたという供述があり、第三段に、甲乙両人に斬られましたという被害者の供述があり、第四段に証人丁の供述として、甲と乙が丙を斬ったの見たという言葉があり、第五段に証人戊の供述として甲の斬ったのは見たが、乙のいたことははっきりしなかったという供述があるとすれば、そこに果して乙がいて丙を斬ったかどうかということが疑問になるから、この齟齬がこの事件の争点となるわけで、しかもその争点に関する関係人のいろいろな供述は、この手控では一ケ所に一目瞭然に対照して示されてあるから、その判断をする上に便利である。しかもかようにして、一つ場所に時間的にすべての関係人の言葉を集録しておけば、その手控を作った後時日が経過して記録を読んだ記憶がうすらいでも、その手控さえ見れば、事案の争点となるべき個所の材料ははっきりと示されてあるので、再び全記録を読み返えす必要はない。又、公判で証人か被告人かが突然前言を翻えしても、直にその点に関する他の関係人の言葉を知り得るから、その陳述が尤《もっと》もか尤もでないかという点を咄嗟の間に検討し得て少しも審理に渋滞をかんずることがない。

一体事件が警察より転じて予審で調べられる頃になると、公訴の目標がはっきりしてきて従って取調べの中心が一定の犯罪事実に集中されるので、被告人の人生を知るという立場で事件の自然の成行きを時間的に見てゆくという方針に調べができていない。だから、公判に於ては、これとは別に、あたかも歴史家が個々の出来事を中心とした歴史をはなれて文明史を編むような心持で、被告人の文明史を手控の上に編む必要があるのである。我我はその整理によって、新な観点から事件を観察することができ、これまでに気づかれなかった新しい事実を発見するものである。

この手控は自分としては、公判審理に必要欠くべからざる様式だと考えているのだが、多くの人はとてもそれを書く煩にたえないという。しかし、自分の永い間の経験では、これは少しも煩雑ではない。第一に記録から書き写す場合は手の仕事であり、頭の仕事ではない。手を動かしているから頭の疲れることが尠《すく》ない。そして、手を働かせないで記録を読むと、倦き易くとかく睡魔に襲われがちだが、手を動かしながら読めば倦きることがない。第二に、時間的に整列することは最初はたしかに困難をかんじる、記録には時間的に前後する供述があるので、適当な余白をおいて手控に載せないと書き入れる余地がなくなるので、この余白を作る点に初めは困難を応じるが、記録によって一応事件の大体を心得た上で始めることだから、その時間的に余白をおくことの骨《こつ》も数多く手控を作るうちに自らわかって来るし、若し余白のなくてこまる時は、第一段の足らぬ分は第二段に、第二段の足らぬ分は第三段を利用し、或は附箋をつけたり、インクの色を変えて記入したり、更に已むを得ざるときには別に頁を挿入することによって補い得るので、その困難は克服できるのである。第三に、この方法は記録の引写しという機械的な仕事ではなく、自分の頭脳で事件を整理し、作り上げるということがあるので、この興味がぐんぐん自分を引ずってゆき、記録の中から新しい興味が自然に湧き出て来るから、いかに時間が多く費されても苦にならぬのである。自分は記録を調べる際、ただ読んでいるときは他の仕事に誘惑されて動もすれば興味を他に惹かれることがあるが、手控の作成にとりかかれば、たとえ何時になっても、徹夜しても少しも倦きることがなく、事件が複雑になればなるほどその作業が面白くなる。だから自分は事件を見て被告人が否認をしているとやり甲斐があると思ってよろこびを感じる。自分が自分の調べた事案からでなければ文学をかんじ得ないというのは、このプロセスを経過している間に発見するところの事実についてのことである。

なお、この手控を作るについて注意すべきことは、前に述べた軽いペン軸と細く書けるペン先を用いることである。自分はバンク・ペンを使っていて、太くなった場合は外のものを書くのに廻わし、新しいのと取替えることにしている。また一概に洋紙と言っても、自分は手控を書いて見て紙質に非常な相違のあることをかんじた。上質紙と否とは手控を作る速度に多大の影響を及ぼすので、紙質の滑らかなよいものを使用することが肝要である。用紙はフールスキャップ一枚乃至一枚半、即ち四頁乃至六頁で足りるし、複雑な事件でも三枚あれば十分足りるから決して多量の紙を要するものではない。

私が名古屋の控訴院にいた時代は、立石院長が昔されたように公判後自分の手控を書記に渡して調書を作る参考にさせたものである。

四　準備手続

昔準備手続の規定のなかったときには、公判前に被告人に面接する必要があった。然し、準備手続が行われる現在に於いては特に被告人から面接を求めた場合以外に面接する必要はない。ただ、そういう法律上の問題をはなれて、自分の考えを言えば、公判の判事が被告人と面接する時間は、準備手続を入れても極めて短いので、その間に被告人をして裁判官の人となりを知らしめ、信頼の念を起さしめることは容易なことではない。若し裁判の根本が裁判官の人格の発露と、被告人の裁判官に対する信頼の結びつきにあるとするなら、この結びつきを強める意味に於ける裁判官の努力はあらゆる法律の規定を超えて是認せられてよいものではないかと思う。

現在は訴訟法に規定されていないことをすると徒らに関係人からの誤解を招く虞れありとして、できるだけ内輪に手続を進め、それが合法の名のもとに裁判を正しからしむるかの如くに論ずる人が多い。けれども、訴訟法に反しない限り訴訟法に規定してないことを行うことに毫末《こうまつ》も遠慮はない筈だ。むしろその間に於てこそ判事は独自の経綸工夫を行う余地があるわけで、そこにその判事らしき人格の光を宿さしむべきなのである。もし、訴訟法に規定していないことをやって関係人の誤解を招いた判事があったとすれば、その判事はその識見手腕に於て凡庸なる判事といわなければならない。凡庸なる判事が関係人の誤解を招いたからといって、卓抜を以て任ずる判事がそれを懸念する必要はどこにもない。それを虞れて所信に邁進出来ないならば、それはみずから進んで凡庸なる判事の列に伍するもので、優秀な判事のなすべきことでない。縦しかかる因循姑息を以て辛うじて所謂「合法な裁判」をなし得たとしても、その「合法な裁判」が果してどれだけの感銘と信頼を被告人の心の中に湧き起さしめるかに想到すれば、そのような懸念は裁判官を怯懦《きょうだ》にし、責任回避に役だつだけで、裁判の上に光と力とを与える所以でない。その証拠には、かかる感激のない裁判の後にその裁判官の頭脳《あたま》に残るものは、ただ職業的な義務の完済だけであって、その後の被告人についての思いやり、同情、心配というものが少しも残っていないではないか。

私が東京地方裁判所の裁判長になった当初、被告人で弁護人をつける余裕がなく、裁判所に訴えようとしても、訴える道を知らないと思われる被告人のために、刑務所に行って公判前面会をしたことがあった。もとより当時は準備手続の規定もないときで、その必要もあり、被告人と心のつながりをつけておきたい考もあってのことだった。ところが、そのことがたまたま上級審の判事の知るところとなり、その判事から時の裁判所長牧野菊之助氏に注意があったそうで、牧野氏は一日自分を所長室に呼び、公判は判事、検事、弁護人列席して之をなすという規定があるのに、君一人《ひとり》が被告人に会うことは、法律に反するではないかといわれた。当時自分は若い客気にまかせて懸命に裁判に傾倒努力していたときだったので、その注意は意外であり、内心ひどく心外に感じられた。「御注意は有難く存じますが、所長は私の審理をまだ一度も傍聴して下さらないように思います。

所長が私の審理を御覧になっての上の御注意ならよろこんで従います。どうか私の審理を傍聴して下さい」こう私は答えた。この不遜な言葉を所長は莞爾《かんじ》と聴いて居られたが、まもなく二回ほど自分の法廷に来られて丁寧に傍聴してゆかれた。そしてその後毎日のように所長にあったけれど再び前の注意を口にされないので、自分はやはり前のとおり被告人に面接することをやめなかった。が、自分のやり方は幸にしてその後別に苦情を起させるようなこともなく、むしろ私の努力は感謝を以て酬いられたと思っている。当時一銭を身につけないで拘束されている被告人が近親に自分の境遇を知らせ、弁護人の選任を依頼しようとしても、通信すべきハガキ一枚をも購い得ないでいる有様を見て、自分はハガキを刑務官に托し、必要に応じてかかる被告人に交付するように依頼したことがあったが、これらのことも畢竟《ひっきょう》この面接から得た経験の一つだったのである。

要するに、裁判の根本は訴訟法の上にはなくして、我々の持つ心の上にあるのだということをふかく考えさえすれば、訴訟法にないことはやらない方がよいというような考にはなり得ないのである。

公判前必要な場所を非公式に検分することについても、反対意見を持つ人があるようだが、私の考ではこれは当り前のことで、少しも差支ないと思う。尤《もっと》もそれによって得た知識はあくまでも私に得たものであるから、そのことにつき被告人側に何等弁解の機会も与えずに独りぎめにきめてかかることは極力慎まねばならぬ。

もともと、判事の知識経験の範囲については、制限のしようがない。判事が豆腐屋の子であれば、何人よりも豆腐の製法についての知識があるし、東京に育った判事は誰よりも東京の地理に詳しいのがあたり前だ。それに対して、豆腐に関する知識を参酌してはならぬとか、東京の地理を頭に浮べてはいかぬとかいうことが児戯に類すると同じく、判事が新たに公判外に得た知識を公判審理の材料として公判に持出すことが何んで不都合であり得よう。

自分が東京で刑事の裁判にあたったのは震災前のことであるが、自分は東京に育った関係上、震災前の東京の地理は相当に詳しかったため、被告人の陳述についても、地勢距離から考えて矛盾を発見したり、それから新たな事実の鍵を発見したりすることが出来た。然し、それでも、記録を読んでいるうちに、現状を見ないと十分に了解し得ないような部分に突き当った時には、直ちに記録を捨てて電車で現状附近に行き、その状況を検した上で再び記録を読んだ。こうしたことが公判審理の上で、被告人の徒らな弁解を排斥するに役立ったし、それによって被告人が自分を明察だと信じたためその後の審理がなだらかに進んだ事実も二三にして止まらない。

一体被告人は、不必要なところでも嘘をいうもので、万一その嘘が不必要な点であるために裁判官がそのまま看過することがあると、それに安んじて、必要なところまで嘘をついていいと思うものである。些細な所でもその嘘を誤信することは、裁判の威信の為にも心《こころ》しなければならないことだ。私が地名の読み方に誤りのないよう注意を払うべきを言うのもこの点からである。

尚現状を検することに関して、私は、最近或る弁護士から自分の昔やった裁判の話をきかされた。その話は全然自分の記憶からなくなっていることで、自分としては甚だはっきりしないことであるが、その話のままを記してみる。私が東京区裁判所の執行部の判事として取扱った抵当権の実行による競売事件に、その弁護士は債務者の代理人であったが、その抵当権の目的であった建物は以前に焼失して、その焼跡に新たに別の建物がたてられたのを、旧建物に対する抵当権の実行をその新な建物に対してしてきたので、その弁護士は債務者側として執行部に私を訪ね、この事件で債権者は抵当権の目的でない建物につき競売の申立をしている。抵当権の目的である建物は登記簿で明かなとおり、ふるい建物であるべきなのに現に存在するものは新しい建物で一見して中立の不当なのがわかると述べた。ところがその後何の沙汰もないうち競売の申立は取下げられて事件は終了したが、後に債権者側の弁護士にきくと、その弁護士のいうには、先日判事に呼出されて行ってみると、判事は、この建物は登記簿で見るとふるい建物ですが、今あなたの方で競売しようとされているのは新しい建物ではありませんか、私は実地に行ってみたのですが、到底登記簿にあるふるい時代に建てられたように見えません。私の眼がまちがっているかどうか、あなたの方でも調べて下さいといわれたので調べるとその通りだから取下げたのだと語ったという話である。この話は自分としては覚えがない位なのに、それから二十何年ものあいだ、私の業績としてその弁護士の記憶に残っているということを考えると、実地の検分が決して無益なことでないことがわかると思う。

記録を読み手控を作っている間に疑問となる点、調査を要する点は随所におこって来るし、手控を作り了ってふりかえって観察すると、又新に疑問となる点、調査を要する点を発見するもので、それ等の点は新に証拠調べをせねばならぬ要所であるから、その場合場合に手控の隅にそのことを書きつけておくのが自分の流儀である。

記録を読み手控が完成した上で事件全体の筋をたどって見ることは、判事として主要な心得なのである。古来人類の運命を左右した大戦争の経過を見ても、自然の推移に従った常識的な戦略が結局勝を占めているので、奇想天外より落ちる戦略によって勝利を獲得してはいない。事件もその全体を知った上で、改めて常識的に筋道をたどってみると、容るべき理と容るべからざる理がはっきりとわかる。この容るべき理を辿って事件を解決することが事件を見る正しい戦法である。ところが、とかく事件の形の大袈裟なところや、或は絢爛たる処、又は前の取調官が力点をおいた処に目が眩むと、折角の常識が容るべからざる理に敗ける危険がある。どこまでも自然の理を離れずに事件を見て、そこにこれ迄取調べの足りなかった部分を発見し、仍《よっ》て審理の大方針を立てることが要訣である。

本来を言えば、記録を前に読んであらかじめ証拠決定をして、公判の当日に被告人の訊問にひきつづきその証拠決定の施行をするのがバランスのとれた事件の姿を如実に公判廷に表わすものであって、自分もそれを試みたこともあり、又公判期日に迫って記録を読んだためその期日に証拠決定がなし得なくとも、その公判期日が延びて余裕が生ずれば証拠決定をやることもある。ある場合には、被告人から詳細な供述を聴く前に証人の調べに這入って、証人の口によって被告人に真相をわからした後に被告人の供述を聴くことも一つの方法である。例えば、被告人が犯行当時酔っていた場合には、被告人の見聞した事実は真相と喰違っていることが多く、しかもそれを確信しているので、その場合にはむしろあらかじめ当時酔っていなかった人を証人としてその口からその場のほんとうの有様をきかせた上で、被告人に当時の事情を話させることも一つの方法である。

然し、最初の公判期日に被告人の訊問に引きつづいて証拠調をやることは事件によっては相当疲れることであるし、被告人の供述をよく咀嚼した上で証人訊問の方針をきめねばならぬ場合その余裕に欠けることもあるから、むずかしい事件では証拠決定は後日に譲る方がよいと思う。

注意すべきことは、記録をよんだだけの程度であらかじめ証拠決定をしたため、裁判所のそのときの意図がむきだしに現われてそれが審理の上に不利益を投げることのあることだ。記録を読んだだけで事件の真相をつくし得ないことは裁判の上の鉄則である。せめて被告人の言葉をきいた上でなくては記録の内容も生々躍動しないものだ。記録によって被告人の性格を判断し、事件の性質を一応明かにしたように感じたことが公判で被告人をしらべた上で非常に間違っていたことを感ずることは屡々《しばしば》ある。記録の上だけで証拠決定をするということは間違った前提で判断する処があり、裁判所が誤った予断を抱いていると思わせる危険が多い。

記録をよんでゆくうちに普通に記録に備わっているべき官公署からの回答書類が備わっていないことを発見した場合には、できるだけ速かに取寄せて補充しておくべきである。たとえば、被告人の身上調書、前科調書、必要な府県の法規告示、登記簿謄本というものの如きである。ただ自分は被告人の生い立環境に特に重点をおく関係から、被告人の戸籍謄本が記録に附いていることを歓迎する。又、被告人の前科についても多少なりと被告人の性格を明かにするに役立つものであるなら、犯罪事実を書いた判決の抄本ぐらいは点綴《てんてい》してもらった方がありがたいのである。その他、事件にもよるが、犯行当時の温度、湿度晴雨、月の盈満《えいまん》、風の方向というが如き天候に関することは必要であるし、その土地に於ける行事、祝日、公休日等を調査する必要がある。場合によっては犯行当時の新聞や陸地測量部の地図を用意することが必要である。

なお、被告人の年齢の如きは、地方にあっては実際と戸籍とが相違している場合が多いので、疑いのある場合は、之を明確にするために、例えば産婆の証明書等をとる必要のあることもある。

裁判長は公判前に自分の見る所を他の判事につげてその意見を徴することが必要である。記録を読んだだけの判断では正鵠《せいこく》を期し難い点もあり、陪席判事の意見を参酌する必要があるので、これ等と隔意なく意見を吐露して公判前に取調べの方針を打合せるのが適当な処置というべきである。なお公判の進行中にも適当の機会をとらえて打合せのために合議することも、事件の審理の上に新しい場面を展く効果があって適切な処置である。これ等の打合の場合、裁判長と主任判事との外に、記録を見ていない陪席判事のいることは意味のあることで、その判事の判断も時に極めて適切な示唆を与えるものである。

この打合は要するに事前の打合せで、事件の全貌が明かになる以前のことだから、そのことを承知の上で、疑問とするところを凡ゆる方向から縦横に検討することが必要で、これが裁判長の公判審理に役立つことは多大なものがある。裁判長はこの事前の打合の指導にも大いに心をそそぐ必要がある。

裁判長の審理が調書の上で活躍するためには、書記が調書をとる前に予め事案の内容を承知していることが必要である。普通立会書記は予審終結決定なり、原審の判決なりは読んでいるのが普通であるが、一歩を進めて事案に対する裁判長の審理の方針を承知させておけば尚さら結構である。これ等のことについては、前に書記の養成について記したところを参照されたい。

五　公判

公判廷は荘重で厳粛でなければならない。曽て或る裁判所の法廷を傍聴した一女学生の感想文の中に、法廷の隅の窓ガラスにひびが入っていたのが気になったと書いてあったが、この感想によっても、法廷の隅々まで気を配る必要のあることがわかる。かつて東京民事地方裁判所が新に出来た当時或る弁護士から注意をうけたことだが、法廷に於ける弁護士席の机の下に小使がバケツや箒のような掃除道具を蔵《しま》っておくことにしていた模様で、それは判事の方からは見えないけれども、後方の傍聴人の方からは見えるわけで、法廷の尊厳を多分に割引していただろうと苦笑したことがある。

法廷の判事席の高さについては、裁判所構成法施行当時は非常に高く、高所から瞰《み》下すようであったが、その後改築せられる法廷は順次その高さを低めた。陪審法の施行にあたり、陪審法廷の構造をいかにすべきかの打合せがあったが、大審院部長であられた横田秀雄博士が主張されて当時行われていた最も低いのと同様にすることになり、現在の陪審法廷の高さが定められたのである。

判事の椅子については、イギリスの例に倣って後《うしろ》の倚りかかりを非常に高くし、種々技巧を凝らしたものを見受けるが、イギリスの如く法廷全体が古色蒼然たる色を呈している法廷ならいざ知らず、その椅子だけを模倣して日本の現在の簡素な法廷におくことは不調和の極みであり、時に滑稽でさえもある。日本人は自分の身長に考えて椅子と机の関係を調節する神経が甚だ粗笨《そほん》であるが、公判審理の如く長時間そこで渾身の努力をつくす場所においては、その不調和は大きな損害となって現われるのは必定《ひつじょう》である。このことについては、別に述べたからここには再説しない。

法廷の構造は粗造であってはならないが、簡素であって欲しい。法廷に色々なもの、例えば証人台、証拠物陳列台の如きを置くことは、自分としては法廷に於ける注意を散漫にするように思われ必ずしも歓迎できない。電気スタンドの如きも、現在の様式では法廷の空気の統一を破り審理の規模を徒に小さくする。その他、種々装飾的なものをおいて法廷の威厳を強めようとすることは却って審理をしんみりさせない効果しかもたない。

法廷はまた明るすぎてはいけない。然し陰惨な気分を持たせてもいけない。一体に始めて法廷を訪れたものは、法廷をそれがあるより遥に暗く感じるようである。だから、相当の明るさを持たせても、なお暗さを感ぜしめるであろうが、自分が明くないことを要望するのは、注意を裁判長に集中させるに必要なだけの暗さがほしいからである。あまり光線が明かで物事がはっきりしすぎると、審理の上にしっとりした味がでない。むしろ陰惨の虞れはあっても、暗い方が調べよい。そして、陰惨という気分は裁判長の訊問ぶりによって相当救い得るのだ。

自分は法廷のあまり広いのを好まない。関係人全体の気持が一つにならないからである。法廷の構造で最も困るのは声の通《とお》りの悪い法廷である。声がいたづらに散ったり、或は直ちに反響したりすることは、裁判官にとって非常な苦痛で、これがためによけいな労力を費し、而《しか》も効果が十分でない。声の通りの悪いことは天井の構造からも来るらしいが、天井に布を適当に張ることによって声の響きを調節する道がある筈である。

法廷に於ける関係人の位置は大体一定しているようで、実際は区々である。近来は法廷の空気が懇談的になったがために、関係人が裁判官の席に近接して座を占める傾向になってきて、甚だしきは、被告人、証人が恰《あたか》も裁判長と私語するが如く、判事席の直下で何事かを囁《ささや》いていて、傍聴席には皆目《かいもく》きこえないようなのがある。又民事でも当事者の机が判事席と接着していて、弁護人がいながらにして裁判長と証拠物のとりやりのできるような地位にあるのもある。自分はどこまでも裁判長の気魄《きはく》が全法廷を支配する建前《たてまえ》を主張するがゆえに、かくの如きやり方に顰蹙《ひんしゅく》を感ずる。被告人、証人は必ず法廷の中心に立たしめて、裁判官を正視せしむべきである。声の低い被告人、証人は、裁判長との隔《へだた》りをもっとはなすことによって声を高くせしめることができる。声が低いのは、裁判長の声の低いのに起因することもある。裁判長の方で大きな声を出せば彼も亦《また》大きな声を出すものだ。

弁護人も被告人の背後にあらしめて、どこまでも裁判長と正しく向きあわしむべきだ。自分は屢々《しばしば》法廷の都合で陪審法廷を借りて通常の裁判をやったことがあるが、陪審法廷の弁護人席で弁護人が弁論するのを傾聴するのはひどく苦痛である。正直のところ、横から物を言われたのでは、いかに緊張しようとしてもなかなか本気になれないものである。外国の例はともあれ、日本の作法としては、人と人と相対して、その目と目を直視することによって真剣な気持が醸し出される。自分がこの書の随所に真剣勝負の骨《こつ》を体得せよと主張しているのは、このことだ。弁護人としても、真に自分の意のあるところを裁判官に告げんとするならば、裁判官を直視して論ずべきである。いかなる場合でも、もし裁判官が弁護人を正視するに堪えないような態度をとるならば、その裁判は信頼に値しないものであろうことをまず以て察していいのである。

現在の慣行に於いては、特別な傍聴人は、多くの場合判事席の後方で傍聴せしむる例であるが、これは法廷の空気を攪乱《かくらん》しやすいものであって喜ぶべきことではない。むしろ現在の一般傍聴席の一部を区別してそこで傍聴せしむるのが適当のように思う。自分は判事に対して修行のために常に怠らず他の判事の法廷を傍聴せよと言っているが、この傍聴も一般傍聴席からしなければ所期の効果は得られない。一般傍聴席から傍聴してこそ始めて裁判の真の影響を悟り得るのである。

裁判長は法廷に於ける審理の中心であるから、その微細な一挙一動と雖《いえど》もゆるがせに出来ないこと勿論である。殊に法廷にでた被告人、証人は判事の挙措動作に対して極端に敏感であるから、些細のことが審理に影響するものである。然るにこれまで判事に対して端正重厚なれというが如き抽象的な注文のなされることはあっても、具体的にいかに之を修得練磨すべきかを教えたものは極めて少ないようである。

「葉陰」で有名な山本常朝はその著「愚見集」の中「奉公枝葉」の条《くだり》で風体につき次のように言っている。

奉公人はまず風体《ふうてい》、取出し、容儀、たいはいにて心迄推し量らるるものなれば、たしなむべきことなり。先ず第一礼儀を正しくすべし。打見るより奥深く、しかも重々しく、何よりも見事に見ゆるものは礼儀なり。我が身上《しんじょう》よりも引き下り、おれおれしく手をさげ、腰をかがめ、下々《しも》までに慇懃《いんぎん》にすべし。さて取出しは、月代《さかやき》のすり様《よう》、髪の結び様、歩み様、膝の立て様、手の突き様、体の仕様、顔持の様子、眼の使い様、物の言い様、着物の着様、帯の仕様、裃の着様、大小のさし様、さて、又衣装、染色、刀、脇差のさし様に至るまで気をつけて吟味すべきことなり。畢竟《ひっきょう》若き者は伊達に、はすはに見えぬように、成程年更けて老々と見え、物々しく強みのある様、取出したるがよし。老人は花々しくきれいに、伽羅などこめ、年若く見ゆる様に取出したるがよきなり。すべて、人は恭々しく威のある様に見え、只今家老職になりても、疎《おろそ》かなき様にしこなすべきこと肝要なり。夫れとて少しも面高く、そんきに見えぬ様に、礼儀を深くすべし。この文章をよむたびに、私は徳川初期の武士がいかに油断なき日常を心掛け、しかもその油断のないことが、清さ、美しさと一致していることに、讃歎を禁じ得ないのである。われわれは須《すべから》く、形式は末だというような議論を拋擲《ほうてき》して、素直に、この武士の心掛に学ばなければならない。

或る時、私は眼鏡の度を合わせてもらうため、眼科の老大家を訪ねたことがある。診察がおわったあとで、私がかけようとする黒い縁《ふち》のロイド眼鏡を見て、その老大家は、「あなたはその眼鏡をかけて法廷にでるのですか」と訊くので、「そうです」と私が答えると、「それはいけませんね、黒いロイド眼鏡をかけて出れば、あなたの顔は大目玉をむいた相貌になり、罪人が怖がるから、これにしなさい。」と、白い縁の眼鏡を示されたので、ひどく恐縮したことがある。部外の人でさえ判事の容儀についてこれほどまでの神経を持っているのであるから、判事自らは猶似てよほど戒めるところがなければならない。髭も剃らずに法廷に出たり、法服、法冠の破損したのをそのまま着用していたり、法服のボタンをかけなかったりすることは、現在細節なりとして、あまり問題にされてないが、それは、単なる威厳を保つというばかりにとどまらず、取調の効果に大きな影響のあることを察すべきである。夏時法廷で判事が扇子をつかうことも、今日では普通のことのように思われているが、私は以上の意味から絶対にいけないことだと思う。

山本常朝は更に「愚見集」の中で、口上について次にように注意している。

奉公人の芸能は、第一は口上なり。如睦(太平時に於ける所作をいう―筆者)甲冑共に、口上を謹み云わねばならず。端的当用なり。昔より一に口上二に物書きと云い伝えたりと。今時の人、余の芸は精を出し稽古すれども、口上のことは目落しなり。油断して居ると見えたり。口上と云うもの、さりとては、むつかしきものにて、十分に云いこなすことは、中々なりそうにもなく思われしなり。何と合点して言い習うべきかと工夫して見候に、音声、吟響、色匂、節拍子、調子、斯様の事あるべしと思うなり。功者の衆に尋ぬべし。口上を心掛くる人は謡をうたえと申し伝えたり。まず耳近く、只今口上の云い様を申すならば、口上は静かに押静め、理を正しく、手短く、無益の事一言も言わざる様たしなむべし。口上といえば、使者取合か、披露事の時かなどと覚えている人多し。只今平素の物言いのことなり。よく詮議すべし。

裁判官は万人に面《おもて》をさらし、常に口上を職分としていること、一般の武士の比でないのに、常朝のいう十分の一の工夫心得も唱導されないのは、古人に対して愧ずべきでないか。われわれは銘々独自の音声と調子とを持っている。それを、その特質に応じて練磨し、時に臨み、場合に処して緩急按配することを工夫すべきであり、そこに所謂、吟響、色匂、節拍子、調子の妙を発揮し得るわけである。

自分は曽て吉住小三郎が長唄をうたうのを、その直ぐ前で観察したことがある。遠くで聞くと、まことになめらかにうたわれているように聞えるけれど、その直前できくと、その一音一音に力をこめて、あたかも一音一音を投げつけるように発音をしていることを知った。法廷に於ける発音の仕方も、平生に使う言葉の発音の仕方とは違えて、その一語一語を力強く印象せしめるように工夫を重ぬべきで、或る時は高く、或る時は低く、或る時は急に、或る時は間《ま》を置いて、その調節により、被告人の気持にぴったりとするように発言してこそ効果ありといえるであろう。一体人の音声というものは、単に音響を発するものとのみ考えてはいけない。芭蕉の句に、

　葱白く洗ひたてたる寒さかな

というのがある。この句を読む者は「葱白く」という色で寒さを感じているのである。「芭蕉野分して盥に雨をきく夜哉」とか「山吹や宇治の焙炉《ほいろ》の匂ふ時」という句もわれわれのうちに、音や香が更に他の感覚に呼びかけていることがわかる。私は幼時音を聴くとそれに応じる色を感じた経験があるが、人間の感覚はわれわれのうちに於て帰するところ一つになっているもののように思われる。それゆえ、外部からその人の或る感覚に訴えることによって、その人の他の感覚を動かすことが可能である。能楽に於ける鼓の懸け声の作用もそれであって、あれは鼓を打つための懸け声というよりも、あの力とあの間《ま》とによって観客を調子に乗せてひっぱってゆき、観客の心をひきしめたり伸したりして、その能楽の必要とする気分に達せしめんとするものだと思う。法廷に於ける奥義も、この音声と調子と間とを使って、被告人の心をこちらの心の方にひっぱってくることにある。

即ちこの緩急按配によって、被告人の聴覚の外あらゆる感覚を動かすことを工夫すべきである。

判事の言葉に関連して方言の問題がある。判事自身の方言は、若いうちに極力気をつけて矯正しなければならない。人間は老年になるほど、発声に故障渋滞を来たし易いのに、その上に難解の方言を交えては、相手になる被告人証人がたまらない。被告人、証人の訊問に方言を活用すべきことについては前に調書の条で述べたところを参照されたい。唯ことさらに方言を利用しようとして拙劣に陥り、相手の侮蔑をうけた例もあるから、意を用うべきである。


自分は手控を詳細に書いておく流儀であるから、公判審理中は原則として記録をいじらない。唯特に記録を示す必要のある場合があるから、記録を脇においておくだけである。法廷に於ける審理中に、記録の中の或る必要な部分を探し出そうとするのは、海中に落ちた珠玉を拾おうとするに等しく、極めて困難であり時間を要するから、そのために必ず審理に穴があく。しかもそういう場合は多く審理が最高潮に達したときで、一瞬一秒の隙をもゆるさないのに、判事が調書の枚数を繰って折角の緊張に大きな弛緩《たるみ》を生ぜしめることは、実にとりかえしのつかないことである。法廷で記録をいじくり廻すことは始めから断念してかかるが賢明である。

判事が闥《(たつ)》を排して法廷にあらわれる瞬間は印象的なものであるから、等閑《なおざり》に考えてはならない。世阿弥の花伝書にも「さるほどにいかにもいかにもしずめて、見物衆申楽《さるがく》を待ちかねて、数万人の心一同に遅しと楽屋を見る所に、時を得て出で一声をもあげれば、やがて座敷も時の調子にうつりて、万人の心仕手《して》のふるまい和合してしみじみとなれば、なにとするもその日の申楽《さるがく》ははやよし」と記《しる》している。演劇でも、主役登場のところは、異常の苦心が凝らされる。故尾上梅幸の三千歳が襖をあけて出る途端の仕振は、私の記憶に今尚新なる印象である。

判事が出廷するについては、あらかじめ書記に言い含め書記をしてまず入廷せしめ、すべてを整理させ、何時でも出廷の出来る用意の出来、諸人が出廷を待ち望む気分をはかって入廷すべきである。この入廷の呼吸は、審理に大きな影響を与えるものである。自分が東京地方裁判所で刑事の裁判長をしていたとき、岩村通世氏は立会検事であったが、氏はわれわれよりさきに法廷に出て検事席に着席され、われわれが入廷すると起立してわれわれを迎えられた。当時としては心ある振舞として、われわれは大に感謝したものである。

陪審法施行準備の際、判事の入廷に先ちベルか鐘を鳴らすべしという論があったが、それは実現しなかった。私は入廷に際しては、ドアのとり手を幾分強く取扱って、その音で出廷を知らせるようにしている。

裁判長は入廷して着席した後、裁判所を代表して諸人に向い、会釈するのが礼だと思う。自分の経験で、かかる会釈をされるのを見たのは三淵部長だけである。三淵部長は着席された後に礼をされてそれから審理を初められた。着席前に立ちながら礼をすることはあまり適切でない。判事入廷に際して廷丁が起立を号令するところがあるが、これは号令以外の方法によって一般の起立を促すべきだ。

法廷において被告人を何とよぶべきかが問題になる。昔は一般に「その方《ほう》」という称呼が用いられたと聞いている。立石部長は「そちら」という言葉を原則として使われ、場合に応じて、「お前」とか、「お前さん」とかいう言葉を使われたこともある。一体日本語の他人に対する称呼はその人によって異《こと》なる建前《たてまえ》をもち一定しないのが特色なのである。だから自分の考は、その人に最も適切な唱え方をすべきで、一定する必要はないと思っている。即ち知識の程度の高からざる者に対しては、お前という言葉が最も適する場合があり、お前さんという場合の方がいいときもある。又、「お前」を使っているときそれ以外の言葉を使っていけないかというと、必ずしもそうとは限らない。「君の書物」というように「君」と呼ぶのが適当な場合もある。又、罪質が憎むべきものでない事件で、教養も十分な被告人には、「あなた」という言葉を使っておかしくない場合もある。しかし、適切な称呼がない場合には、自分は「そちら」という言葉を使う。その方という言葉は、時代めいて現在にあわぬし、さればといって、そちらという言葉も、普通慣用の語ではなく、最適の言葉とは思っていない。「被告」と呼ぶことは無難であり、判事の中には、必ず「被告」と呼ぶべしと教える人もあるが、私の感じでは、被告と呼ぶのは固すぎる。むしろ立石氏のいわれた、「そちら」の静かでもの柔かなのに及ばない。その場の空気を背景として、裁判長がわかるように発言すれば、「そちら」という語でも十分に通じると私は思っている。

　称呼の問題と相俟って、その人に対する言葉つきが注意されなければならない。若い判事はとかく書生言葉になり、相手によって言葉つきが変らず、結局横柄《おうへい》突慳貪《つっけんどん》な印象を与えてしまうことは、その法廷を傍聴して屢々《しばしば》感じることである。要するに、相手に最もぴったりする言葉を以て、しっかりした態度ではっきり言うことが、問題の焦点だと思う。

　判事が法廷に於て検事を呼ぶに敬称を附すべきや否やも嘗《かつ》て問題となったことがある。しかし、これについて私はこう考える。法廷全般に対して検事を指すという場合には敬称をつける必要はない。たとえば検事の意見を求めるときには、「検事の御意見」といえばいいが、被告人や証人に説き諭す場合には、「検事さんの言われた通り」という如き、そこに区別があると思う。

　検事が公訴事実を述べるのについては色々のやり方があり、その場合場合に即して考えるべきことだが、自分の希望としては簡潔に要領よくその内容を具体的に説明してもらうのが審理の順序としていいと思う。然し、具体的といってもただ長い公訴事実を冗漫に読み上げられるのでは法廷の空気を弛緩せしめるから、被告人に了解せしむる程度に要領よく説明してもらいたい。公訴事実は法廷に於ける犯罪事実の最初の発言だから、之にいささかでも疑いを起すような説明は極力避けてもらいたい。又地名人名について間違った読み方をするのも注意して貰いたいことである。被告人は検事と利害が相反するために常に検事の欠点を探しているから、これらの者に故なき侮蔑の心を起さしめるようなことは避けたいからである。

現在の刑事訴訟法では、公判の劈頭《へきとう》先ず事件を被告人に告げて陳述すべきことがあるかどうかを訊《き》くことになっている。これは、被告人は陳述したいと思うことを陳述し、陳述したくないものはしないでよいという考から来ていることであるが、この理はわれわれの考からはうなずけないものがある。もとより自然の道理から考えて、被告人に無理にその好まざることを強いることは、審理上も面白くないことであって、避けなければならないけれど、それはあくまで裁判所独自の態度として是認さるべきことであって、それだからといって、被告人がその好まざる陳述はしなくてよいというのではない。万民翼賛ということが唱えられるように、国家の正しい仕事に対しては、被告人といわず、弁護人といわず、之を翼成して少しでも国家に無駄なわずらいをかけぬように力めることは当然な話である。もとより、被告人をして自分に不利益なことを無理に陳述させようとするのは国家の立場として賛成できないことで、それを被告人に言わせる必要はないけれども、本来被告人として別に拒む謂われもなく国家の訴訟の運用上むしろ助けなければならない事柄《ことがら》については、進んでこれを陳述することが国民としての義務であるといえる。だから事件について被告人の陳述を求めることは、唯求めるだけでそれ以上被告人を追求しないという意味ではなく、その後にも被告人をして陳述させるべきであるから、この機会は、単に被告人の事件に対する全般的な態度を測定する段階だと見ていい。この場合裁判長が注意を払わないと、被告人によっては、堤を切ったように滔々《とうとう》と順序もなく事件に対する態度を述べだして、渾然たるべき審理のバランスをひどく失わせる虞れがあるし、しかもそれを無理に制止すると、あたかも、裁判所が被告人の弁解に耳を籍さぬかの如くとられて、面白くない。審理の劈頭のことではあるし、この点はよほど用意して、軽く、且つ余韻をのこして印象的に切上げることが肝腎なのである。

大体のやり方としては、予め被告人の陳述の主力がどこに注がれるかを推測して、裁判所の方から適当な機会に進んでその点の解説的な誘い出しを試みる態度が望ましい。被告人の弁解が巨細に亘り、冗漫に失する虞れある場合には、それを後の機会に譲らせねばならぬわけなのだから、かかる場合ただ簡単に「後《あと》で訊く」と言って、裁《さば》いてしまうことは、時として官僚的な印象を残す。むしろこの場合には多少の理由をつけて、やさしく後の機会に述べることが被告人のために利益だと思わせるように説得すべきである。例えば、「そのことはこれこれの事柄を訊くからそのときに述べたらいいだろう」という風に述べるのがいいと思う。ともかくも、劈頭にこの点で法廷に渋滞の空気を漂わせることは拙劣だから、気をつけるべきことである。

裁判長の気魄《きはく》が満廷を圧して、何ものも焼かんばかりに高まってゆくと、傍聴人もおのずからそれにつれて厳粛になる。事件がつぎつぎに展開されるに従って、傍聴人も熱心に審理のゆく末を見つめる。こういう風に、傍聴人が一心になるようであると、傍聴人も公判審理に欠くべからざる存在になるのである。かような場合、裁判長は、自分の審理が一般に納得されうるように進んでいるか、その訊問がつぼにはまっているかを、傍聴人の空気で見てとることも出来るのである。傍聴人が納得しないような審理のやり方に被告人の納得する筈がない。裁判長が独善に奔らないためにも、傍聴人はありがたい存在である。嘗《かつ》て自分は、執拗にわけのわからぬ主張を固持する被告人に対し、汝のいうことを傍聴人が尤《もっと》もだと考えるだろうかどうか、と言って再考を促したことがあるが、立石裁判長もよく傍聴人の気持を援用されて被告人を諭されたことがあった。

傍聴人といっても、いろいろな人が来ている。被告人に関係のある者も来ておるし、又被害者側の人も来て居ることがある。曽て自分の法廷に、被告人の為無残に殺された娘の親が傍聴していて、被告人の供述に対し憤懣《ふんまん》にたえない顔色《おももち》をしているので、被告人をしてその親に法廷で謝罪をさせたことがあった。傍聴人の中には常に法廷に来て、審理について頗《すこぶ》る巧者な観察をする者がある。曽て東京地方裁判所の刑事法廷の傍聴席に常に現われる一老爺があって、その老爺は多年出入している関係で各裁判長の審理の呼吸を呑込み、無数の事件の経験から一々の裁判についてその結果をいいあてることに妙を得ていた。この老爺は裁判所の近くの小さな商人《あきんど》で、はやく息子に嫁をとって店を若夫婦に譲ったが、小さな家に用事もなく若夫婦といると、余計なことに口をだし息子や嫁のすることについ文句をいいたくなって、若い者たちから邪魔にされるようになった際に、偶然裁判の傍聴に来て興味を持つようになり、それからは毎日弁当を持って裁判所に通い、傍聴をして家に帰ってから事件の面白い経緯《いきさつ》を息子夫婦に物語ることにしたところが、それは暇つぶしになり、費用もかからず息子夫婦によろこばれるので、遂に常連《じようれん》になったと語ったそうである。この種の傍聴人はいつの時代にも常に相当数存在して居るようであり、自分の勤務した地方の裁判所でも、その例を聞いている。裁判の傍聴はやりつけていると、劇などでは到底見られない場面に接することがあって、興味を持ち出したらやめられないと思う。自分も大学に通う時分、講義が早くすんだ日にはよく傍聴をしたが、その頃は唯興味本位で見ていたためか、喜劇ではとても見られないと思う滑稽な場面や、気の毒で気の毒でたまらない場面があって、なぜ多くの人がこれを見に来ないのかと怪しんだものであった。その頃の経験では、心を打つ場面は、弁護人の多くつつく大きな事件にはなく、名もない小さな事件で却って出あうことが多いと感じたことである。

とにかく傍聴人は社会を代表して裁判所に来ていると思って、被告人だけを相手にせず、被告人も傍聴人も又あらゆる法廷の人々をひきくるめた、その謂わば大衆的な空気の中で審理をするという気持もあっていいと思う。

傍聴人が不行儀なのは、一つは裁判長の審理が彼等を惹きつけないにもよることであろうが、しかし時に心なき傍聴人の無作法によって審理の邪魔をされることがある。傍聴人を法廷審理の一つの要素と考えると、その無作法が審理の空気にひどく作用することを見のがし得ない。曽て立石裁判長は一傍聴人が審理の途中でひどい音をたてて戸をしめて出たのを見て、審理を中止し、廷丁に命じてその傍聴人を呼びかえし、その無作法を諭されたことがあった。審理を中止して傍聴人を諭すということは益々審理のバランスを破ることになるので、やりたくないことなのだが、立石裁判長の如き古武士的な礼儀を重んずる性格で、審理に熱心であった人としては、その審理に及ぼす影響にたえられなかったであろうと思う。

日本人は、何んと言っても心の底に国家の権力に絶対に服従するという素朴純真な気持を持っている。だから、裁判所に出て裁判長の問いに対して陳述をしないというのは外国流の考え方で、決してそれを自己の正しい態度として心中で是認してはいないのである。それなのに敢て陳述を肯んじないのは、抽象的な法律の議論に毒せられたためか、或は他人から示唆されたためだと見てよい。かような被告人に対しては、裁判所の公正な態度を十分に納得させることによって、その頑な態度をかえさせるべきで、法律の理論に拘泥してそれを是とするような態度を示すべきでない。

実際、故なく必要な陳述をしないことは結局被告人の利益にならないことは、被告人自身すらうすうす承知しないことはないのである。もし裁判所の正しい態度さえわかれば、その態度を緩和するのは必然で、この場合にも裁判官はイソップ物語の、風の神は遂に旅人のマントを剥ぐことができず、太陽の慈光によって遂にマントを脱がせた話を想起すべきである。陳述をしなければ訊《き》かないで裁判をするだけだというが如き態度を示すのは風の神のやり方である。

一体に人と人とが相対してその間に事を処理するということは、かりそめならぬことである。この場合その事の価値はいかにともあれ、ただ人格と人格とが火花を散らして相挑んでいるという、そのことそれ自体が人生にとっていたずらなことではない。この争闘の中に身を投じて真剣勝負をするということは、それだけで男子としての又なき試煉の機会である。われわれはよく法廷は戦場だという。そういいながらも心の底では、やり直しが出来る、とりかえしがつくという安易さを人知れず持っている。更に、又、審級の制度があって、上級審で更に審判を仕直される機会があることも亦《また》われわれに何らかの安心を与えていないとは言えないのだ。法廷に於ける被告人や弁護人との応答に於いて、或時にはこちらの未熟油断のために、真剣勝負なら真二つに斬られたと思われるような打返しを受取っても、法服の威厳にかくれて事なきを得る場合がないではないのである。以前は法廷に於いて、斬るか斬られるか、という火華を散らした精神の争闘が、被告人と裁判長との間に、弁護人と裁判長との間に展開されたことが屡《しばしば》々あった。近年は少くとも表面だけは平和を事とするようになったが、之が裁判長に幸《さいわい》せずして、裁判官の修行を怠らしめた結果になり、徒らに安易を事とし、而《し》かも負け惜しみを以て自らを欺瞞《ぎまん》するような弊を生じなかったとはいわれない。

昔、ある裁判長が弁護人の長い弁論に倦いて、その弁護人の顔を書いていた所が、その弁護人から忽《たちま》ち「裁判長は何をしていられますか、御用があればすんでから弁論します」と語調鋭く突込まれたので、致し方なく、「あなたの弁論を書取っています」と答えて危機を脱した。あとで裁判長は、ああ答えた関係上その長い弁論が終るまで始終筆を動かしていなければならなかったと述懐したそうである。かように昔は法廷が少しでも油断を許されなかった。御無理御尤《もっと》もの風の多い現在に生きる裁判官はむしろ不幸だ。

事実を言いくらまそうとする被告人をあくまで追求して、これでもか、これでもかと言って恐れ入らせるというやり方がある。知れきったことを知れきった頭脳《あたま》で言いくるめようとする者をそのまま見逃しておくと、教養のない被告人はそれで裁判官を言いくるめ得たと考えて更に第二第三のごまかしを計画するものであるから、裁判所の厳正を維持するかぎりに於いて、知れきった嘘を破摧《（はさい）》する断乎たる態度にでることは寧ろ当然なことで、かような場合にまで仁愛を名としてそっとしておくことはむしろ勇気のない態度というべきである。法廷では国家の正しさが裁判官の正しさとして太陽の如くはっきり顕現されねばならないのだ。然し、さればといって、これでもかこれでもかというように追求をこれ事として被告人を窮地に追い込め恐れ入れさせねばならないかというと、それは事の行きすぎであって決して長追いすべきでない。何事についてもそうだが、この場合においても切上げが肝腎だ。大体その場に在る人々特に傍聴人の感じるところを測定して、被告人の言うことが明に間違いだと健全な常識が考えるまでに達したなら、それで十分に効果をあげたわけで、それ以上被告人を追求することは、却て被告人に反抗心をおこさせ、第三者には無慈悲のかんじを起させ、審理のバランスを壊すものである。被告人の欺瞞《（ぎまん）》を破摧するときに用いる裁判長の言葉は慎重の上にも慎重を要するもので、かかる場合に用いられた不用意の言葉が後日になり被告人の心の中に拭い得ない汚点として残ることがあるものである。

一体に自分の考としては、裁判官は法廷に於いて自らの正しさをありのままに示すべきで、そのためには訴訟法に規定された手続に限局されず、その規定しないできるだけの処置をあらゆる機会を利用して取るべきだと主張するものであるが、それであるだけ尚更その場合には聊《いささ》かたりとも油断がゆるされない。予審判事が訊問の余暇に関係人と取り交わす世間話にしても、予審判事としては普通の友人知己と語る場合と同じ気持で語るつもりであろうが、相手は裁判所の前に立つ者として全身の神経を緊張せしめてその言葉をきいているのであるから、決して日常茶飯の閑談とは思っていない。だからその間に於ける片言隻句も後日長く記憶していて或る時は裁判官に対する尊敬となり、或る場合は侮蔑となり、甚だしき場合は事件に対する予審判事の態度の批判の材料ともなるのである。

恐怖して供述を十分にし得ない被告人がある。この種の被告人は本来真実をよく吐露する素直な被告人なのであるから、その恐怖さえ取除けば審理は最も理想的に行われるわけだ。それらのためには、裁判官の正しき態度を公判以前に十分に知らしめる必要があるから、準備手続を通じ又は弁護人と協力して裁判の信ずべきことをあらゆる方法によって知らしめる必要がある。このためには期日を他日に変更する手段を取ってもよい。

公判で被告人が事実に反すると思われる供述をなした場合、それを歯牙にかけないで結審して直ちに裁判を言い渡す流儀もある。裁判によって国家の厳正な態度が示されるわけだから、それで十分だという考えでもあろうが、自分はこの考えに賛成しない。たとえ被告人の言うことが記録に徴して明かに間違っていたにしろ、被告人がその誤れる主張を固守している場合には、無駄のようでも、公判に於てその誤りを被告人の面前ではっきり示す必要があると思う。一体事実を否認する被告人は、それを執拗に否認している間に、しまいには何んとなくその主張が正しいかの如く信じるようになるものである。特に婦人少年の場合に於いてそれが甚だしい。だから、明かに間違っているということだけで裁判所がそれを歯牙にかけないことは、被告人を覚醒せしめることにならない。裁判所としては心証を得たことであっても被告人に非を悟らせるために、更に証拠調を公判に於て用うことは決して無駄なことでなく、被告人に対して親切な処置である。

法廷で被告人の涕泣《ていきゅう》することが屢々《しばしば》ある。被告人の泣くことは、多くの場合被告人が真実に目覚めた証拠であって、大体に於て裁判が正しい方向を辿っているといっていい。然し、被告人の涙を直に悔悟の涙だと速断するのは愚かであろう。人は或る種の利害を考えて泣くこともあり、つまらぬ感情に迫られて泣くこともあり、甚だしきはその事件と無関係なことを連想して泣くこともある。唯何れにせよ、地道《じみち》になっていることだけはうけがえることである。一般にいえば、被告人を泣かせようとすれば、泣かせることは出来るのである。いいかえれば被告人を泣かせることは、裁判官の技倆《ぎりょう》としてそんなにむずかしいことではないのであると同時に、被告人が泣いたからと言って、審理の上に非常な好結果が齎《もた》らされたと考えることも考えすぎである。時として、被告人が泣いたために、被告人に対する同情を過度に高め、事件をその正しき位置から歪ませる効《き》き目を生ぜしめることも少くない。このことは陪審事件で屢々見るところである。陪審事件の一挿話に、或る陪審員が事件後、人に語ったところによると、その事件の審理で、被告人が泣いて無罪を訴えているとき、法廷の外で幼時の泣き声を聴いたので、それは被告人の子が泣いているのだと考え、それからはその幼児の将来のことや、自分のその年頃の子のことなど、それからそれと考えて、その半日は自分の前に行われている審理が殆ど耳に入らなかったと述懐したということである。

被告人が泣いた場合には、その興奮が治《おさ》まった直後の被告人の態度に鋭く観察すべき百パーセントのものがある。だから被告人が興奮した時には、静かにそのおさまるのを待って、その次に、被告人のなすことを注意深く見つめて、その次の処置に万全の策を講ずることが必要だと考える。

証拠物は事実の訊問に必要なものは随時それを示し、そうでないものは訊問が終ってから示すのが普通のやり方である。証拠書類の読み聞けは、訊問の際随時必要に応じて読みきかせてよい。事実調が終った後に証拠書類を読み聞けることは、近来は多く省略されるけれど、昔は今より厳格に行われたもので、これは時間の余裕があるなら読み聞けるがよいと思う。この方式は少くとも型としてふまれなければならぬとするのが裁判所のよき慣習《しきたり》を保持する所以である。一体このことが余計な手数と思われるようになったのは読みきけが形式的に流れたからで、関係人も退屈し審理を中だるみさせるため、避けるがよいというようになったのであるが、もし読みきけをほんとうに被告人にわからせるようにしたならば極めて効果のあることである。立石裁判長は丁寧に読み聞けをされた一人だ。ほんとうに効果のある読み聞けをするには裁判長は手控を立石裁判長のように詳細に作っておく必要がある。

証拠調の話の序に、立石裁判長の語られた話を書きつけておく。今から二十何年も前に本所に五人殺しがあって犯人が検挙され予審判事に調べられた。彼は犯行を自白し、兇行につかった玄翁《げんのう》は犯行後隅田川に投じたと陳述したので、隅田川の川底を探したが、その玄翁はついに出なかった。そこで予審判事は、彼をしてその玄翁の形を紙に描かせ記録に綴っておいたが、後日公判に於て、被告人は殺した覚はないといい出したので、証拠の再検討となったとき、鑑定人は犯人の描いた如き兇器では、被害者達の受けた傷は生じないと鑑定したので、遂に被告人は無罪の言渡を受けた。この事件について立石裁判長は、予審判事が被告人に兇器の画を描かせるとき被告人が自白しているのに油断したのがあやまりで、おそらく被告人はわざと自分の使用したのとはちがった兇器を描いたのであろうと評されていた。

万一裁判長のやり方に手落ちがあって、関係人から不服の申出があったときは、その場でそれを直して差支えない場合は男らしくやりなおしてよいので、慭《なま》じいに誤りを糊塗することは却って事柄を紛糾させ、裁判長の態度に不信の翳《かげ》を投げさせるものである。だが、裁判長の過ちを利用し、他の陰険な意図を含めて問責するような場合がある。かかる場合に於ける裁判長のやり方は非常にむずかしいが、又大切でもある。むやみに自己の非を通そうとするのは固よりよくないが、さりとて、軽卒に彼に服することは裁判所の威厳を傷ける。かかる場合は、法廷が複雑にならぬうちに、合議裁判所なら合議のために退廷し、単独裁判所なら、考慮を約して一応切上げるのが望ましい。何れにしてもその非を糊塗する態度があってはならない。非を通すか、男らしく非を認めるか、二つに一つしかないので、徒らに理論を求めて、理窟によって活路を求めんとするが如きことは厳に避くべきだ。要するに、これらの場合に於て裁判長の人間というものが一番よく試験されることを覚悟すべきである。

陪席判事が裁判長の訊問中に、裁判長に告げて訊問する可否については屡々《しばしば》論ぜられる所だが、双互の呼吸が合っていれば、陪席判事が裁判長につげて訊問をなすことも却って合議裁判所の機能を発揮するものとしてよいと思う。

判事はいささかでも、事件に私的に関係を持つと考えれば、法律に規定される事由に該当しない場合でも進んで職務の執行から避けるものであるから、具体的な確実な資料に基き、判事が忌避される場合は極めて稀れであるべきであるが、それにも拘らず、忌避の中立が行われるのは、多くは審理につき当事者の一方が判事の処置に不満をいだき、判事が偏頗《へんぱ》の裁判をなす虞れありとして忌避申立の手段に出《で》るからである。然し前に記《しる》した通り、判事が偏頗の裁判をなす虞れありといわれることは、その判事にとって容易ならぬことで、苟《いやしく》も判事として立つ以上そう批判されることはその人に対する致命的な打撃である。だから、判事が忌避の申立を受けた場合は、忌避を単なる訴訟上の出来事だと考えず、自己の全人格に対する攻撃だと考えて毅然たる態度で之に対しなければならない。毅然たる態度をとるためには、まず平素から忌避に関する法律の組立をよく研究しておき何時忌避されても差支のないようにしておくのが必要であるが、更に心得ておくべきことは自己の人格に対するいわれなき侮辱であるいわれなき侮辱──これは延いては国権に対するいわれなき侮辱である──をいかにして清め得べきかの道を冷静に真面目に考慮しておくことである。人によってはそれは職務上のことであるから職務上の態度で処理すればよいというが、自分はそれには反対である。判事は自らを正しくしていればこそ判事なのであって、裁判官は常に自己の正しさに心を砕いているのに、その正しさを故なく蹂躙《じゅうりん》されてもただ職務上の態度で報酬するというのでは人としての自己が許されぬことを思い職を賭しても争わなければならない。故なく忌避の申請があった場合判事はその忌避が成り立たなかった暁に於ける弁護人の覚悟をただすことを許されてよいと思う、唯いずれの場合も、怒ることは愚かだということを、切に心に銘しておくべきである。

検事と弁護人との間にはとかく議論が起されやすい。その判断を弁護人から判事に求められる場合があるが、裁判に関係のない論争に対しては判事は超然たる態度をとるべきで、みだりに何れの肩《かた》をもつことも好ましからぬことだから、かかる場合には、論議そのものに関係せず、できるだけ円滑な言葉を以て双方の気持を和らげるべきである。かかる場合には平素の修養が物をいうし、又機智がその修養からでて来るように心がけなければならない。然し論議によっては、審理の中心たる裁判長に於て何らかの処置を取らなければならないこともある。たとえば、裁判長の意見をとわれた場合いずれかの返事をしなければならぬようなことに追い込まれることがある。かかる場合には、できるだけ慎重を期すべきだが、どうしても裁判を与えねばならぬ場合には、断乎として裁断を下すべきで、しかし、それは極めて手短かに宣言すべきで、それで論議終結せりとして直ちに次の段階に移るべきである。

一体論議の起るのは、事前から予知されることが多いから、その論議の萠芽の時代に気をつけて、その緩和を図れば事態が大きくならずにすむこともある。裁判官は愚直であるために、かかる場合に処するに、挙措《きょそ》よろしきを得ないことがある。しかし、この場合が裁判官としてその力量を示す場合なのだから、平素の鍛錬が必要である。西郷南洲に次の言がある。

事に当り思慮の乏しきを憂ふること勿れ。凡思慮は平生黙座静思の際に於てすべし。有事の時に至り、十に八九は履行せらるるものなり。

弁護人の弁論が冗漫にわたることは審理の上で迷惑のことであるけれども、よほど適当な機会のないかぎりは之を遮ぎるべきではない。ただ、その弁論が道義に反するか或は被告人の将来に対し明かに不利益な感化を与えると思われる場合は、注意を与えるのが裁判官の道である。法廷の倫理性はともすれば等閑視され勝ちであるが、法廷に倫理性を持たせなければ司法は死んだに等しい。

あくまで倫理性を貫くことが日本の古来の訴訟法である。ことに自己自ら恥ずべき行為をしながらその恥ずべき行為を自己の有利に主張するが如きは日本の固有の法的精神が許さないことを徹底させる必要がある。

被告人の最終の陳述は丁寧に聴いてやるべきだが、然し本当を言えば、被告人に最終に陳弁させるような審理ならばよい審理でなかったともいえるのである。寧ろ最終には何も陳述することがないと被告人に思わせることが審理の要訣だ。最後になり被告人がなお陳弁するなら、審理になお不満足のところがあると思われるのだから、その場合には一層丁寧にその供述を聴いてやらなければならないのである。最終にいくら冗漫な供述をきいても審理のバランスはくずれない。ただ被告人の最終の陳述の後に、裁判長がその供述に完全な終止符を打つような簡単な発言をすればそれで完全に審理は結ばれる。「弁護人が詳細に弁論されたから、もう述べることはあるまい」と被告人の陳述をとめるような口吻を用うることは避けるべきである。

第二審になって事件の取調べが終った後に被告人の上訴が実際に於いてその効のないことが明かになった場合、被告人に対して上訴取下げを忠告する裁判長がある。然し私としては之はできるだけ避けたい。公判の取調は被告人をして事件の現実の有様を如実に認識させることをも一つの目的とする。だから私としては、裁判所が心証を得るためにはもはや不必要な証拠調であっても、被告人に事件のありのままを示す意味に於て必要でありそれが被告人の反省に役立つものであるなら、敢て手数を厭わずに施行することにしている。もしその取調によって被告人が事件そのもののありがたちを知り無益な上訴であったことを悟ったなら心ある被告人ならば諦めて上訴を取下げるであろう。そうでなくしてなお上訴を維持しようとする被告人は、心中まだ何か期するところがあるに違いないのだから、それを裁判官の方から働きかけて取下げしめようとするのは審理として巧みだとはいえない。尤《もっと》も附帯上訴のあった場合には、よく附帯上訴の意味を説明して被告人に不利益のかからぬようにしなければならないのは当然であって、そのためには、期日を延ばして再考の機会を与えてもよい。

裁判長によっては、事件の少しでも早く片づくことを念ずる心があるために、自然にその気持が出て、第三者から見ると裁判所が取下げを希望しているかの如き印象を与える場面を見ることがある。事件を早く片づけたいという気持は、法廷に於ては、絶対に持ってならない考えで、その考えがあると、何かにつけて審理を小さくするものである。

裁判言渡の期日をいかに指定するかは、事件の性質によって斟酌のあるべきこと勿論だが、一旦決めた期日を延ばすときこれという理由がないと、被告人の側に種々の臆測を生む場合があって面白くないから、なるべく指定した期日に言渡のできるように初めより心掛くべきである。

事件の終結した後に於て、被告人が或は被害者に謝罪したり弁償したり、或は親族関係その他のいい。整理をしたりした上で判決を受けたいという場合には、期日を適当に延ばしてそれを待っていい。

注意を要することは、かかる場合弁償に関する書類などが提出されたとき、それに対しては特に細心の注意を払うことである。曾て自分の取扱った事件に於て、被害者は被告人の懇願によって全部弁償を受けて示談をしたという書面を書いたけれども、実際の弁償は後日に留保されていたということがあり、又示談書を書いた会社の代表者が実際に於いて当時示談の権限を持っていないものであったという事実が曝露された事もある。こういうことで裁判所が欺瞞されて裁判をしたというようなことが取沙汰されることは威信に影響するから、それらの書類の取扱いについて、なおざりであってはならない。

審理終結後即時に裁判を言渡すことは審理の原則に反する。即時に言渡をすれば、あたかも取調前から裁判の腹案を持っていたかのような感じを与えるし、一面、裁判の慎重を欠いていることを示すことになる。被告人がそれを希望したような場合でも、このやり方をすべきでない。是非ともその日に言渡さなければならない必要のある場合には、一日退廷し時間をおいて言渡すべきである。このような当然のことがともすれば行われないのは、判事が検事に遠慮して重ねて出廷してもらう労を省こうとすることからも来るようである。だが、判事と検事とが平生から職務の上にも職務の外にも心からの親しみを持つならさようなことが問題になる筈がない。

官選弁護人に対しては、裁判長は法廷で親しくその労を謝する言葉を述ぶべきだ。

官選弁護人のみならず、普通の弁護人に対してもこの種の親しき挨拶を交すことは、従来は法廷の森厳な空気と調和しないかの如く考えられていたようだが、私は必要に応じて取交すがよいと思う。たとえば、父なる弁護人が出廷すべきところを子なる弁護人が出頭したという場合に、裁判長が父なる弁護人の健康をたずねるが如きは法廷の空気を和かにする上に於いても適当な措置だと自分は思っている。

六　裁判書の作成

ここには判決書の作成方法について気づいたことの二三を書きとめる。

昔聞いた話だが、牧野英一博士が司法官試補として東京の裁判所に勤務しておられたとき、博士が起案を命ぜられた判決書を主任判事の検閲修正を受けて更に浄書する場合、多くの司法官試補たちはさきに書いた文案中あまりよけいに修正されてない部分は、是正された箇所に加除修正を加えて提出するのが常であるのに、博士だけはその一枚のどこかに僅かの是正が加えられても、その一枚全体を書き直しいささかも訂正の跡を留めないようにされたそうである。今では、判決書は多くタイプライターに打たれるようになり、原本を判事や司法官試補が手ずから浄書する労をとることが少くなったが、その頃は判決書の浄書ということは相当な労力を要した仕事であったのだ。牧野博士が僅かの是正部分までも気にしてその一枚を書き直された趣旨は、判決書の神聖を顧慮されてのことであろうが、一つの理由は、もし少しの部分に欠点があっても全部を書直すのだということが検閲する判事にわかっておれば、その判事は遠慮なしに総ての部分について奔放に手を入れる、これに反して、訂正した部分だけを修正しようとする試補ならば、余りに細かなところまで修正すると判決面が醜くくなるので、勢い直すことを遠慮することになる。それゆえ、牧野博士は少しでもよけいに直してもらいたい心から常に全部を書き改める労をいとわれなかったものと思われる。

以上の話は、言い伝えに残っていたのであるが、私はまだ直接博士に事実かどうかを質したことがない。曽て博士は、私に、自分くらい毎日辞書を引くものはなかろうと言われたことがある。博士のような常に外国の文献に親まれ語学に熟達しておられる先生が、絶えず辞書を引いておられるということは我々の経験に顧みて誠に敬服すべきことで、前の話とこの話とどこかに一脈の連絡があるように私は思うのである。

判決書は主任判事が作成したものを、他の陪席判事及び裁判長が眼をとおして、必要のある場合には修正を提議し相談するのが普通のやり方だ。自分の見るところでは、自分の生い立った時代には世の中がまだ素朴であったためか、主任判事の起案したものに対し他の陪席判事が忌憚なき修正意見を述べることが当り前になっていた。近年一般社会では、とかく卒直に他人の行為を批判することを粗野なりとする風があるが、裁判所にはこの風を入れたくないものである。

判決書の作成について或る部長の話された言葉がある。一体判決書の作成はとかく手間どり勝ちになるもので、裁判長が少しでも気を許すと必要以上に作成が遅れる。之を避ける方法としては、判決書がいよいよ起案されて陪席判事から裁判長の手許へ交付された場合、裁判長はどんなに忙しくとも出来るだけ差繰って次回の開廷日までに必ず筆を入れて主任判事に返すことにする。そうすれば、この裁判長の態度が無言の催促となって、主任判事は判決の作成について期日を遅らせないようにする、ということである。

判決書の作成についての自分のやり方は、最初に作る文案は、出来るだけ奔放に詳細にと心掛け、考えたことはすべて載せるつもりで書き、それを幾度も点検して、不必要な点を削り、だんだんに縮めて成案にするという風である。他の判事の書かれた判決書についても、むずかしい場合には、まず自分でその部分の成案を拵《こしら》え、それを原案と対照した上で、できるだけ原案の味を存して、適当な案にすることにしている。

自分の日常の生活の上に、芸術的な満足を求めようと工夫することは、天から日本人に与えられた習性である。われわれは、判決書を書くということについても、これを単なる事務と片づけず、その内容に形式に、われわれの趣味性を充足させようと努めてよいではないか。判決書の文体については、さきに記した。その他の内容にしても体裁にしても、一般に極めて無頓着で一向《こう》に神経が働かされてないように思うのは、私の僻目《ひがめ》なのだろうか。試みに些細な例をあげると、判事は日常印を押すことを命ぜられる場合が多いが、その印の押されてあるのを見ると、朱肉が滲《にじ》んでいたり、乾かない肉が他の頁に染《し》みたりしていることが屡々(しばしば)で、判決がきたないと感じることが多い。かような場合、朱肉をつけた印を一旦不用の紙に押した後二回目に書類に押すといいことぐらいは誰も知っていることでありながら、その神経を働かさないかに見える場合の多いのはどういうわけであろうか。こんなことから、民族性の凋落を判断されることは私の堪え得ないところだ。

七　判決の言渡

判決の言渡は審理の結びであるから、審理をした裁判長自身が言渡すべきであって、法律が許すからといって、他の判事に託すべきでない。又被告人が出て来ない場合には、期日を延して被告人を出頭せしめて言渡すべきだ。遠くから出て来る被告人を言渡期日に出頭させるためには、その期日を出来るだけ近くに定《き》めて、その日まで滞在せしむるようにすべきである。自分は曽て弁護人が被告人に対して言渡期日に出頭しないでもよいと告げて遠隔の地に帰らしめてしまった場合、その弁護人に書面を出して、その措置に遺憾を表したことがある。弁護人の中には、刑事と民事を混同して、言渡期日には出なくてよいと単純に考えている人もあるようである。

被告人が少年であるとか、婦女であるとか、その他保護を要する関係に立つ場合には、予め手続をして判決の言渡にその者等を立会わせることが非常に必要である。

言渡の方法は勿論荘重であるべきだが、目標は被告人にわからせることを第一とすべきである。裁判長は、通常、判決書をそのまま朗読しないで、判決文の文語体を口語体に翻訳しつつ判決を言渡してゆくのであるが、之は相当無理な点があって、よほどの熟練を以てしても被告人の了解を得ない部分を生じるものである。例えば、現在の判決の中にでて来る「奇貨トシテ」とか、「好機トシテ」という文句は、簡単に手際よくその場で口語に翻訳できない言葉であるために、多くは原文のまま読まれようであるが、聴く者には何のことかわからずに終ることになる。言渡の便宜から論ずると、判決書が口語体で書かれることの望ましいこと無論であるが、文語体の判決でも、裁判長が法廷に入る前に如何にして被告人にわからせるように判決を朗読すべきかについて一応の工夫を凝らせば、被告人にわからせることが出来るわけである。自分は曽て紛糾した事件の判決を言渡す際あらかじめ判決書に基いて朗読すべき草案を作りその朗読案によって言渡をしたことがある。

被告人にわからせる意味からいうと、判決書中の重要な部分とそうでない部分との朗読に精粗の別を設くべきである。法廷に於て被告人は神妙に裁判の言渡しを聞き、恭しく頭を下げるから、一見、判決の趣旨がよくわかったように見えるけれども、実際被告人にきいたところによると、主文さえもわからず、看守にきいて初めて了解したという事例が数多くあるのである。自分としては、主文と犯罪事実とに重きをおき、証拠については被告人の認めたものは極めて簡略に、認めぬ部分については手短かに裁判所の心証を得た証拠を挙げて意のある所を明かにするだけですませ、法律適用部分に至っては繁雑に亘らぬようにするのがいいと思っている。実際、何法第何条何法第何条と、多くの条文を読み上げるのは何ら効果のない仕事であるのみならず、判決の言渡そのものに空疎なものを感じさせる嫌がある。

裁判長が判決言渡の直後、訓諭をなすべきことは法律の規定するところだが、これには被告人の心持を十分に呑み込んでするることが肝要である。一死刑囚が私に遺していった手記の中にこの点に言及した箇所がある。

「裁判長は判決の告知を為したる後、被告人に対し将来を戒める為め適当なる訓諭を為す事を得るのであるから『被告人は此の判決に不服があるかも知れないが、自己が行った事が多少でも間違いだと感じるならば、社会の為めと被告自身の為め静かに反省の時を持ち得る懲役を修道院亦《また》は寺院に於ての修道と考え精神的に更正して欲しい』と僅か此れ丈けの言葉でどんなに被告人の精神に影響する事であろう。なぜなれば如何なる極悪人にしろ、公判廷に立ちたる時には自分は正しい事をした、或は善人だと自覚して立てる者は一人もない筈である。それで多少なりと反省的になり、他人の同情を得られない罪を感じて、恐怖を持ち神経は尖鋭化したる時である。此の時僅かなる同情心或はそれに類した言葉をさえ掛けられても、涙を流さん計りの内心から溢き上る喜びを感ずるものである。それは私自身の経験計りでなく、多くの受刑者の告白する心理状態で、この感動は長く本人に与えられた印象で、例え再犯をなすとも尚且心の奥に一つの反省的な感じを与えるものである。」

明かに裁判に不服で、直ちに上訴しようという被告人に対して裁判所が自分の見解を基《もと》にして訓戒したところで効果を期待し得ない場合が多い。ただ近親や保護者のいる場合には、それ等のものに対する関係に於て裁判所の意のあるところを告げ訓戒を加えるのも無益ではない。

然し、訓戒は法廷よりも刑務所の一室でしんみりと加うべきで、その方がどれほどか被告人に納得がゆき感銘を与えるか知れない。言渡した後判事が刑務所に出向いて訓戒をするのなら、裁判に不服な被告人に対しても良い結果を得ることがある。自分は昔死刑を言渡した或る兇悪な被告人から、その言渡した数年後葉書をもらった。恰度《(ちょうど)》私がヨーロッパから帰った際で、それを獄中で聞いたので西洋の話をうかがいたいということが書いてあったから、自分は早速市ケ谷刑務所にゆき、暗くなって顔が見えなくなるまで二人で四方山の話をしたことがある。刑務所の中では、被告人も法廷の中の態度と変った人間らしき親しみを出すもので、法廷と違った空気で、らくに訓戒ができるものである。

被告人に対する判決後の訓戒について私になつかしい思い出がある。私が昔東京の地方裁判所の裁判長をしていた当時は被告人の訓戒には特に努力を払って、そのために長時間を要したこともあった。或る事件で若い被告人に十分な訓戒を与えようと考え、自分はその者に対する言渡をその日の審理の最後にまわしておき、さて最後に被告人に判決の言渡をしたので、それで、その日の公判は一応すんだわけで、あとはその被告人に対する訓戒が残っているだけである。時も遅くなったことでもあり、一応公判をとじて、訓戒はその後に法廷ですることにして、立会の検事に対して「これであとは訓戒するだけですから、どうかお引取り下さい」といった。その時の立会の検事はいまは亡き清水行恕君であったが、自分のその求めに対して、「どんなに遅くなってもようございますから、伺って居ります。」と挨拶され、訓戒の終るまで立会って傾聴しておられた。清水検事は自分の兄事した先輩であるが、その先輩の検事が自分のような後輩に対してそういう寛容の態度を示して頂いたことは当時自分の身にしみて感激したところで、今に於てなお自分が日々清水君の徳を追慕して冥福を祈っているのはまったくこの情誼を思うからである。

裁判所はいかなる場合にも被告人に対して上訴権の抛棄を促すようなそぶりを見せてはならない。上訴権を抛棄するような意向の見える被告人であっても、なるべくそのままにしておくがよい。被告人の方から切出さないかぎりは、そのままにしてかえすがよいのである。死刑や無期を言渡した場合に於ては、たとえ被告人が上訴権の抛棄を申出ることがあっても、それに耳をかさないのが法である。その場合若し被告人が執拗に抛棄すると言ったとしても、強いて再考せしむべきで、その言を取上ぐべきではない。曽て或る裁判所で死刑を言渡された被告人が興奮のあまり上訴権の抛棄をしたが、後になってその撤回を主張してやまなかった事例がある。かかる場合は軽々に上訴権を抛棄した被告人を責むるよりも、寄ろ軽々に被告人の言を受理した裁判長を責むべきである。

自分が十分に審理し、丹精をこめた裁判に対して、被告人が納得すると思いのほか、上訴を申立てた場合、裁判官としては、何んとなく裏切られた失望に類するものを感じることがあるが、こういう心が出てはまだ修業が足りないと、心に愧じなければならない。

自分の考えによれば、判事は裁判を言渡すのだから、刑の執行についても責任を持つべきである。法律上の仕組はともあれ、判事が自分の言渡した裁判の執行に関心を持ち、責任をとるのは当然の理であって、たとえ刑の執行が他の官吏の職責に属するからといって、その責任がなくなると考えるべきではない。故大木遠吉伯が司法大臣であったとき、偶々食堂で私に対し、地方に巡視にゆくと、判事はあまり刑務所をたずねていないようで、中には刑務所の所在も知らない人が居るが、あれでいいものなのかと問われた事があった。部外の人は判事は当然に刑の執行に関心を持つものと考えて居るので、虚心に考えれば、それが正しい見方なのであると思う。更に、この点について、死刑囚の手記にいうところを挙げてみる。

「今日迄の判検事の方と刑務所との連絡が充分でないと思う。その原因は特に判検事の方が刑務所の内状を充分に知られて居らない処から生じて居ると思う。一年に一回か二回僅か数分間の見学でどうして充分なる観察が出来よう。私は思うに御自分達が取調中の被告人がどんな心理状態でどんな拘置をされて居るかを知らずにしては充分なる裁判は出来にくいものだと思う。その上に刑の言渡をなしその者がどんな状態で服従して居るかという事を知らずに、如何にして教化的裁判をなし得られよう。以上は現在の判検事が自ら手掛けた者に対する事であるが、私はもう一歩突き進んで、出来得るなれば試補時代に現在の一ケ年半の実修をもう六ケ月程延ばして頂いて、その期間を各刑務所で普通看守及其他の仕事を一通り実務して貰ったら、定めて判検事に仕官されてからの判決上にも大きな精神的力を与えると倶に、刑務所との連絡も意気投合し被告人及び受刑者に対する取扱いが教化的行刑となると思う。……本来被告人の罪を鮮明にする事は、本人を悔悟させ且つ其の後再びその様な犯罪を予防せんが為めと言うのが主眼ではないだろうか。只無意識に刑法の条文に当て嵌まる犯蹟を見出すと言うのではないと思う。……現在裁判所で取扱われる刑事々件の全部が悪の花計りで、それは現在日本全国に公然と咲いた醜花である。それ等を少しでも減ぜんとされる意味での教化を刑務所で行うのが現在の行刑方針らしいが、此れ等と提携して社会事業団体も活動されるが、それだけでは決して充分な成績はあげにくいと思う。もっと現在の警察及裁判所もそれ等に協力して頂きたいと思う。」

何よりもまず判事は、自分の裁判を言渡した被告人の刑の執行について、当然に、刑務所に対して希望があるべきである。自分は名古屋にいた時分裁判した被告人のために、刑の執行に対する希望書を書いて刑務所に送った。その希望書は刑務所の身分帳の中に綴られて、被告人に対する刑の執行中刑務官吏の参考に供せられた。それを読んで、刑務官吏の中で心ある人は、自分に書面を寄せ、その被告人の情況を知らせてくれた人もあった。その希望書は次のようなものであった。

昭和×年×月×日本書送付

氏名	××××× 二十八歳	罪	窃盗 家宅侵入
刑	懲役三年（六十日算入）	言渡	昭和×年×月×日
第一審	××地方裁判所	確定	同月×日
本人ノ性格境遇ニ対スル観察	本人ハ昨年二月マデ主トシテ大連ニ居住シ店員ヲ為シ居タルガ大連ノ風土ガ身ニ適セズトシテ郷里××県ニテ職ヲ求メントシ大連ヲ去ラントスル期ニ臨ミ偶《たまたま》馴染ノ娼妓××××ガ妓楼ヨリ脱出シ本人ト行ヲ共ニセント申出デタル為其情ニ絆サレ同女ト同行スルコトヲ決心シタルガ原因ニテ先ズ大連ニテ同女ノ装ヲ整エル為窃盗ヲ為シ尋《つい》デ内地ニ帰還シタルガ同女ヲ同伴スル為郷里ニ入ルコト能ワズ就職ヲ求メテ徒食スル中資ヲ犯罪ニ求ムルニ至リシモノニシテ本人ノ性格ハ本来不良ト言ウ		

	ベカラズ改悛ノ情亦認ムルニ難カラザルモ極メテ薄志弱行ノ性質ナリト認メラル。
犯罪ニ対スル観察	本人ハ初犯ナレドモ犯罪ノ態様ニ至リテハ優ニ累犯者ヲ凌グ技倆ヲ有ス。本人ノ犯行ニハ共犯者ナキコト明ナルガ恰モ数犯ヲ累ネタル窃盗常習者ト共ニ犯行ヲ為シタルガ如キ観アリ。就中《なかんずく》××市ニ於テハ偶然トハイエ約十五万円ニ及ブ現金有価証券ヲ巧妙ニ盗取シタル為メ全市ヲ聳動《しょうどう》セシメタリ。本人ノ科刑ハ其ノ初犯ナル点ヨリ将又《はたまた》本人ノ性格ガ不良ナラザル点ヨリ観察スレバ聊《いささ》カ重キガ如キ観アルモ本人ハ一年半ノ間殆ド犯罪ヲ事トシ之ニヨリ衣食セル点及其犯行ノ結果ガ重大ナリシ点ヨリ観察シ本人ヲシテ此機会ニ真ニ改悛セシメル為ニハ相当長期ノ刑ヲ必要ト認メタリ。
行刑ニ対スル希望	本人ハ公判ニ於テ未決勾留中ノ苦痛ヲ述ベ此苦痛ニ比スレバ世間如何ナル苦難モ数ナラズ将来ハ此未決中ノ苦痛ヲ念トシ如何ナル難事ニ対シテモ忍耐スル覚悟アリト陳述シタリ。若シ此覚悟アリテ刑ニ服センニハ本人ノ将来ニハ大ナル希望アルモノト言ウベシ。要スルニ本人ハ他ノ受刑者ニ比スレバ行刑上ノ効果著シキモノト認メラル。本人ニ対スル行刑ニ付テハ特段ナル注意ヲ払ワレタシ。 本人ニハ大連在住ノ父母アリテ本人ノ身上ニ付心配ス。現ニ本人収監セラルルヤ本人ノ妹ハ遥々海ヲ渡リテ本人ヲ慰問シ来レル事情モアリ旁本人ト家庭トノ連絡ヲ密

	接ニ保ツコトハ極メテ必要ノコトトス。家庭トノ音信ハ出来ルダケ寛大ナラシメラレタシ。 本人ハ薄志弱行ノ欠点アレバ仮令行刑中ノ成績見ルベキモノトアリトスルモ釈放後ノ跌ナシト言ウベカラズ。釈放後ノ処置ニ付充分ナル注意ヲ加ヘ家庭ノ者ヲシテ愛ヲ以テ本人ノ収容庇護ニ当ラシメル方法ヲ講ゼラレンコトヲ希望ス。 要スルニ本人ハ教化宜シキヲ得バ更生ノ道ヲ辿ルベク本人ヲ再犯者タラシメザルコトハ裁判所並ニ刑務所ノ努力如何ニヨル。但シ此種ノ人物ハ兎角卑屈苟合ノ弊ニ染ミ易シ。万一此風ニ染ムトキハ受刑ガ却テ本人ノ悪性ヲ増大スベシ。切ニ注意アリタシ。
備考	以上ノ点ヲ考慮セラレ本人ニシテ真ニ改悛ノ情アリ且行刑ノ成績良好ナルニ於テハ適当ノ機会ニ仮釈放ノ手続アリタシ。本人身上ノ事情ノ変化ニ付テハ報告アランコトヲ希望ス。

判事が刑務所を訪れて自分の裁判した被告人と面接することは刑の執行上有効適切である。昔刑務官の中に法規を曲解して判事にその権限がないと言った人があるが、その人は刑務官としての資格がないといえよう。一体判事が刑を量定する標準如何ということは多く論ぜられるところだが、現在、それについての実証的な研究はできていない。各判事がそれぞれ自分の裁判の結果を研究し

た上で将来の量刑の基準とするより外はない。もしそうならば、量刑の実際を検討しないでは量刑の基準を得るわけにはいかないから、この意味でも被告人に面接することは当然である。なおこのことについては前に述べたところを参照されたい。

事件によっては、裁判は言渡したものの、その被告人の適当な時期に於ける仮出所を希望する場合が少くない。これは前に述べた刑の執行に対する判事の意見の中にも記載さるべき事項であり、刑務所に於て斟酌してもらえるだろうが、適当な時期を経過した後、裁判官から刑務所、司法省に対して希望を提出することも必要だと思う。自分は自分の裁判した被告人に対して屡々《しばしば》その希望を申出でたが、結果に於て希望したように実現した場合が多く、効果のあることを認めている。

刑の執行について判事が心を配ることを、私は、判事の義務だとか、法規の精神がそうだとかいうことで論じたくない。もし、その裁判官が被告人に対して、被告人をよくしようという熱意と真心《まごころ》とがあるならば、やるなと言ってもやらざるを得ないことなのである。若し裁判官があって、法規に基くことでないからといってやらないというなら、その人に仮にやらせたところでその目的は達せられないのだ。裁判は判事の心が裁判するのだという原則を貫くならば、問題は心の問題で、理論の問題ではないからである。

後記

この書の初稿が成って、あらためて、手を入れようとしているとき、卒然私は母を喪った。その悲しみに際して想い起したのは、昭和四年名古屋で父を喪った当時のことである。当時私の担任する事件が輻湊していたために、私はゆっくり父を弔うことも出来ず、葬送をすますや否、直に記録と審理とに没頭しなければならなかった。その同じ頃、名古屋の金持である友人がやはり母堂を喪われたが、同じ不幸の身を同情して或る日そのお墓に詣でたことがあった。他界後、数月の後であったが、そのお墓の傍には小さなお堂の形をした春日灯籠のようなものが新しく建てられて、その中には経巻がつめてあるのである。その経巻は近親の人々が、喪中仕事を廃して写経をされたのを墓前に献じたものであることを聞いて、私は、そのときほど金持を羨しく思ったことはなかった。

今度母の喪にあるあいだ、私は幸に公務の余暇に恵まれたので、写経のつもりで、この書のことに従った。そのため、母の七七日忌以前に脱稿することが出来た。

この書は、貧しいものではあるけれど、母の生前に着手した著作であるが故に、成るの暁、まず母に捧げて、母を慰めたいのが子としての私の願である。

解題・激動の時代を生きたある司法官の軌跡——三宅正太郎著『裁判の書』を読む

田中　康郎（弁護士・元札幌高裁長官）

序

一　はじめに

本書は、元大阪控訴院長で、文筆家、劇評家としても知られる三宅正太郎《まさたろう》氏（以下「氏」と呼称する）が、渾身の力を注いで執筆した名著である。「裁判にさびとうるおいと、それゆえに信頼性を与えるのは、訴訟法の知識よりも臨床的研究の結果に待つことが多い」との「はしがき」の言葉に違わず、本書は、裁判という営みに裁判官の魂——裁判をする心——を吹き込む古典として洛陽の紙価を高からしめてきた。読者は、現代の裁判実務に関わる智恵の多くが本書に源を発していることを知り、知的な喜びを新たにし、心の糧を見いだすであろう。

本書については、元最高裁判事の穂積重遠《しげとお》氏が次のように称賛する。「名著『裁判の書』は、三宅君のような「法律家」でなくては書けない書物であることはもちろんだが、また三宅君のような、「非法律家」でなくては書けない書物だ。非法律家を法律家にし、法律家を非法律家にするのが法学教育だ、というのが私のいつもの言い草なのだが、三宅君こそ正に偉大なる法律家にしてまた偉大なる非法律家であって、そこで法律的にして非法律的な『裁判の書』が生まれた。三宅君は、裁判を通して、法律を観ようとするのだ。法律が先か、裁判が先か、普通には法律あっての裁判だ、と言う。三宅君は恐らく、裁判あっての法律だ、と思っていたのだろう。この点において私は同君と共鳴する。今日のような民法典、刑法典のなかった徳川時代にも、板倉父子と大岡越前とによって代表された歴代の名判官がいたが、『裁判の書』を読むと、三宅君、ひそかに大正、昭和の板倉、大岡たるを期していたのだな、とほほえまれる。『裁判の書』を読み返してみると、一学究として読んだ時とは又格別の感銘を得た。ニュートンの墓銘に、「サー・アイザック・ニュートンの可死部分のみここに横たわる」とある。三宅正太郎君の、「不死部分」は、今やこの『裁判の書』を巻頭とする三巻の全集によって、法律家のためにもまた非法律家のためにも永久の古典として活きるであろう」(「後書」全集第一巻)。

氏は、第一次世界大戦、満州事変、日中戦争、そして太平洋戦争という四つの大きな戦争の勃発する激動の時代に司法官として活躍し、戦争が人の命だけでなく、大切な情報を奪う恐ろしさもあることを知悉していた人物である。氏は、旧憲法下において、権力への批判と自由な言論を確保した珠玉の裁判官として後世に伝えられるべき存在であると評される(斎藤秀夫『裁判官論』(一粒社、一九六三(昭和三八)年二月)一三頁)。本書には、戦時下の時代を司法官としての独立の気概をもってしなやかに生きた先人の誠実さと不屈の思想が生き生きと息づいている。氏の生き方に影響を与えた言葉に「自分の腑に落ちないことは決してするな。筋のとおらないことに負けるな」がある（「阿部章蔵君のいましめ」全集第三巻一九七頁）。氏がこの言葉を胸に抱きつつ、心の葛藤を抱えながらも、凛とした気迫を持って難局を乗り切ってきた情景が目に浮かぶ。読者は、氏が博覧強記で座談の雄であっただけでなく、報償を求めない心を持つことを心掛け、自然と人への豊かな愛と懇情を備え、人の辛さや悲しみに敏感なヒューマニストであったことや若き司法官らを氏の周囲に引き付けていた魅力についても気付くであろう。

戦後、東大で教鞭をとっていた米国のB・Bブレークニ弁護士は次のような言葉を残す。「ある職業において偉大な人物となる人が、そのために偏狭となり、自らの分野に専念することだけが全生活となって、専門には偉大であればあるほど人間として欠けるところができ、人間愛に乏しくなり人間的味わいに足らぬところが多くなりがちである。法律を職業とする分野では、特にこういった精神の窒息の危険が潜在する。この危険を避け、精神の偏狭に堕さず、広くこの世の全ての事物にまで及び、例えば判事であるとすれば、法律は人生の一部に過ぎず、それが最後のものではないことを常に忘れない三宅氏のような人物を世に見ることは誠に稀で、生涯二度と見ることはできない」（全集第三巻三二一頁）。

解題に当たり、氏と治安維持法との関係は避けて通れない。氏は、治安維持法（緊急勅令）が、ドイツの過激な共産主義結社に対する取締法規の規定するところとその茫漠さにおいてその軌を一にすると喝破し、大審院判例の解釈が本来の法の精神から逸脱した拡張的運用をもたらしたと厳しく批判する。執法者による同法の拡張的運用に痛切な反省を迫り、逸脱した運用をやめるよう厳しく警告する。最も激しい軍国主義的ファッショ的風潮の中にあって、テロリズムの恐怖を感じつつも、尾崎行雄に対する不敬被告事件、犬養健《たける》に対する軍機保護法違反被告事件、浅見仙作（内村派伝道師）に対する治安維持法違反被告事件に無罪を宣告する。「旧憲法下における我が国の裁判官の名誉を保持し得た特質すべき判決」と称賛される（前掲斎藤六四頁）。もっとも、各無罪判決は、氏の裁判哲学――「裁判官は、人を裁く前にまず自らが裁かれる」、「裁判官の心をもって被告人の心を処理する以外に裁判はない」、「事件を法で裁かず事件を事件で裁く」――を具体的な事案に投影させ、心血を注いで誠実に事件に取り組んだ結果であるとすると、裁判官としての泰然自若たる自然体による営みであったと思われる。

次代の日本の社会を担う若き法曹・法学徒の全てに本書の内容をお伝えできる機会を得たことは誠に光栄である。読書の法に係る「孟子の三言」に、「作者の人柄や業績を知り、その当時の社会的背景を論じて明らかにする」とある。氏は、本書の進呈に当たり、「言わんとする本音の部分は文字面ではなく行間にひそんでいる」旨告白する。孟子の教えに則り、氏の人柄・業績を踏まえて時代状況を把握した上で、その時代に身を置いて、氏と対話する心持ちで本書を読み解いていただきたい。

二　本書の特徴と概要

本書は、牧野書店から一九四二（昭和一七）年一一月二五日に上梓された。本書の題簽《だいせん》（題字）は、初代最高裁長官三淵忠彦氏の揮毫による。本書は、「訴訟の実際を教える書」として執筆された。現にみるごとく、はしがき、書の一から書の七及び後記から構成される。書の一の「裁判の精神」に本書の核心ともいうべき氏の裁判哲学が凝縮されている。書の七は、氏の刑事裁判実務に関わる研究の集大成である。長年の経験を踏まえた珠玉の知見に富み、有益な示唆を与えてくれる。

解題の第一、第二章は、第三章への架橋として氏の思想と軌跡を叙述する。第三章では、本書の各テーマの概要に触れた上、解題者の補足的なコメントを加えている。巻末には年譜を付けて氏の軌跡をクロノロジカリーに一覧できるよう配慮した。文献を引用する際、常用漢字を用い、内閣告示の「現代かなづかい」及び「送り仮名の付け方」に沿って改めている箇所がある。参照した文献は巻末に掲記した。要点の抽出には様々な見方もあり得るし、また、引用や要約に不正確な部分があるのではないかと危惧している。御海恕いただけると幸いである。本書は角川文庫からも上梓され、慧文社から現代表記版が出版されている。氏の旧友、知己の尽力により、一九五〇（昭和二五）年一月以降、全集（第一巻〜第三巻）が上梓され、本書と主要な随筆が収められている。

第一章　激動の時代を生きた司法官三宅正太郎の軌跡

一　出生から判事任官までの時代
（出生・幼児期を経て学習院初等科、府立一中へ）

氏は、一八八七（明治二〇）年六月二七日、東京芝の明舟町で、海軍中将三宅甲造の長男として生まれる。六人兄弟である。三宅家は、代々備前岡山藩池田候に仕え、江戸出仕を命じられていた士族である。旧幕時代の遺風を守り、毎月、道学の講莚（徳川中世以来民間で行われた梅巌、鳩翁、道二等の心学講席）が催されていた。父は海上勤務が多く、氏は、幼時、祖母の守りと母の教育を受ける。三宅家は、祖母や母の在世の頃は日蓮宗の宗旨に忠実であった。ただ、祖母が「道了様」を信心していた関係で、離乳後間もなく祖母の部屋で起臥を共にしていた氏は、自然に「道了様」の前で手を合わすことを覚え、物心つく頃には怖い夢を見るのが嫌で拝む癖がついていった。これがその後の青年期に宗教に夢中にならせた萌芽になる。成人後は、宗教心も時々うずく位の刺激しかない生活を送るようになったが、毎朝の読経は習慣的に残っていて、司法省時代の外国出張の折には、下宿先の裁判官夫婦に篤信者という折り紙を付けられた。

氏の母は九州小藩でその藩公一族である士族の家に生まれ、漢学の素養を持っていて四書五経に通じ、その教育の理想は幼児期に受けた封建教育であった。勝ち気で責任感の旺盛な母は、不在の夫の代わりを果たすため、氏が幼稚園に入る前から親戚の先生の許へ漢学の素読に通わせた。氏は、困難な漢字を早期に克服し得たのは母のおかげであり、ヨーロッパ貴族の家庭における早期の語学教育の実際を見聞し、母の教育方針の誤っていないことを固く信じている旨述懐する。

氏は、三字経に始まり、四書五経と読み進むうちに学習院初等科に入る。その就学前と後に明治座などで芝居見物を体験している。「清正誠忠録」の夢の場を見た際の加藤清正に扮する九代目團十郎（書の六「文章」参照）の含んだような、しかもよく通る澄んだ声が、今でも耳にはっきりと残っていると述懐する。氏が、物心ついて芝居の美しさを知ったのは歌舞伎座の『二人道成寺』の舞台で、爛漫と咲く花の下に二人の白拍子（歌舞を演ずる芸妓）の舞踊を見て、一二歳の子供心に天国とも見える美しい世界がこの世にあったのかと恍惚となり、胸をときめかした。氏は、ここで芝居への目を開かされ、その後のいかなる芝居もこの時の感銘に及ぶものはないと回顧する。

〔一高から東大独法科を経て司法官試補へ〕

氏は、府立一中から一高に進む。高校時代の同級生は、氏が理想家の青年であり、真面目で運動も文学も好む華やかな性格の持ち主で、人間的に尊敬されていたと語る。氏は、東大独法科に進む。英語とドイツ語が得意であった。友人の感化により文芸に親しみ、憧憬を抱く森鷗外の翻訳物を片端から読むようになる。それが、後日、プロシアにおける任務遂行に役立とうとは思いも寄らなかった。文芸の味を真に味わい得るようになったのは、社会に出て一〇年ほどした時期である。文芸に携わる人々と交遊する機会を得て啓発されたことによる（書の五「文学」参照）。

氏は青年時代には、当時の多くの青年が経験したように、熱烈なキリスト教徒であった。ある時期から幽寂枯淡な宗教の門に向かう。とはいえ、全ての過程を通じて氏にとっての真理であり、処世の指針とする言葉は、旧約聖書のヨブ記に出ている有名な「神与え、神取り給ふ」であった。この言葉は自らを激励し、慰め、崇高にすると告白する。ヨブの偉大さは、彼の報償を求めない心にあると述べている。

氏は当時を振り返り、現在の心境を次のように語る。「私の青年時代から宗教に対する関心ということを取りのければ、私のその頃の想い出はまるで色彩のないものになってしまう。不幸にして精進の足らない私は、宗教については今でも一個の求道者に過ぎないけれども、今日なおその思慕を続けていることが、私の生命である。あの頃は世の中も、ロマンチックで、私の空想に翼を貸してくれていた。宗教、哲学、文芸の権威がまだ厳として存していた。しかし、今日は何事も現実がものをいう世の中である。青年が、ただ現実の利をのみを追いかけて脇目をふらないのも無理はない。しかし、私の現在は功利俗念の絆に絡まれてはいるけれど、その底には青年時代の思慕の世界がまだ傷つかずに存している。私の今の俗念は多くは社会に出てから養われたもので、この俗念の当体が社会生活における今の私であろうけれど、もしそれだけが私だと観じてしまうことは、私にとってあまりにも情けないことである。現在、神仏に仕え、文芸を愛好し、自然の風物に人知れぬ愉悦を感じていることによって、辛くも本然の私を保っている。そこに、私は人生のよろこびを感じ、人生をおそるる心を持ち、謙遜と反省を促されている」(「教壇」全集第三巻一七八頁)。

氏の友人も、氏の信仰について、「若い頃は一時キリスト教に走るのではないかとさえ思われた時代があったが、段々仏教の方へ入って行き、仏教的信仰が氏の人生観、世界観を支配していたように思う」と語っている。氏の求道的な精神に基づく司法官としての様々な営みは、青年時代のこのような人格形成過程と無縁ではなかろう。

一高当時の親友は、「氏は、自らの天職は裁判官とばかりに迷わず司法官を志望して司法官になった。尊い職業と位置付け、真剣な裁判を目指さんとする氏の信念は『裁判の書』を見れば明瞭である。外交官になったら栄達したとか、行政官になれば大臣になれること請け合いとかいうようなことは、氏にとっては何の魅力もなかった」と語り、「司法省にいた頃その心持ちで立ち回れば、司法大臣になっていたことは間違いなかろう」と評している。

氏は一九一一（明治四四）年七月三一日、司法官試補（この制度につき、ダニエル・H・フット（溜箭将之訳）『名もない顔もない司法——日本の裁判は変わるか』（NTT出版、二〇〇七（平成一九）年一一月）六一頁、泉徳治『私の最高裁判所論——憲法の求める司法の役割』（日本評論社、二〇一三（平成二五）年六月）一二頁参照）となる。司法部が人員過剰に苦しんでいた時期であった（書の四「天職」参照）。

二　東京地方裁判所判事時代

氏は、第二回試験で秀抜な成績を収め、一九一三（大正二）年一一月に東京地裁判事に任官する。当時、裁判所の判事と検事局の検事は「司法官」と総称された。判事の道を選んだ経緯について、「その当時は、どこかに、今日よりまだしも、哲学の威力があった」と述懐する。

中学の時、同級生の家を訪れた際に、その父親である大審院判事のお経を読誦する声を漏れ聞き、感じやすい青年の頭には「職業に携わりながら御経をよんでいられる」ということが、二つとないありがたい境涯に思え、「ロマンチックな心を躍らせて司法官になってしまった」と述べ、これまで一度も司法官になったことを悔いたことはないという。そして、司法行政官よりも純然たる司法官（判事）である時の方が悔いなき境涯だと感じた理由について、「職業に携わりながらお経を読む境涯は、純司法官である生活に最もピッタリとするからである」旨述べて、引き続き朝夕の読経を習慣にしている。

氏は、初任で民事部に配属される。部長は三淵忠彦氏、相陪席は後の大審院長の長島毅氏であった。三淵裁判長からは、「ずいぶんと仕事熱心であった」との高い評価を受けている。岩松三郎氏（元最高裁判事）は、「三宅氏は、その当時判決草稿をいつも真っ赤に直されて閉口したと述べていた」と語っている。書の六「文章」の箇所で、「地裁の地下室で三淵氏のかつて書かれた判決を探し出して読み耽っていた」旨の下りがあるが、岩松氏の語るエピソードを知ると得心が行く。

三　東京地方裁判所部長時代

一九一八（大正七）年四月に東京地裁部長に就任する。氏の裁判は、被告人が事件を通して人間として道義的反省をするように仕向けることが一番大事なことであるとの考え方の下に実践されていた。審理は、実に懇切丁寧かつ機智縦横で、記録を丹念に読み込み詳細な手控え（書の七「手控えの様式」参照）を駆使して営まれた。周囲からは、学校の修身の講話ではとても経験できない倫理的な香りが感じられたと評される。かつて、新進気鋭の氏が東大法学部の模擬裁判に招かれた際、快刀乱麻を断つ裁判長振りを示し、「ダニエル様だ」（旧約外典ダニエル書補遺参照）と声が上がるほどに教授陣を瞠目させた情景が思い浮かぶ。一方、氏の法廷が長いことを嫌う雰囲気もあり、信念を曲げずに三宅流で訴訟運営を続けることについては相当の苦労もあった。しかし、氏に共鳴する立会担当の清水行恕検事の協力により救われたことを氏は感謝している（書の七「七 判決の言渡」参照）。

この当時、氏が「牛込の養父殺し」事件（死体未発見の否認事件）で、当時の俸給の大部分を投じて潜水夫を雇い、六郷川の川底で死体を捜したという逸話がある。死体の所在を突きとめたい気持ちに駆られ、検事局が六郷川の鉄橋下を試みに捜索してくれたらとの思惑から、その旨を係検事に話し、それが当時の小原直次席検事に伝えられた。その後、氏は、自らそれを実行してしまった「馬鹿正直さ」を恥じて、これを口外していない。しかし、捜索しようと考えていたことをその後の小原司法大臣からは折にふれて揶揄されることもあったようで、「判事である仕合わせに、大過なく過ごしてきたことを思うと、長男も、判事にさせなければ」と、ユーモアも交えて述懐する（「小原直氏と私」全集第三巻一九三頁）。「判事である仕合わせ」については、書の五「愚直」における「司法部と司法部以外の官吏の属性」に関わる記述を参照されたい。

四　司法省参事官兼外務書記官・大臣官房秘書課長時代

氏は、一九一九（大正八）年四月、司法省参事官に、翌月、兼ねて外務書記官に任命される。同年、民衆芸術の実践運動を目指して設立された演劇革新団体「国民文芸会」に、里見弴、久保田万太郎、久米正雄らと共に発起人として名を連ね、法律家の枠に囚われない交友が広がる。これが後に泉鏡花を中心とする親睦会（九九九会）に加わる契機となる。

海外出張も多く、この時期に氏の外交的ロジスティックスに磨きがかかる。この頃は、同年に第一次世界大戦のパリ講和会議（首席全権西園寺公望・全権牧野伸顕）が一月一八日から開かれ、我が国が六月二八日にヴェルサイユ講和条約・国際連盟規約に署名してＩＬＯに加盟し、翌一九二〇（大正九）年一月一〇日にはヴェルサイユ講和条約（日本における正式条約名は「同盟及連合国ト独逸国トノ平和条約（大正九年条約第一号）」）が公布された時期である。氏は、一九一九年九月に条約実施準備の命を受けてパリに赴き、翌年一月一〇日、講和条約の公布日（国際連盟発足日）に同条約実施委員に任命され、ドイツ東プロシアに向かい、境界確定のため人民投票を施行する地区の司法部長として赴任する。その任務は、ドイツ、ポーランドの裁判官を監督して、平和に人民投票を行わせることにあった。氏はこの地区には秋まで滞在し、無事に人民投票の任務を遂行している（書の五「文学」参照）。

氏が、渡欧挨拶のため原敬総理大臣を訪れた際、官吏的儀礼とは相違して親切丁寧な接遇を受け、強情で策謀家といった世評と私なき親切な人物である現実とのギャップに戸惑った旨の逸話は興味深い。辞去しようとする氏をさし招いて大臣席の脇の椅子に座らせ、弟に諭すかのような親切な口吻でフランス語の事前学習などの有益な助言をしたという。氏は、原敬氏の愛語を胸に抱いてインド洋の船中でも語学に励んだおかげで、渡欧二年、国際連盟会議の業務を遺漏なく遂行できたことに深謝する。氏は、数年後に伝記を読んで、原敬氏が若き外交官時代に並々ならぬ苦労をしたことを初めて知る。原敬氏が東京駅頭で落命したため、三宅氏は帰国の挨拶に盛岡の大慈寺を訪ね、原敬氏の墳墓にぬかずいて心からの感謝を捧げる。三宅氏は、原敬氏が皇室からの御内帑金《ごないどきん》の全てを私せずに大慈寺に寄進していることについて、「この事蹟が私には何人にもまして、いかなる所業にもまして羨ましく、余命の尽きぬうちにこの万分の一のまねなりしたいと常に希う」と述べ、政治家とはとかく誤解されやすい生業であると結んでいる(「世評と人」全集第三巻二〇二頁)。

一九二二(大正一一)年四月一二日、氏がドイツにおける見聞を土台として立案した借地借家調停法が公布(一〇月一日施行)された。また、翌年四月一八日に陪審法が公布(一九二八(昭和三)年一〇月一日施行)された。氏は、陪審制度の導入について、「公訴という民衆の利害に絶対的な関係を持つ処分を、永久に官僚の専断に任せて怪しまないだろうと自負することは、蓋し白日の夢に近い」、「陪審制度は、大衆の眼をもって事件を見、大衆の心をもって事件を断ずるという意味において、裁判を大衆化し、普遍化した」と喝破し、その一方で、陪審制度の限界にも触れた上、技能的参審官――英米のテクニカルアッセッサー（technical assessor）――の制度を提案する（「司法制度の改革・その三、その五」『法官餘談』）。このような議論が後に裁判員制度導入への議論へと発展していく。

氏の経歴に大きな影響を及ぼす職務が司法省参事官の時期に到来する。氏は、この時期に治安維持法案の作成というタフアサインメントを命じられる。三宅参事官案は治安維持法起草過程の現在見いだし得る最も古い法案である。同案は、過激思想の「流布」を第一の処罰対象とするものであった。その後同案とは全く異なる発想により、結社組織の禁圧を第一に掲げる司法省案の原型が作成され、司法・内務と法制局間の度重なる調整を経て政府内における治安維持法案の骨格が固まって議会提出に至る（荻野・資料集六〇四頁の引用箇所参照）。

氏は、一九二四（大正一三）年一一月二〇日、大臣官房秘書課長に任命されるが、翌年一月には生後二か月の長男が急逝する不幸に直面する。その三か月後の四月二二日、「治安維持法」が公布され、五月一二日に施行される。氏が、三年後の同法の改正勅令に対して厳しい批判を加えていることについては後述する。

一九二四（大正一三）年に加藤高明内閣、いわゆる三派内閣が成立し、官庁執務の刷新を図る趣旨で執務改善の方針が示された。その項目中には用語の平易化と執務の機械化の二項目が含まれていた。氏はこれに心を打たれるとともに機械化の遅延による事務の停滞と事件処理への支障に危機感を募らせ、自らも省内に小型印刷機を備えて試行実験を行う。当時の予審調書の作成遅延問題もカナモジタイプライターの使用により改善され、未決勾留の大幅な短縮に連動すると考えていた。そして、「日本紙と毛筆による大福帳式記録の牢獄から我々を解放するものは、カナモジタイプライターの外にはない」と力説する。その普及には「漢字の二千字以内の制限が有益で、活字の所要種類が多数に上る地名人名の漢字を常用漢字の埒外に置き、地名は、カナモジか、漢字とともにカナモジによる表示を有効と認める必要がある」と提案する。この提案は、一九一九（大正八）年から二一（大正一〇）年にかけてヨーロッパ各国に出張した折に田中館愛橘博士（ローマ字普及の推進者で文化勲章受章者）から有益な助言を受けたことがヒントになっている。氏は、地名の漢字と読み方との間に合理的連絡が乏しく、目と耳との提携を妨げる元凶が漢字そのものである（埼玉の埼、荏原の荏は目と耳とが無提携の地名専用漢字である）ことを実感する。漢字をカナモジに替えることにより行き詰まった司法事務の停滞を打開するとの趣旨から、一九二六（大正一五）年の報知新聞に「予審調書カナモジ論」を投稿する。日本人と外国人が残酷な難儀を経験してまで漢字を維持しなければならない必要性に疑問を抱き、これが後のカナモジ判決への引き金となる。

氏は、M検事と相談して、仮出獄した無期懲役囚二人を司法省の雇いとして採用し、親交のあったマクドナルド女史の許に寄寓させるなどした。女史は、YMCA初代総幹事で、氏は、当時、女史の行う免囚保護（出獄人保護）の事業に協力していた。仮出獄者の一人は、強盗殺人未遂事件を起こした純真な若い大学生である。氏が東京地裁刑事部の陪席裁判官当時、同刑事部が懲役八年の寛刑を言い渡したところ、検察官控訴もあって、控訴審で無期懲役の判決を受けた。

彼は十年ほどの間、教養のある囚徒として常に模範囚たる名誉を担い、恩赦によって減刑された。氏も所内で凛々しく働く姿を見て心から祝福し、仮出獄した彼をM検事の依頼する無期囚と共に司法省の雇いとして使うことにした。氏の気持ちは、官紀に抵触することよりも、暗い過去を洗い落とすために司法省で採用すれば、郷里の人も信用して彼の将来も開けるというところにあった。仮出後の彼の行状には紆余曲折があり、人を改善更生させる難しさを実感した。ただ、退職後に消息を絶った彼が独力で自分の生活を切り開いているようであることに安心し、再び刑務所の門をくぐっていないことが氏の救いである。「若ければこその英断であったという詠嘆」と「若いゆえの無謀軽挙だったという批判」の交錯する気持ちを吐露するM検事の言葉を氏なりに重く受け止め、「私達のしたことは非難と嘲笑を受けても仕方がない。一体私達はどうすればよかったのだろうか。今でも私に解決のつかないものが残っている」と、氏は自問を発し続けるのである。

五　名古屋控訴院部長時代

一九二七（昭和二）年八月に名古屋控訴院部長に就任する。氏は、カナモジ化への第一歩を踏み出し、国民に分かりやすい判決を作成するという趣旨から、熟慮の末、一九二九（昭和四）年五月以降、判決文は全て口語体を用い、地名の表示は全てカタカナとし、所属の名古屋控訴院も「ナゴヤ控訴院」とした。「ナゴヤ控訴院」は所属官署の表示として違法であるとして上告されたが、大審院は、「ナゴヤ控訴院ト一部仮名文字ヲ以テ表記シタルハ如何ナル理由ト必要トニ出デタルモノナリヤ甚シク了解ニ苦シム処ニシテ穏当ヲ欠クモノナリト言ウコトヲ得ベシト雖」違法な判決とはいえないと判断した。氏は、「大審院は、その判決において、地名カナガキの不法ならざることを天下に宣言された。私はそれに満足する。その余のことは時が解決してくれる。知識階級に属せざる人たちがこの判決に安心して、カナモジを使うことを恥じないことを希望する。知識階級の無用の城壁がその一角を破られ、知識におけるデモクラシーがその一歩を踏み出したことを祝福する。この判決が導火線となり、加藤内閣によって示された用語の平易化、事務の機械化が促され、永く停滞している司法事務処理方法の上に一大革新が行われるのを待ち望む」旨述べる。その上で、小さな改良にも相応の年月がかかるのは、ビューロークラシズムが至る所に染み込んでいるからであり、漢字の弊が改められない原因の一つは漢字を征服した知識階級の横暴であって、有識階級があらゆる智識を漢字城の中に蔵して独占してきたからであると総括し、その時代はもう過ぎたと断じる（「地名カナガキの理由と必要」全集第三巻二二二頁以下）。この言葉からは、常に「ふつうの人々」の目線に立って物事を考えようとする視点と、あらゆる階級の人と機会を均等にして知識を享有する途を拓こうとする氏の平等思想を見て取れる。カナモジは時代とともに人名にも用いられるようになり、国語史上に投じた氏の一石は大きな波紋を描いている。

氏は、裁判所部内に口語体判決について有力な反対者が多く、文語体を墨守して判決の威厳と荘重さを守ろうとしたことについて（書の六「文章」参照）、次のとおり述懐する。「荘重さを守ることはいいが、その陰にいわれなき権威をそれで飾り、論理の欠陥をごまかすということが絶対にないと言い切れるか。今にして気付くことは、口語体の判決に反対した人には軍国主義的色彩を帯びた人が多く、その反対の声が強かったのは軍国主義の高潮時であったことで、偶然でない気がする。」(「新憲法に望むこと」全集第三巻二四九頁)。この言葉は、かつての治安立法等に関わる判決の措辞に、いささかの雲影をもとどめない明確さという点に欠けるところがあったことを示唆したものであろう。

氏は、名古屋控訴院部長時代に、判事と検事による法定出入口の共用は、国民から見て判事と検事が一体のような印象を与えるので好ましくないとして、別々の出入口を作ることに尽力し、法壇の高さ、被告人との距離、時計を設置する位置などについても様々な提言をして法廷の構造の改良に努める(裁判所における検事局の附置と判事・検事の同僚意識につき、前掲泉一一頁参照)。

氏は、名古屋控訴院勤務の終盤に、司法省刑事局の友人宛ての書簡(一九二九(昭和四)年九月五日付け)で、当時の心情を次のように伝えている。「現在の地位にいると誰からも制肘を受けずに仕事が出来るので満足である。本省では自分のやり方が余り新しすぎるとの非難があるようだが、日本の将来のため今の仕事が有意義と考え、本省から何と言われようとも独立独歩で自分の信念を貫く決心である。本省の書記官らは長官の命により心にもなき仕事をしなければならぬと愚痴をこぼしているところからしても、ますます判事という職の有り難みを感じる。裁判の仕事を徹底的にやってみたいので、転任は希望せず平静な生活を希望する」(全集第三巻二六一頁)。なお、氏はこの七か月前に四歳の子を腎臓病で亡くしている。

六　大審院判事時代

一九二九（昭和四）年一一月、氏は大審院判事（官名ではなく職名）に任命される。在任時には、満州事変が勃発し、血盟団事件、五・一五事件が起こり、政党政治が機能しない状況が深刻化する。この時期における治安維持法批判を内容とする執筆活動は特筆に値する（第二章参照）。氏は、服役囚に対する出獄後の支援活動にも精を出す。氏の家から金品を盗んだ被告人に弁護人を依頼する労をとり、出獄後に文通を続け、結婚に際してお祝いの額を贈っている。名古屋控訴院で判決した殺人事件の被告人から、結婚に関わる相談を受けた際には、知り合いの弁護士を介して、法律上の問題を解決し、結婚を実現させたために深謝されている。ここでも、幅広い活動に氏の精神的エネルギーの旺盛さが発揮される。

七　東京地裁所長・東京刑事地裁所長時代

一九三四（昭和九）年八月に東京地裁所長に任命される。同年は、一一月九日に、五・一五事件（民間側）の控訴審判決（東京控訴院）が、同月二二日に血盟団事件第一審判決（東京地裁）が下された年である。

氏は、後進の育成に情熱を傾ける。司法官試補のために即日起案・講評を行うなど、指導に熱心であった。同年一二月には随筆集『法官餘談』を上梓する。里見弴、久保田万太郎という畏友の序に彩どられて一九二八（昭和三）年から三四（昭和九）年までの時論と随筆が収録される。「随筆」の冒頭には、「判決をやさしい文体で書きたいが、文藻が貧弱では思うような判決が書けないので、文章を習おうと決心した」旨の恭謙な記述がある（書の六「文章」参照）。穂積重遠氏は、三宅氏の随筆について、「威あって猛からず、血あり涙あり、ロジカルにしてユーモラスな、裁判官らしくして、裁判官離れのした随筆」と評している（全集第三巻三一三頁）。

氏は、殺到する学生の裁判所見学にも細心の配慮をし、庶務主任に裁判所の概要説明を命じ、自らも裁判の在り方について話をし、感想文を寄せてくれるよう依頼するのを常とした。

その後、東京地方裁判所が民事地方裁判所と刑事地方裁判所に分かれて設立された時期に、東京刑事地方裁判所長に就任する。

八　札幌控訴院長時代

一九三五（昭和一〇）年五月一三日、札幌控訴院長に任命される。検事総長であった林頼三郎氏が、同日付けで大審院長に任命されている。

札幌に赴任する際、氏を敬愛する雇いの事務職員が所長室を訪れて栄転祝いの挨拶をした際に、その職員に吐露した氏の言葉は印象的である。「君がお祝いを言ってくれるのは有り難いが、本当におめでたいと思うかね。僕はそうは思っていないんだよ。人間は他の人を越して余り順調に運ぶときは一番心を引き締めて慎重な態度をとらなくてはならないんだよ」。くだんの職員は、氏がしんみりとした口調で語を継いでいたと回顧する。発令の三日後に着任した氏は、札幌植物園でライラック（鷗外訳の『即興詩人』にいうリラ）を発見し、その香りに東プロシアの田舎の春の情景を重ね合わせる。

在任中の同年一〇月には、五・一五事件（民間側）上告審判決があり、一九三六（昭和一一）年二月には、近代日本最大のクーデター（未遂）と言われる二・二六事件が発生する。札幌控訴院長当時の死刑囚や女囚等との交流の様子については、書の二「読経」で取り上げる。

氏は、異動直前の同年一二月に全管内にわたり、約五〇名の書記大異動の方針を実行する。その目的は多年鬱血状態にあった管内書記課の空気を一新し、新進抜擢の傾向を輸入し、裁判所を清新明朗にする端緒を開くことにあった。氏は、行幸を記念して芝生の美しい大通りに面する札幌控訴院の周囲にナナカマドを植樹することを計画し、離任後の植樹の時期にそれが実現している。

九　大審院部長時代

一九三七（昭和一二）年一月に大審院部長に就任する。この時期は、盧溝橋事件（日中戦争開始）の六か月前である。氏は、大審院長から、大審院入りを打診されたが、大審院の空気を嫌っていた。かつて大審院判事であった当時に「司法制度の改革」について執筆し（「時論」『法官餘談』所収）、「将来の判例は、いわゆる要旨に存せずして事実に対する「さばき方」にある筈であり、そうさせることが裁判を本格的にする所以である。法律解釈の権威をもって司法部に号令していた大審院の信望は、外は社会法学の台頭によって希薄となり、内は事実を重んずる裁判官によって自壊作用が行われつつある」と、大審院について批評し、大審院判例についても厳しく批判していた（後述）。氏が司法官試補に対して行った貴重な講演については、第二章で解説する。

一〇　長崎控訴院長時代

一九三九（昭和一四）年六月二四日、長崎控訴院長に任命される。長崎勤務は六か月余りと短かった。院長として司法行政事務に当たるほか、刑事部長として裁判を担当した上、九州大学法学部の刑事講座を受け持ち、時々福岡に赴いた。当時の仕事ぶりも精力的で、出勤は早く退庁は遅い方で、徒歩通勤であった。氏が着任してからは、事務局の仕事も急に忙しくなり、氏自身もそそくさと昼食を済ませて仕事にかかるほどであった。訪問客への接遇は誠に丁寧で、辞去の際にはドアの外まで見送るのを常とした。

氏は職員との意思疎通に心を配り、その人格を尊重する姿勢を貫いた。職員を私用に使うことを避け、出張の折には、帯同する書記長がトランク等を持つことを厭がって赤帽を手配した。院長と書記のみの座談会が開催され、隔意なく日頃の不平やら仕事の改善案などを発言できる機会が増えた。改善可能なものは直ちに実行に移され、職場環境は活性化した。一方、懇親会などでは、氏は、斗酒なお辞せず、酔って乱れず興にのれば小唄の一つも、といったところがあった。長唄、清元、常磐津もたしなみ、声量も豊で素人離れしており、粋人として知れ渡っていた。この点に関して、氏が俸給袋を職員に預けていた逸話がある。俸給日には、懇親会の費用に係る数通の請求書が飲食店から届く。書記が院長室に赴いて、「使いの者を待たせてある」旨を伝えると、支払いを一々見せないで院長宛てのものは全部即時に払うよう指示し、その後は書記が俸給袋を預かって気前よく支払うようになった。書記は、袋の中身が少なくなり心配したことも度々あったという。くだんの書記は、氏から、「外来者を待たせぬように」と諭されている。氏の妻の立場も気になる逸話ではある（書の五「婦人」参照）。

氏は、職員らの病気等の場合には、いつも篤く慰問していた。書記長が健康を害すると激務の結果ではないかと心配し、病弱であった職員の幼児の見舞いに東京に転勤後も度々訪れている。思いやりと行き届いた差配は、失意に落ちた友人や早世した者の遺族にも及んでいた。

戦火が大陸に拡大する時期に満州国、中華民国に出張してその現状を知悉する氏は、戦没将兵の遺骨が月何回か帰還した際には、忙中をいとわず必ず駅に出迎えに行き、合同市葬の場合には紅白の餅を提供した。氏の心は、常に亡き人々と共にあったのではないかと思う。勤労奉仕にも率先垂範して参加し、運動シャツ一枚で巨躯にものをいわせて働いた。市民運動場の整地作業の際、二人一組の土運びで、長身の氏と短身の判事とが一組になって天秤棒を双方から肩にして懸命に運んでいたが平均がとれず、氏が腰をかがめて苦心して土を運ぶ姿に周囲が腹を抱えて笑いこけたというエピソードが残っている。

氏の管内地方裁判所幹部職員（書記長）向けの「訓示要綱」（一九三九（昭和一四）年七月二二日付け）の精神は、現在の裁判所に継承される清廉・廉潔な実務慣行に通底するところがある。その要旨を紹介しておこう。「監督者として部下の心服を得るに足る修養を積み、長官の従僕にすぎないといった印象を部下に与えないこと」、「上官は、部下に先んじて労苦に服し、自らまず労してから部下を追随させるよう心掛けること（徒に命令を以て部下を無理に動かそうとすれば、仕事がその魂を失う）」、「徒に従来の慣例風習を尊重する風を捨て、状況に照らして慣例風習の一々につき適否を一応考察し、改めるべきは改め、日夕事務の上に新工夫を施すことを怠らず、日に日に新なる気風を鼓舞すること」、「部下をして常に向上の念を持たせ、心身の修養と学問の研鑽に努めさせること」、「公私を混交することの不都合なのは勿論、たとい一紙半銭と雖も国家の物を私に費してはならないこと（官物官費の使用について不必要な浪費の嫌いがあるが、これは断じて許されない）」、「部下からはたとえ少額の物でも贈与を受けないこと」、「出張所の書記にして一般書記事務に対する能力ある者は、一定の期間後本庁に復帰させてその向上心を挫折させないこと」、「出張官に対する接待方法は、その官の個人的希望を参酌すべきであるが、大体次の標準によるべきこと。イ　司法事務の視察を中心として全ての計画を立てること（当日には通常の如く公判を開くこと。観光を強いてはならないこと。少壮判事指導のため座談会を開くこと）。ロ　昼食時、判事全部が食堂に集まり出張官に簡単なる昼食を饗応するに止めること」、「すべて民衆に接する場合は、庁内たると、街路上たるとを問わず、親切と思いやりを旨とし、いやしくもわがまま不遜の振る舞いに出てはならないこと（これが窓口事務改善の要諦である。従来、裁判所職員中には職務に熱心である余り、自己の仕事を遂げるに急で、その行為を社会が如何に観察するかに気遣いない向きがある。裁判所が非常識だという批評は、多くこの点から発する）」。以上である。

氏が管理職の心得論として著名な佐藤一斎著『重職心得箇条』に目を通していたかは不明であるが、これに通底するところがある。

氏は、職員から慕われて長崎を去る。朗らかで明るくきびきびしており、司法官にありがちな秋霜烈日という感じがなく、開明的かつ人間味豊かで、思いやりにあふれる傑出した院長として。長崎を去る折に、給仕に辞書を贈ってその労をねぎらう。「東京に出て勉強したいと思うときは尋ねてくるように」と言い残していた。

一一　司法次官時代

氏は、一九四〇（昭和一五）年一月一九日、その三日前に成立した米内内閣の下で司法次官に任命される。暗雲たなびく内外の情勢下、望んでの異動ではなかったが、覚悟を決めた。当時、ナチ電撃作戦の勝利に刺激された陸軍は、ドイツ、イタリアとの提携強化を望み、英米寄りの米内内閣を嫌い、内閣打倒に動いたと言われている。畑陸相が単独で辞職したことにより米内内閣が崩壊し、同年七月二二日に第二次近衛内閣が成立した。近衛内閣で司法大臣に就任したのは柳川平助氏（最終階級・陸軍中将）である。二・二六事件後に予備役に編入されたが、第一次近衛内閣当時の一九三八（昭和一三）年一二月一六日に興亜院――中国大陸での戦線拡大に伴い増加した占領地域に対する政務・開発事業を統一指揮する国家機関――の初代総務長官に就任し、一九四〇（昭和一五）年一二月二一日までその職にあった。柳川氏は、真崎甚三郎前教育総監と共に皇道派の重鎮と目され、その真崎氏は、二・二六事件で起訴されたが無罪であった。「反乱軍」は、真崎氏を当時頼みにしていたようである。

治安維持法が改正されたのは、氏が司法次官に任命された翌年の三月一〇日であり、氏にとって治安維持法とは二度目の難儀な巡り合わせである。同法の改正は第二次近衛内閣の下で行われ、一九四一（昭和一六）年二月八日に開かれた第七六回帝国議会において柳川司法大臣が治安維持法改正法律案（政府提出）の提出理由を説明している（官報号外一九四一（昭和一六）年二月九日〔第七六回帝国議会衆議院議事速記録第一二号〕）。三宅氏は、政府委員として、付託議案である「治安維持法改正法律案（政府提出）（第六二号）」について、同月一二日に開かれた「第七六回帝国議会衆議院治安維持法改正法律案委員会」において、その提出理由の説明を担当している（「第七六回帝国議会衆議院　治安維持法改正法律案委員会議録（速記）第二回」）。共産主義運動は細大漏らすところなく処罰し得るような周到精緻な改正法が実施されるに及んで、法の拡張解釈はほとんどその必要がなくなった、と評されている（伊達秋雄『司法と人権感覚』（有斐閣、一九八六（昭和六一）年一一月）一八五頁）。

氏は、司法次官当時、司法権を守る視座から、牧野英一氏に代表される「自由法論」の説く法の解釈が「時流に流される危険性を持つ一面を警戒すべきである」旨発言している（団藤重光発言・日本史録五八九頁）。なお、団藤氏は、二〇歳代に三宅次官から司法試験委員に推され、『刑事訴訟法綱要』の書評を頂く（団藤重光『わが心の旅路』（有斐閣、一九八六（昭和六一）年一二月）一八四頁）。

東条内閣が成立する一か月前に、氏は裁判所に異動する。在職期間は一年八か月であった。

一二　大審院部長時代

氏は、太平洋戦争開始三か月前の一九四一（昭和一六）年九月に大審院部長となる。翌年八月に、『わが随筆』を上梓し、その年の一一月に本書を上梓する。同書を求める声は高く、座右の書として戦地に持参する司法官もいた。

裁判の関係では、尾崎行雄に対する不敬被告事件、犬養健《たける》に対する軍機保護法違反被告事件、浅見仙作（内村派伝道師）に対する治安維持法違反被告事件を担当し、無罪を宣告した。尾崎行雄の事件については、不敬罪の犯意なしとして原判決を破棄し、無罪としている（松尾浩也「尾崎行雄不敬事件――売家と唐様で書く三代目」日本史録四七六頁、四八八頁）。

氏をよく知る弁護士は次のように回想する。「大審院まできて無罪判決が言い渡されたが、裁判所の狼狽振りを物語る。当時、よほど果敢な裁判官でなければ無罪は望めなかった」。「（犬養健の事件では）原審が期待可能性の理論によって無罪判決を導いたのに対して、軍機の秘密漏洩の認識なく文書自体が軍の機密文書ではないという事実判断により無罪としている」。「あの時分の空気からして、あの裁判をやる勇気のある人は、三宅さんが第一人者であるという風に聞いていた」（弁護士江橋活郎発言・座談会一八頁）。内藤頼博氏（執筆時は広島高裁長官）は、三宅氏の姿勢を高く評価して次のように解説する。「浅見仙作の事件――治安維持法八条違反により第一審札幌地裁では有罪――は、宗教の自由を強圧した、いわゆる、重要思想事件のキリスト教再臨団事件の一部で、三宅裁判長は心血を注いで信仰の自由を擁護する判示をしており、このことは当時の社会的風潮からすると大変なことで、当時のキリスト教を始め一般宗教界に大きな反響を呼び起こした。在官時代を、最も激しい軍国主義的ファッショ的風潮の中で過ごしているが、裁判長としてこの風潮に敢然と立ち向かっていることは見逃せない」（内藤・百年史九七六頁。三宅裁判長による事実審理の状況につき、藤林益三「浅見仙作治安維持法違反事件と塚本先生」『一法律家の生活と信仰』（東京布井出版、一九七八（昭和五三）年八月）一一四頁）。尾崎行雄（一九四四（昭和一九）年六月二七日大審院第三刑事部判決）及び浅見仙作（一九四五（昭和二〇）年六月一二日同刑事部判決）に係る判決内容は、全集第三巻の付録に収められている。

一三　大阪控訴院長時代

氏は、四年余りの大審院部長時代を過ごした後、一九四五（昭和二〇）年一〇月一八日に大阪控訴院長に任命される。任命の一か月後には『そのをりをり』を上梓している。氏が大阪控訴院長に就任する前後の頃は、その直前に太平洋戦争も終結し、「国防保安法廃止等に関する件」、「治安維持法廃止等の件」が公布・施行されるなど、戦前の立法が次々と廃止されていく時期であった。この時期には、GHQが、占領政策として民主化等を進めており、その一環として財閥解体を指令しているほか、日本政府の勅令の形式で公職追放の指定を行おうとしていた。氏が退職する直前の一九四六（昭和二一）年一月四日には、連合国最高司令官覚書「公務従事に適しない者の公職除去に関する件」により軍国主義指導者等の追放が指示され、その後思想検察関係者の追放が行われていった。

一四　弁護士時代（裁判官退職から急逝まで）

氏は、一九四六（昭和二一）年二月九日に退職し、同年三月一一日に弁護士登録をした後、同月二二日に貴族院議員となる。中央労働委員会会長、労務法制審議会会長及び国語審議会委員にも任命される。カナモジカイの理事でもあり、以前から新生新派後援会長もしていた。貴族院は戦後も一九四七（昭和二二）年まで残されており、非公選の皇族議員、華族議員及び勅任議員によって構成され、有識者が勅任により議員となる制度が存在していた。氏が貴族院議員に任命された際の「貴族院議員新任予定者三宅正太郎に対する資格審査委員会の意見」には次のような記載がある。

「三宅氏は、判事が事案の法律的判断に把《とら》はれ、精緻な法律論を以て判決を下すことのみに専念する弊風のあることを警《いまし》め、犯人に対しては判決言渡後の教化・指導こそ重要なることを主張して自ら実行し、常に刑務所に被告人を尋ね、或は其の刑終了後の生活、就職等を自費を以て指導斡旋したのである」（内藤・百年史九七六頁）。

貴族院議員になった翌月の末に、氏は山本有三氏、横田喜三郎氏らと共に「国民の国語運動連盟」の代表として、官邸に松本烝治国務大臣、入江俊郎法制局長官を訪れ、憲法の口語化等について建議する。その後間もなく氏が二〇年来主唱してきた法令の口語体化が実現した。判決書口語体の先駆者としての氏は、憲法を始め法令が口語体になったことについて、「難解の法令は圧政の徴《しるし》」という、故穂積陳重《のぶしげ》博士の章句を引用しつつ、「画期的な変革であり、昭和二一年という年はこのことだけで永久に記念されるべき年である」と述べて喜びを隠さない。

「法令の民主化」後における国語問題に係る氏の提案は、①今後の教育や社会生活に適する漢字の範囲の制限、②漢字の読み方の整理、③明治政府が濫造したといわれるものも含め漢語をやさしい言葉に言い表す作業、④漢字を少なくするための地名、人名等への漢字制限等であり、今後の研究課題は、制限外の漢字を使わずに済ます場合の書き方、言いまわし方及び言い直し方を辞書にまとめることであった。氏の提案や挙示する課題は戦後社会に強い影響を与えた。一九四六（昭和二一）年には「当用漢字表」（一八五〇字）及び「現代かなづかい」が、内閣告示をもって制定されており、これは日本語の書き表し方の歴史から見て画期的な出来事である。

氏は、同年七月、公職追放となる。氏は、その翌月に鎌倉に転居し、弁護士業に専念する。東京裁判の弁護人、東宝の法律顧問のほか、主婦之友の法律相談欄の担当者としても活躍する。氏は、戦争未亡人の精神的かつ物質上の悩みを込めた切々たる声に敏感で、これを自らの痛み、苦しみとして受け止めてあらゆる努力を惜しまなかった。その懇切丁寧な指導・助言を受けた相談者にとっては、氏は頼みがいのある新しい時代の騎士であった。

多年にわたる修養蓄積の人格と学殖、経験、雄弁とを生かした氏の弁論は常に話題の種とされ、最高裁判所では、当時の大法廷における氏の意見主張が大きな話題になる。選挙当選無効訴訟事件に関し、相互に反対の立場として対面したのが最後であったと懐古する田中耕太郎元最高裁判所長官は、三宅氏の在官当時の印象を次のように語る。「こういう人と暇に任せてゆっくり付き合うような余裕が人生にはほしいと思わせる種類の人であった。ゆとりと気品のある、鼻眼鏡が決して嫌みでない風貌は、相当長い間私に外交官と思わせたのであったが、実は外交官とは全く対蹠的な司法官だった。終生司法官として、また法曹家として通したが、法律家臭のない法律家であった。それは氏が必ずしも文学に理解をもち、また演劇に通じているからばかりではない。文筆に親しんだ者は司法界において氏のみとは限らない。ただ、氏においては、型破りの司法官、「化石」の例外になってやろうというような、わざとらしい態度が見受けられない。田舎じみた泥臭さがなく、あくまで都会人として洗練されていた。人間味と理想が氏の法律観や司法実務上の活動にあらわれていた。これが司法界を廓正（かくせい）し、それに清新の気を吹き込もうとする青年司法官の有志を氏の周囲に引き付けていた」（全集第三巻三〇八頁）。

氏は、新憲法下における司法官の在り方について、新たに任命された後輩裁判官に宛てた書簡で、戒めの言葉を述べる。「新憲法下の司法官の最大の任務は、民主国家の線に沿って転じつつある社会の変化をまず把握することである。正義の唯一絶対の規準が裁判官の手にあることになったので、従前のように社会から離れた存在であってはならず、裁判官に社会を理解する頭脳なくして裁判をされては、民主主義は成立しない。その判断において自由を許されるだけに自分勝手な振舞いは許されず、「意識下の我慾」を克服しないと、知らぬうちに我慾が働いて予期しない結果が生じる。新憲法が、裁判官の地位——重大な責務と広汎な権限——について定めた趣旨を重く受け止め、司法の権威に泥をぬるようなことには一切手を出さず自重することが大切である」(全集第三巻二七五頁)。戦後七〇年以上を経過した現在においても、熟読玩味すべき内容である。

氏は、一九四八(昭和二三)年三月には『嘘の行方』(再版)、六月には『裁判の書』(再版)、八月には『雨後』を刊行するが、翌年の三月四日、港区麻布本村町の自宅で中耳炎により急逝する。六一歳であった。氏に恩義を感じる数多くの人々は、暗夜に灯火を失う思いであったと思う。

第二章　裁判官の職権行使の独立に関わる氏の思想

一　東京地裁所長から注意を受けた際の対応

氏が、一九一八(大正七)年に東京地方裁判所部長をしていた当時の逸話である。旧刑訴法の公布前で、包括的な準備手続の規定は存在しない。氏は、弁護人選任の余裕がなく、裁判所に訴える手立てをもたない被告人のために、事前準備により被告人との心のつながりをつけておきたいと考え、刑務所で面会した。これが、上級審の判事に知れてその判事から当時の牧野菊之助東京地裁所長（一九二七（昭和二）年に大審院長就任）に注意があったことから、所長室に呼び出され、法律違反ではないかと注意を受けることになった。これを意外、心外と感じた氏は、所長に次のように述べる。「御注意は有難く存じますが、所長は私の審理をまだ一度も傍聴して下さらないように思います。所長が私の審理を御覧になっての上のご注意ならよろこんで従います。どうか私の審理を傍聴して下さい」と。所長は、不遜とも聞こえるこの言葉を完爾として聴いた後、二回ほど丁寧に氏の法廷を傍聴し、その後は注意の件について一言も口にしなかった。氏も、自らの信念に基づき、その後も被告人に面接することは止めず、幸い、氏の面接にその後苦情が寄せられることもなく、むしろその努力が感謝をもって報いられる結果となった（書の七「準備手続」参照）。所長室に呼び出された際に、職権行使の独立の観点から牧野所長に対して取ったしなやかにして毅然とした態度とその後の気骨のある行動は、氏の裁判官としての独立の気概を示すものである。

二　治安維持法批判及び法の逸脱運用への警告

治安維持法に対する氏の姿勢については、次のような論評がある。「三宅は、法律の拡張解釈に疑念を投げかけると同時に、思想検察の権限が拡充されて歯止めがかからなくなることを憂慮した。だからこそ、「検察官の広汎な行動の自由を制限」することを提言し、「治安維持法の何たるやを解決する重大な責任は、裁判官の肩上にある」と、裁判官の自覚を訴えていたのである（「治安維持法に関する大審院判例」）。しかし、三宅のような批判は、司法部内ではごくわずかにすぎず、思想検事にひっぱられて、判事も司法による思想犯罪の封殺に狂奔するのである」（荻野富士夫『思想検事』（岩波新書、二〇〇〇（平成一二）年九月）五一頁）。

ところで、氏は、一九二四（大正一三）年当時に治安維持法の立案の当初において司法省参事官としてこれに関与し、その後司法次官在任中に同法の全面改正が行われたという職務上の巡り合わせがあったために、公職追放のリストに載せられたものと推測され、追放解除の措置がとられる前に急逝した。このような経緯に鑑み、氏の事蹟に光を注いでみたい。

氏は、大審院判事在任中の一九三一（昭和六）年に『治安維持法』を上梓する。『現代法学全集』第三〇巻所収の風早八十二著「治安維持法」（一九三〇（昭和五）年七月二〇日刊）が発売禁止処分を受けたため、その替わりに執筆した（荻野・資料集六二六頁参照）。注目されるのは、氏が、戦時下で、執筆に当たり、裁判官としての独立の気概をもった姿勢を貫き、人権尊重の観点から、治安維持法（緊急勅令（一九二八（昭和三）年）に対して、その内容の不明確さに疑義を呈し、解釈・運用に潜む危険性を的確に指摘した上、逸脱した運用がないよう厳しく警告を発している点である。氏は、治安維持法について、まず次のように述べる。

「かくの如き広汎な且つ捕捉すべからざる内容を有し重大な結果を持つ法律は、我が国にあっては其の例に乏しい。執法者がもし精神の在るところを究めず徒に辞句の解釈に走り厳格に之を適用するにおいては、極めて苛酷不自然な法となって、その本来の使命を遠く逸脱する結果をもたらす。本法の犯罪は、その基くところ犯罪者の思想にあり、その適用はその局に当たる者の思想傾向によって著しく左右され、もしその局に当たる者が被告人の思想に理解がなく、その心裡に対する洞察を欠き、或いは反対の立場に基いて憶測を擅にするにおいては、偶々不用意の言動から其の心事を揣摩《しま》され、重大な犯罪の嫌疑を蒙る。法の運用を誤れば著しく社会を脅威し、著しく社会の進運を阻止する危険がある。現在の社会制度の欠陥の犠牲となった者が、より良き社会への希望を抱くに何の不思議もなく、偶々その踏むところを誤って本法の犯罪者となったとしても、一歩現代を離れて彼を見るとき、何人もよく彼を裁き得ない。本法の犯罪者に対して本法を適用するには常に時代を超越した寛容を持つことを忘れてはならない」(『治安維持法』第三八巻第九節　結語、二二二頁の要旨)。

次に、国体変革及び私有財産制度否認を目的とする結社の目的遂行の為にする行為を為した罪を特に罰する点について、嫌疑を受ける行為の範囲が著しく拡大されて社会の一部に非常な脅威をもたらしたことと、規定自体も曖昧であることを鋭く指摘した上、目的罪であることを明確に意識して解釈しないと「比較的軽微な意図、例えば友情の為になされたこの種の行為の如きをも重大な犯罪と認めることとなって極めて過酷な結果を見る」ことになる旨を説き、安易な解釈に潜む危険性と運用の逸脱による懸念を表明する(第三七巻五四二頁、第三八巻一九七頁)。

さらに、国体変革を目的とする結社を組織する罪に対する刑を「死刑又は無期の懲役若は禁錮」

と規定したのはその犯罪に対して重きに過ぎ、懲役禁錮の最長期一五年程度のものであろうとした上、重くしたのは、「苛刑《かけい》よく犯罪者を慴伏《しょうふく》せしめ得べし」との法律万能の思想であって、「刑の一般的効果に対する認識に多大の誤謬があり、この種犯罪者の心理についての洞察を欠如している」旨厳しく批判する（第三七巻五四一頁以下、第三八巻二〇二頁以下）。

氏は、その後、「治安維持法に関する大審院判例」を連載執筆する。氏はこの判例批評において、治安維持法が、前記のとおり、ドイツの過激な共産主義結社に対する取締法規の規定するところとその茫漠さにおいてその軌を一にすると喝破し、その主義思想により寛厳何れともなる不明瞭な規定の解釈を一個の裁判官の裁量に一任することの当否は別として、今や、治安維持法の何たるやを解決する重大な責任は裁判官の肩上にあると述べて裁判官の自覚を訴える。そしてもし裁判官が青年子弟の思想に理解がなく、その心情に洞察を欠くときは純真熱血の青年を駆ってその終生を葬らしむることなきを保し難いので、裁判官の裁判に対して国民も監視を怠ってはならないと檄を発する（『警察研究』第三巻第九号、一九三二年九月、荻野・資料集四五五頁）。

「結社」の判断枠組みとして、大審院が、日本共産青年同盟を治安維持法にいわゆる結社であることを断定した点について、判示の論理を形式的に拡充すると結社の相当の部分が治安維持法に触れる結社となし得ることになるが、その論理が無批判的に拡充されることを著しくおそれるとして強い懸念を表明する。結社の範囲を限定する明瞭な一線は、治安維持法における結社の組織罪、加入罪が目的罪なることの一点から生まれると述べて、運用面の逸脱を阻止するための厳密な解釈論を展開する。氏は、そのように解することによって法の良心を取り戻すことができ、三・一五事件以来展開された諸事相に対する愛国的興奮から脱却して検察官の広汎な行動の自由を制限し、法治国の法治国たる面目を発揮できると述べ、外郭団体、経済闘争団体を組織してこれに加入する者に大審院判例を安易に当てはめるような解釈論を戒める（「五　結社」についての大審院判例批評（『警察研究』第三巻第一一号、一九三二年一一月、荻野・資料集四五九頁〜四六三頁）。

「結社の目的遂行の為にする行為」については、「その後の改正法の適用という段になって見ると、政府が巧みに一条一項及び二項に挿入することに成功した目的遂行行為は、たちまちにして根を広げ枝を伸ばして、今や、治安維持法の全面積に亘り傍若無人の膨張をなして検挙数の九割を占め、結社組織、結社加入の両行為を除けば治安維持法は殆ど目的遂行行為のために独占されたかの観がある。このような偉大な改正の効果に最も驚いたものは国民よりも何よりも治安維持法自身であったろう」とその立法過程に批判を加える。その上で、「目的遂行行為が目的罪にあらずとの大審院の解釈によって過激社会運動取締法案以来、政府の唯一の弁解であった奔放な適用に対する保障が手もなく除去されてしまった」旨述べ、大審院判例の解釈が本来の法の精神から逸脱した拡張的運用をもたらした点についても厳しく批判する（「九　結社の目的遂行の為にする行為」についての大審院判例批評（『警察研究』第四巻第三号、一九三三年三月、荻野・資料集四六九頁）。

「目的遂行行為の目的」については、「不幸にして大審院の目的罪にあらずとの解釈が一たび一定するや、単なる「無産者新聞」の配布でも、「戦旗」の輪読でも、その読者たることの勧誘でも、進んでは救援運動でも、その印刷物が共産党又は共産青年同盟の拡大強化に資する内容を有することを認識する限り、その動機その事情のいかんを問わず、いわんや真に国体変革私有財産制度否認の目的意図を包蔵するや否やを問わず一網打尽にされる。調法といえばこれくらい調法な条文はあるまい。その犠牲者のあらゆる弁解や釈明や抗弁が、おそらくこの条文の前には一顧の価値もないこととなる。悲憤の涙にむせぶ者が多かろうことを想像し得るし、検挙の利便に由来する苛酷さがいかに新たな違反者を生むかは多くの説明を要しない。筆者は、あくまでも立法者や執法者に寛宏を求めてやまない。治安維持法をめぐる問題は、今やこの法の威力によりいかにして違反者を戦慄せしむべきやの問題から転じて、いかにして事前事後において青年をこの災害から救うべきやの問題となった。検挙の件数を誇る時代は過ぎたのである。国家はすべからくショーヴィニスチックな興奮を清算して治安維持法の適用を正々堂々たる位置におくべきである」旨論述し、同法の拡張的運用に痛切な反省を迫り、逸脱した運用をやめるよう厳しく警告する（「一〇　目的遂行行為の目的」についての大審院判例批評（『警察研究』第四巻第三号、一九三三年三月、荻野・資料集四七〇頁～四七一頁））。

三　司法権の独立を図る司法官としての覚悟

大審院部長時代の一九三八（昭和一三）年当時、氏が行った司法官試補に対する講演（演題は、「裁判と裁判官」（全集第二巻二五二頁））は、戦時下における司法官としての氏の覚悟を知ることができ、貴重である。

(ナチス思想と司法の将来に対する懸念)

氏は次のように語る。「ある見えざるものの指導によって運命づけられているというようにも考えられる今の時勢である。ナチス思想が日本の学界、思想界にも入ってきて自然の内に何か一つの領分を築いてきている。刑法を論ずる人がいつの間にか最近のナチスの刑法を取り入れて論じ、軍部の意見の中にもナチスそのままの思想を見いだす今の時勢において、そういう思想が日本に普及してくるに従って司法というものがどういう風になるのかということが問題となる」と述べ、司法の将来と全体主義的傾向を強める学界等の動向に強い懸念を表明する。

(議会の動きに対する批判と司法の行政化への懸念)

氏は、議会が反対を押し切って国家総動員法を成立させ、併せて司法の関係について「人権蹂躙に対する決議」を行ったことに対して次のように議会を鋭く批判した上、司法の行政化を懸念する。「議会は、裁判官に対して、人民の権利はいやが上にも擁護せよと言う。その一方で、戦時下の重大時局においては、執行権に優越性を与え、国民の権利義務を侵害する場合においても、大綱を定めた上で議会の承諾や決議を不要とする論を展開する。しかし、執行権に委任せよとは国民の権利義務の保障であった議会や裁判所は一歩後ろに下がってもらいたいということであり、筋がとおらない。議会はその機能を十分に尽くしておらず、司法の行政化は司法本来の成り立ちからは悲しむべきことであるが、実際、そうなってきている」。

（司法裁判権の在り方と司法権の独立を図る司法官としての覚悟）

氏は、民間人が、軍法会議（緊急勅令で設置された――非公開で一審のみの裁判を行う――東京陸軍軍法会議）の管轄に服することになった点を司法裁判権の視座から痛烈に批判し、司法裁判権の在り方を説いた上で後進に対して、司法権の独立を図る司法官としての覚悟を促す。

「元来が特別裁判所というものは例外的な管轄であるにもかかわらず、不祥事件（二・二六事件のこと）直後の緊急勅令では常人（皇道派青年将校の理論的指導者である北一輝のこと）までも軍法会議の管轄に服することになった。こうなると、司法裁判権は何処へ行くかということであり、裁判権に対する非常に大きな出来事である。これは司法裁判所の裁判が遅くて事件の対策にならない、今の裁判所は余りに人権を尊重するに過ぎて正義の観念が樹立されないので、もう少し簡単、直裁明快にやったらよいという思想である。現に独逸では裁判官は統帥者の意思を尊重してそれを実際に現すことが裁判官の任務であるとされている。これでは執行権に対する裁判権の降服である。こういうことは、司法権が特に司法権として発揚されなければならないときに結果が重大になる。これから先、日本の司法権が何処へ行くかということが大きな問題である。ヒットラー、ムッソリーニの執行権の犬となって甘んじて尾を振るか、或いはそうでなくて正義のために殉じて闘って時流に抗するかという問題である。実際すべてが執行権の統制の世の中になるとすると、弁護士も官選にしたらどうかというような議論さえ出てくる」。「つべこべ物を言うなという険悪な空気があり、岐路に立たされている裁判官にはよほどの覚悟が必要である。これまでのやり方に満足せず、時勢に押しつぶされず、使命である国民の権利利益の擁護を敢然と行って本当の正義を打ち立てることができれば、決して独逸や伊太利のように司法の独立が破壊されるということはない」と語る。そして、日本の司法の将来に完全な国民の信頼をつなぐためにも、在朝在野とも時勢に無関心に太平楽を並べることなく今こそ目覚め、司法部の鉄則どおり、他からの容喙を許すことなく司法部自らの手で将来の方針を立てて改革を進めるよう訴える。

このように裁判官が司法の問題や裁判に悩みあるいは苦しむのは、国が病んでいるからであろう。大審院部長の立場にある氏は、テロリズムの恐怖すら感じる戦時下の厳しい国内状況の下で、極めて微妙な話題について自らの考えを率直に吐露し、司法に迫る強い危機感を後進と共有しようと努めている。氏は、将来の司法界を担う司法官試補に対し、このような時勢においてこそ、司法権の独立を堅持する使命を自覚し、時局に心を惑わすことなく、志想を高く持ち心豊かに堂々と裁判をすることが、国の支えとなり、その崇高な使命を果たすことになることを伝えたかったに違いない。現代において戦争を経験しない時代に生きている我々ではあるが、新たな時代の節目に当たり、世代を超えて思想を共有することの大切さを改めてかみ締めたいものである。

第三章　裁判の書の解説

書の一　一　裁判の精神

「裁判の精神は正義の体現にある」という。氏は、本書が「裁判の道」を明らかにするもので、法律学の知識と裁判の道とは永久に区別されるべし、と強調する。偉大なる法律家が決して偉大な裁判官ではないと説くのもそれゆえである。裁判官の外国派遣により西洋諸国の法律学を学ばせることはあっても、裁判の道——裁判の心構え——を習わしめたことはない、とは鋭い指摘である。

裁判の道の本籍はあくまで修身斉家の道にあり、身をもって裁判の道を具現してこそ裁判の精神が正義の体現であるという言葉を用いることが許せる、と説く。西郷南洲の遺訓にある「制度・方法を支えるもの、それは正に人であり、第一の宝である人あってこその方法であって、そのような人になる心掛けが肝要である」(山田済斎編『西郷南洲遺訓』(岩波文庫、一九九九(平成一一)年六月) 一二頁) との点は、現代においても通用する。「生命を賭して意識下の私心なきことを神仏に祈誓して登庁する」板倉周防守重宗に係る逸話に関し、「意識下の私を抑える心が、古今を通じての裁判の極意であって、あらゆる裁判の道はこの点に帰する」との点は本書の核心部分である。氏の司法官としての軌跡に照らし、「司法権の独立は裁判官が意識下の私の心を去る、ということによってその極致に達する」との鋭い指摘もある (内藤頼博発言『法曹会雑誌』六六頁)。真剣勝負の場に臨み、心を虚心にし、常に心の動揺を防ぐ工夫をしたいものである。

二　間男の首を斬る裁判

京都所司代板倉伊賀守勝重が第二代将軍秀忠に自らの後任として推挙した息子は、「裁判の精神」で登場した板倉周防守重宗その人である。京都所司代に就任後、三〇年以上も所司代職を務めた。将軍家綱の補佐など、重臣となって幕政に参与した。後任推挙の資格要件として、①「裁判に対する能力」と②裁判に私的な感情の潜入する隙を許さぬ覚悟のある人物、の二つは現代にも通用する。当時は豊臣家が滅亡して五年後の時期に当たり、京都所司代には、京都の治安維持と朝廷の掌握等の重要な役割があり、民心を収めて良き裁判をなし得る人であって初めてその大任を果たすことができるという事情があった。氏は、裁判官は制度上、職務の独立が保障され、権威と武力に屈せず情実に堕せず、良心に従って正しきことを行う制度上の基盤が整えられているのであるから、これに甘えることなく、板倉父子よろしく、常に神仏を畏れ、独りを慎み（『大学―二』の「君子は必ず其の独《ひと》り慎む」による）、謙虚な気持ちに徹して裁判に当たれば、制度の予期した司法の正義が完全に執行されると説く。裁判官はその地位を保障され自由な立場にあるだけに、油断をすると、殻の中に閉じこもって自らの身分・地位の高さを誇る誘惑に陥る恐れが高い。その油断と誘惑に負けた瞬間に裁判の公正は狂うことになる、との警鐘を謙虚に受け止める必要がある。

三　裁判に於ける二つの面

徳川家康が三河在国の頃に、本田重次と酒井忠世《ただよ》という両奉行の行った同種事件に対する相反する裁判と大審院判例の「もま・むささび事件」と「たぬき・むじな事件」の二つの裁判を素材に、裁判における両面を取り上げている。本田重次は、「おせん泣かすな馬肥やせ」の文で有名な本多作左であり、酒井忠世は、後の大老酒井雅楽頭《うたのかみ》で、両人とも徳川初期の名臣である。氏は、裁判官の裁量によってある程度まで左右され得る領域においては、一方において法を行う裁判として有罪を言い渡す裁判、他方において国家の反省を必要として無罪の言渡しをする裁判の二つの面があるという。裁判において、正義の名の下に法を一本建てのものにして遵法を説くことは簡明ではあるが、常にそれのみでは人心を得られないという道理を考えて、その判断に国家の反省を織り込むことを忘れてはならないと説く。

四　法を弄ぶ

酒井讃岐守忠勝（第三代将軍家光から第四代将軍家綱の時代の老中・大老）が、側近くに仕える者に対して、法令を余り細部枝葉にこだわって定めると、「君子法を弄び小人刑を犯す」の結果に堕すると諭した例を引いて、法が実を失い、末に走れば国が衰える、と鋭く指摘する。氏は、法律学が概念法学の弊から未脱却であることを憂い、この点、大審院が抽象的な法理を弄ぶことに満足しなくなった傾向を進歩として歓迎する。

氏は、司法官試補に対する講演で、大審院改革と第一審中心主義――器量を備えた裁判官による事実認定中心主義――を提唱する。戦時下において司法のプレゼンスを維持するためには、事実の認定を基盤に据えた裁判のもつ盤石さ――それを保証する司法官の自覚と器量――が必要であることを透徹した洞察力により見抜いている。

五　見識

鮎川義介氏（実業家―日産コンツェルン創始者・政治家）の著書『物の見方　考え方』（実業之日本社、一九三七（昭和一二）年五月）を挙げ、その内容に鑑み、無駄とも思える多様な経験が物事の軽重大小に対する判別力を養い、それが見識の基となる、と説く。裁判の基準としての公式がなかった昔の裁判官に比べて、今の裁判官には物事の軽重大小について自ら工夫を積む心掛けが求められる、との指摘は肝に銘じるべきである。秋元喬知《たかとも》が老中であった当時、行政の領域における経験・知見――行政的な心遣いにおける苦労――が裁判の上にも常に創造的な工夫を怠らない修業になったという話は、現代にも通用する。幕府における嘉儀《かぎ》の節に酒の入用が過多に及んだ点について抜本的な改善策を示した喬知の着眼の鋭さには敬服する。

池田光政は、水戸藩主徳川光圀、会津藩主保科正之と並び、江戸時代初期の三名君と言われた人物である。光政が、板倉伊賀守勝重に「国を治める道」を尋ねたのに対し、「国を治むるには方《かく》なる器に味噌を入れ丸き杓子にて取るように行い給うこと善し」と答えたのは言い得て妙である。京都所司代板倉重宗が、老中松平信綱から、父殺しの先例について尋ねられた際に、刑のバランス論に拘泥せずに事の本質を喝破し、公開処刑の必要なきことを論断した点は、重宗ならではの見識である。氏は、刑法に規定されている子が罪人たる親を匿う場合、子の行為は子としては正しいので法はその正しさを守るべきであるから、「犯罪不成立」と考えるのが正しいと説いて孔子の考えを引く（論語・子路第一三―一八、井波律子訳『完訳論語』（岩波書店、二〇一七（平成二九）年五月）三八七頁参照）。最高裁時代に刑法二〇〇条、二〇五条の違憲説（少数意見）を主張した穂積重遠裁判官が、「見識」を読み返していたと思うと、興味深い。氏は、予審制度（書の六「五　調書」参照）の下における被告人の取調べにおいて、若い判事が「犯罪該当性の表層については詳細に調べようとするが、思想犯の抱く個別的な心を対象として見ようとしないところに誤りがある」と、心に迫る取調べをしていない点を鋭く指摘する。裁判官は、まず事件を心の世界で組み立てるべきで、事件に出てくるあらゆる人間の心の絡み合い、作用し合うところに事件を感じるべきであるというのがフラクタル性とは無縁の氏の裁判哲学である。この点は、被告人の尋問に当たり、被告人の出生から始めて時系列に生涯を追い犯罪の時期に及ぶという氏の姿勢によく表れている。

六　裁判官の気持ち

「裁判の中心は、裁判官その人である」。「裁判は、裁判官その人を顕現するものであるから、よき裁判においては、裁判官の精神が法廷の隅々にまで行き渡るべきであり、法廷の空気が裁判官の気迫と純粋な気持で充ち満ちていなければならない」。その意味で「裁判官は、人を裁く前にまず自らが裁かれる」旨を説く。ここで氏は、「重宗訟を聴く毎に茶臼を庁に設け明り障子を引立てて其内に座し親しく茶を碾《きし》る」の出だしで始まる著名な故事を詳しく引用し、裁判官が自分の心を虚心にすることが、すべてを正しくする根源であって、板倉重宗の「心を動かさない工夫」が、いかなる犠牲を払っても第一になさるべき心構えであると述べる。この心構えこそが、戦時下の潮流にとかく流されやすい時勢にあって、氏の裁判官としての職権行使の独立を体現してきた基軸となる精神である。時代を超えた永遠の正義の所在を見失わないでいられる自分を、自分とその職務のために仕合わせと感じると述懐する氏の境地は、正に裁判官が天職であることを示すあかしであろう。心を虚心にするために命がけの気持ちをもって登庁したという重宗の心の有り様は、ルーティン・ワークに陥りやすい裁判実務家としては「裁判する心」の問題として重く受け止めておきたいものである。

書の二　一　豊田正子の「家賃」

随筆家豊田正子の『続綴方教室』の中の「家賃」という短編には、裁判所からの通知文書が難解な字で書かれていたために、気の毒な「出来事」が起こってしまった話が紹介されている。氏は、この話を文書の形式だけの問題に矮小化しておらず、民衆が裁判所を身近な存在として感じていない点については、裁判所の側にも反省すべき事柄があることを指摘する。なお、裁判所は、裁判員制度の導入に当たり、裁判員候補者に対する呼出状（裁判員法二七条二項）の記載について、抵抗感を抱かれることがないよう配慮している。

二　未決監

人身の拘束は軽々しく行ってはならないことを実感した経験を語る。氏は、名古屋控訴院部長をしていた一九二八（昭和三）年当時、名古屋刑務所を訪れた際に偶然目にした光景から、未決監に収容される者が経験する大きな心の動揺と無量の羞恥心を肌で感じ取ったと述懐する。氏は、苦痛の体験の実相が被告人の口から社会に伝わりにくいことが、刑務行政の進歩を遅らせた原因であると看破する。

三　刑務所の生活

判事はいかに努めても収容者の苦悩は知り得ない。そこで、せめてその経験者の経験を常に身近に感ずるように自分に仕向ける必要がある。氏は、入所者の経験を努めて聞き、体験記を読むようにしているという。革命前にはしばしば投獄されて刑務所の実態を知り抜いていた男が、革命直後ソヴィエト・ロシアの司法大臣になった。待遇改善が効果を上げ、弊害は完全にその跡を絶ったと自負していた。しかし、この話のエピローグは、人間が逆の立場に立つと、自らの辛い経験を常に身近に感ずるように自分に仕向け続けることが難しくなり、緊張感の減退により想像力も減退することを示唆しているかのようでもある。とはいえ、内実を正直に語り、うかつさを糊塗しようともしないオプティミストのこの大臣は、改めて熱心に改革を推進するに違いない、と私は思う。

四　義務の履行

刑罰は形式的な義務の履行として強いて執行されたのでは本来の刑罰ではない。受刑者自身が進んで受けるときに初めて刑罰の真意が遂げられる。裁判官の工夫は義務を強いるのではなく、進んで義務を遂行させるところにある。これが氏の基本的な考え方である。「今の法律の要求する犯罪構成要件なるものはしばしば事件のカンドコを外れている。法律にあまりに忠実な裁判官は、それがため被告人の真に訴えようとするところを聴かなかったり、被告人の感激する急所を逸しやすい。大岡越前守の裁判は、法のおもてから見れば無軌道に近いが、事件のカンドコ（勘所）は決して外していない」、「事件を法で裁かず事件を事件で裁け」、これは氏の裁判哲学である（全集第二巻「法廷と劇と」（その二）五九頁以下）。「被告人をして被告人を裁かしめよ」というのも、氏の基本的な姿勢である。氏は、司法官試補であった頃の東京地裁所長西郷陽から「まあ裁判官になるには六法全書を忘れることだね、六法全書をみてここにこういうことがあるからこうだということでなくして、六法全書を超えた心境になって裁判をすることが本当だね」と言われた話を司法官試補に対する講演で紹介している。法に照らして義務を強いることに傾く嫌いのある裁判官にとっては、拳々服膺すべき至言である。

五　椅子の害

氏は、椅子に座る方法は自然に反するという。この考えは、新たな地質年代「人新世《じんしんせい》」に生きる我々の身体に――椅子に象徴されるライフスタイルに起因するところもあって――激変が起きているとの指摘に沿う（ヴァイバー・クリガン＝リード著・水谷淳ほか訳『サピエンス異変』（飛鳥新社、二〇一八年一二月）一三七頁以下）。氏は、和服に対する執着と読経の習慣を持ち、日本の風習で欧州よりも勝れていると信じて疑わないものは「日本の座法」（正座）であるという。朱子学の入門書と言われる『近思録《きんしろく》』を引用した上で、正座することとは、脊髄を正しくし、体の中心を腹におくことになるので、自然腹に力が入ることになると述べ、裁判官が肘掛け椅子に身を埋めて審理裁判をすることの弊害を説く。

六　読経

氏は、親しくしていた死刑囚らの死後の行方が念頭から離れないという。氏に伝言を残して執行された死刑囚は、札幌控訴院長当時の氏から正月にお雑煮を送られた厚意を長く記憶していた。ただ、「生」に多分の執着を残して死んでいったことはその葉書等の文面から分かるという。その「念」を処理するために氏は読経してその仏を回向する。

氏は、横田千之助司法大臣が死刑執行指揮書の決裁に当たり、その書類を自宅に運んで仏壇に供養された話を紹介する。氏は、誰よりも横田氏を敬服師事していた。同氏は、中央大学の前身英吉利法律学校に学び弁護士として輝かしい過去を持つ人であるだけに、裁許が何を結果するかを知悉していた。氏は、横田氏が政党政治の荒波の中においても、一死刑囚の運命に慎重に気を配るやさしい心に感動する。日本の歴史における偉人たちは例外なく宗教に対する厚い信仰に生きていたことを指摘する(全集第三巻「教壇」一七七頁以下)。氏は、読経の功徳に触れ、供養の心こそが、死者の念を消散させるものと考えているという。氏は、死者と共に呼吸することがおのずから死者の如き謙虚さを持つことになるとの考えから、札幌の女刑務所の収容者に対してその近親の位牌を作って届けている。

七　忠直卿行状記

裁判官の訓戒と裁判の効果に関わる話である。氏は、担当裁判官による『忠直卿行状記』の一読を勧める訓戒が被告人の心の琴線に触れなかったとしても、訓戒で薦めた書物等を受刑中に読ませるなど施すべき策はあると述べる。裁判の理想的な効果は刑務所の中での教化にまで及ぼすことによって実現する、と説いて刑事司法過程における統合的なアプローチの視点を提示する。現に、氏は、東京地裁所長時代、小菅刑務所を週一回訪問し、受刑者との濃密な面会の結果を詳細な面接者カードにまとめて刑務所長に渡していた。仮出所の恩典を受けた多数の受刑者が氏の自宅を訪れてお礼を述べ、氏も金銭的援助をすることもあった。

ところで、担当裁判官は、忠直のごとき恵まれた立場——家康の孫で六七万石という地位——にあれば、忠直ならずとも常軌を逸した行動に及びかねない人間の危うさを被告人の境遇に引き比べて説こうとしたのであろうか。裁判の理想的な効果を生むためには、粘り強さも必要になることを考えさせる逸話である。『忠直卿行状記』は、一九一八（大正七）年九月号の『中央公論』に発表され、菊池寛が文壇での地位を確立した作品と言われている。

書の三 一 明日の法

氏は、法律の一般基準レベルの最も平易な解釈以上の深遠なる部分の解釈——例えば、法以上に位する正義を実際に全うするための指令である部分の解釈——は、それを解釈できる器量のある人に任せられているところから、裁判官には重大な責任がある旨を説く。法規の二つの面については、類似の視点が書の一の「裁判に於ける二つの面」でも提示されている。国家もまた国民に対して法をもって臨む——服従を求める——には、国家に深い反省の態度が必要で、法が法としての力を持つのは、法の言葉の裏に国家の円満無害な大慈悲心が顕然と輝いている限りにおいてであり、これに照らして是認されないことは国民に要求していないと明言する。そして、大慈悲心に反する施政が国家にあった場合には個別に深く反省して自制すべきである旨を説く。戦時下における立法と、執行レベルの濫用的運用の問題を視座に入れての論述であろう。氏が、明日の法を打ち立てようと考えて応急的な提案を行う背景には、「現在の法律に伏在する病弊を治す」という視点がある。

二　裁判のうるおい

司法官が一般行政官と区別されて特殊独立の地位を与えられている制度は司法官にとって仕合わせである。しかし、昔の裁判官が事件の基調をなす社会事情について自ら責任を持つ立場にある牧民官――地方の民を養い治める長官――であるのと異なり、今の裁判官が分科分立から生まれる責任逃れの弊害をよく顧慮しないと、せっかくの地位の保障が完全に効果を奏しない、と戒める。他方、「その事件の基調をなす事情」に裁判官もまた一半の責任を負うべきであると考えれば、その裁判には多分の潤いがある、と主題に迫る。

氏は、事件を裁くに当たっては、総合的な視座から最終判断を下すべきであることを強調する。その事件の原因が立法の不備や行政処分の不徹底なところにあって、責任の一半が官憲にあると思う場合でも、それが自らの責任ではないと思うがゆえに国民の責めを問う方に力が注がれがちな裁判の現状を危惧する。「裁判官は国民に対しては、国家の代表者として国家の円満な姿を体現するものであるから、官吏として尽くし得るあらゆる責めに任ずべきで、権限に藉口して「責任逃れ」の姑息があってはならない。国家の反省を求むべき点があれば、可能な手段を尽くしてその貫徹を計るのが官吏の道である」と戒める。大審院当時の無罪判決にその実践の足跡を見る。

専門家の関心領域が局部的であることの問題点は、専門家集団をサイロと見立てた『サイロ・エフェクト――高度専門家社会の罠』（ジリアン・テット著・土方奈美訳『THE SILO EFFECT』（文藝春秋、二〇一六年二月）においても指摘されており、裁判官も自覚すべきであろう（司法研修所編〔協力研究員大澤裕、研究員田中康郎、中川博之、髙橋康明〕『裁判員裁判における第一審の判決書及び控訴審の在り方』（第六一輯第二号（法曹会、二〇〇九（平成二一）年四月）一六頁）。

三　僅かの心遣い

三宅コートは、形式的に犯罪事実を認定し、法律を適用して刑をもるだけといった形式的裁判よりは事件を通して人間として道義的反省をするよう被告人に仕向けることが肝心であるという考えで運営されていた。氏は、受刑者の状況を詳しく把握し、いかなる心遣いをすれば仮出獄の恩典に浴して更生への道が開けるかを常に考えていた。刑務所を訪ねて将来のことを諭すタイミングについて、教誨は好機を捉える心遣いが肝要であり、その時期は「赤い着物に着替える時」である、と指摘する点は鋭い洞察である。赤い着物とは、吉村昭著の『赤い人』（講談社文庫、二〇一二（平成二四）年四月）七頁）にも登場する「筒袖の着物を着、襦袢を身につけているが、すべて赤い。僅かに襟に縫いつけられた長方形の布のみが白く、番号が墨書され」た「朱色の獄衣」のことである。好機を捉えることの大切さについては、書の七の「五　公判」でも触れている。氏が世阿弥の「機」に関する「時節感当」の意味を人一倍理解していたからであろう。「時節感当」とは役者が舞台に出ていく時の瞬間——観客が「今でるか」と待ち構えている好機に出るその時節——タイミングについて世阿弥が語った言葉である（『風姿花伝』第三　問答条条）。

四　法廷外の法廷

公判における裁判は、入廷する前に既に始まっている、との指摘は知見に富む。被告人は、担当裁判長のタイプや審理振りを同房者や押送の看守等から得た情報で知り、第一印象を形成する。慈愛深き救い主か、それとも秋霜烈日厳刻な性格の持ち主かといった印象が公判を通じて被告人の頭脳を支配する。裁判官がいかに当日その事件に平素に倍する努力を傾けても、被告人の事前の印象が不良であれば、公判当日に被告人の心をとらえることはできない。「法廷外の法廷」、正に、裁判官の日常の愚直な裁判実務の積み重ねが大切であるという戒めである。

五　委託

氏は、裁判所は被告人の親族、友人、社会から、常に被告人を更生させて社会に戻すよう無言の委託を受けて受諾している、と考える。ここでは、窃盗の再犯を犯した兄の更生を懇望する弟の陳述に沿ってその兄に実刑判決を下した後、受刑中に兄の指導に当たった話が紹介されている。出獄時に面談するタイミングを失し、二、三年後にその事件の弁護人と会った機会に被告人の模様を話題にしたが、弁護士は被告人の名前さえも忘れており、その後の消息は不明であった。氏としては、再犯なきよう何がしかの助言と援助を思案していたものであろう。

六　多弁な判決

氏は、モノトーンでステレオタイプの訴訟運営に疑問を投げかける。裁判が法律上間違っていないことは、必ずしも裁判が正しいことにはならない。裁判は、法律に従うことは勿論だがあらゆる工夫・方法を考え尽くし、審理が独特の香りと色を発揮し、百花爛漫の野の如き観を呈すべきだ、という。判決についても、上級審に破棄される危険を避けて無為平凡の判決を書くことが横行する現象は、現在の司法部の癌であると断ずる。若い判事が真に良心に恥じない判決を書こうと決心し、率直に自分の意見を表明し、被告人側の主張に対しても懇切な判断を加えた判決は、多くの場合、上級審で歓迎されない。学識経験の不十分さがかえって余計な議論を引き起こし、非難される隙を示すことがあるからである。司法部の伝統的精神が保守にあり、それに藉口して新しい工夫を阻止する先輩が少なくない。氏は、それがせっかくの若い判事の正義への気概をくじくという現状を憂える。氏の次の言葉は印象深い。「多弁な判決は破れ易いかも知れぬが、さればといって言うべきことを言わず、被告人の切なる主張に対して親切な判断を与えない判決は、たとえ上級審において是とされたとしても、耳を蔽《おお》うて鈴を盗むの類である」。つまり、良心に反する行為をしながら、強いてそのことを考えないように努める類の判決であるというのである。良心的な判決が無残に破棄され、無為平凡の判決には特段の指摘事項がないために、あたかも上級審で是認されたかの観を呈することは司法部の進歩を阻害する。そこで、氏は、「良心的な判決は、たとえ破毀しても、これを称揚するだけの雅量と慈愛とを示すべきで、こうしたことが司法部に明朗な空気を醸し出す素因になる」と結んでいる。

多弁な判決と無為平凡な判決には、いずれも改善が必要である。とりわけ、後者には本来書いてほしい判示が不足している嫌いがある。裁判官は、「余計なことは書かず、書くべきことは書く」という心構えで起案する。その兼ね合いはセンスの問題でもある。いずれにせよ、若い裁判官の進取の気性は大切であり、上級審にも相応の目配りをする眼力が求められる、と私は思う。

七　卑怯

氏は、裁判官が卑怯な振る舞いをしないようにと警告し、陥りがちな卑近な数例を指摘する。英国の諺の「裁判官は弁解せず」という言葉について、不十分な裁判をしても弁解しないでいいと思うのは最も卑怯な振る舞いであると戒める。裁判所に対しては更に厳密な批判の風を鼓吹すべきで、裁判所の現在の病は卑怯な振る舞いに対して黙過しようとする「遠慮の存在」である、と直言する。当時の裁判所の雰囲気に対する氏のはがゆい思いが伝わってくる。

八　瞋恚《しんい》

瞋恚とは、自分の心に違うものを怒り恨むことをいう。「怒る」ということは対象に面して自分がまず人間を廃業して畜生に墜ちる——獣になる——感じであり、裁判官が本気で怒るということはどう考えても許されない。審理に当たり、心に怒りを生じた場合には、手早く審理を打ち切る外にないという。

氏は、刑務所における講話で、裁判官になってから人間として自己変革を遂げた話を披露する。「裁判官生活で一番身のためになったと思うことは、怒らなくなったことである。怒ることはつまらぬことだと考えるようになり、人が変わったように怒るということを忘れてしまった」と語る（「何事にも一心になれ」全集第二巻二七〇頁）。

書の四　一　国家における司法の立場

司法官の本来の姿はどうあるべきかについてまず論じており、現代においても参考になる。氏は、大東亜戦争（東条内閣の閣議決定（一九四一（昭和一六）年一二月一二日）による大東亜新秩序建設のための軍事行動の総称）の開始以来、軍の挙げた驚異的戦果との対比において、若き司法官が現在の司法・裁判の仕事以上に国家のために働く道はないかなどと焦眉する心理的葛藤に対して、司法官の仕事の原点に立ち返ることを説く。

若い裁判官が物足りなさを感じる素因を四つ挙げた上、裁判官が裁判の国家に及ぼす影響を考えることに疎い原因は、裁判官が法律によって命じられていることをやっていればよいという旧来の司法部の気風が間違っていたことを指摘し、法規も分業的な小細工を撤廃して大きな人物が大きな仕事をするように改めるべきであると提言する。そして、現在の裁判には、裁判官が機械的な事務を執っている感じを抱かせるものがあるが、国家の裁判が本当に機械的な事務に堕したなら、そこには司法というものの影はないはずであると説破する。氏は、その上で、司法の立場を説く。「裁判は太古から国家生活に必要欠くべからざる政道の一面であり、時の必要から生じたものではない。裁判官は、常時、正しき裁判をすべく要求され、その正しきことによって、国民は国家の正義を信じようとする。いったん国家が難局に立って、国民の国家に対する信頼が動揺を来す場合には、国民は必ず司法が国家の正義を守ってくれることの必要を感じるものである。したがって、司法は国家にとって腐敗を防ぐために欠くべからざる塩の機能を発揮する存在である」（第二章三参照）。マタイ伝の「汝らは地の塩なり」が念頭にあっての言葉であろう。

二　監督官

司法次官を経て大審院部長に任命されて半年ほどした時期の執筆である。判事という「職人」によりを戻すのに半年かかったという。判事の仲間には、昔から二つの潮流があり、一方は、判事たる以上は行政官の仕事と判事の仕事とは相容れないとして行政官たることを極端に嫌う人、他方は、行政官になることは判事としての才能を豊富にするゆえんだとしてそれを奨励する人である。氏は、それは各人の性格傾向と意向にもよることで、判事から行政官になって、判事としての魂を見失ったと思われる人もいるし、行政官となったために判事としての仕事に幅と奥行きを増したと思われる人もいるという。

氏は、監督官（地裁所長、控訴院長等）は裁判をすべきであるとの持論を述べる。氏は、東京地裁所長になったときも裁判を担当しようとしていたし、札幌及び長崎の控訴院長となっても法廷に出て裁判を行っていた。裁判官の本来の役割について、氏は次のように説明する。元来、判事は裁判することのほかにその能力を発揮する道はなく、裁判を通してその手腕を知らしめ、その人を知らしめることが与えられた唯一の方法である。裁判から「玲瓏《れいろう》性」を失う懸念を防ぐためには、監督官は、行政的な些事にまで深入りせず、大綱をとりまとめる程度にすれば、「裁判をする心境を保存出来る」という。その上で、近来の判事の傾向として、行政部の魅力にひかれるような弱点の見られることに苦言を呈し、いわゆる職人として一人前になるまでは、脇目もふらずに仕事に邁進して行政官に目移りせぬことを助言する。年月をかけて職人としての手腕を体得すれば、たとえ行政官になっても司法の尊きことを忘れないし、判事に戻っても必ずやその意識を取り戻す、と述べる。他職経験を経た上で、判事に戻ってからの仕事ぶりに面目躍如たるものがある氏の言葉であるだけに説得力がある（なお、判事が司法省の調査官・書記官等の行政官に就任すると、他省の行政官と同等に処遇されるため、在職年数の長さから昇給昇進の遅い判事よりも結果的に昇給が早くなる慣行について、前掲泉『私の最高裁判所論』一二頁参照）。

司法部の難局を打開するには枯淡の境地にある大裁判官による裁判が急務であると考える氏は、立石名古屋控訴院長が裁判実務で範を垂れることを切望し、行政事務について次のとおり述べる。「行政事務には裁判事務の如く、単一無想身も魂も打ち込むという醍醐味はない。いわば俗事である。人の心はともすれば俗にひかれる。卑俗にかかわること多きにつけおのずから心も身も俗臭を帯びる。吾等は幸いにして与えられた天職に従い、無我虚心の境地に身をおくの機会を決して逸してはならない」。次いで、裁判の監督の意味については、「行政事務の最主要なものは裁判の監督である。裁判の監督ということは私には意味のない言葉である。裁判は他から監督する方法がないからである。芸術に監督が存し得ないのと同様に、裁判の監督ということは自らが裁判することの外にあり得ない。裁判に身も心も引き込まれることによって真の眼を開き、その悟りによってあるいは恥じ、あるいは発奮して、ここに新生の意気が昂然として起こる。それがほんとうの裁判の監督である」旨道破する。

三　上司と下僚

氏は、民事部の三淵忠彦部長の陪席当時を追憶し、上司と下僚の関係を説く。氏が三淵氏から諭されて銘記している言葉は、「判事は書斎にこもって法律の本ばかりを読むのではなく社会のいろいろな人と付き合うことが肝心である」ということであった。氏を刑事裁判官として成長させた源は、三淵裁判長の懇切な指導と「天馬空を行く」審理振りであり、そこから三宅流の刑事裁判が誕生した。

氏は、三淵氏にお礼を持参してきっぱりと拒否されたきまりの悪い体験が忘れられず、上司に贈り物をしないことにしたと告白する。上司になって感じることとして――「上司が下僚に馳走をしても下僚は気にすることはなく、返礼はかえって心苦しい。受けた恩は上司になったときに下僚に返せばよい」――と述べている点は、裁判所の良き伝統として連綿と受け継がれている。

四　鍔《つば》ぜり合い

鍔ぜり合いとは、本来、互いに打ち込んだ刀を、鍔で受け止め合い押し合うことをいう。氏は、法曹にとっての「鍔ぜり合い」の大切さを説く。俊敏慧眼をもって聞こえた横田千之助司法大臣が司法省勤務当時の氏に語った次の言葉は興味深い。「自分より数等偉大だと思う人間と競り合うときになると、不思議にその人に匹敵するだけの力量が自分のうちに出てくるのを発見するので、勢い自分より偉いと思う人間を見つけてはこれと張り合ってみたくなる」というのである。この点について、「裁判官は、その地位が法的に保護されて本人には苦労が及ばないように仕組まれているので、他から干渉がないことに慣れて私恣をほしいままにする癖を持つ宿命的な弱点が生まれる。お山の大将にならぬよう他人に揉まれる地位に身を置くように心掛け、あらゆる方面に触覚を働かせて、自己反省のきっかけを掴むべきである」との戒めは、肝に銘じるべきである。現在では、裁判官の外部（他職）経験の制度が導入され、その視野の広さや考え方の幅を広げる経験の多様化スキームが整備されている。

氏は、弁護人が裁判長のわずかの油断に対しても詰問の矢を放っていた時代を花井卓蔵弁護士らの逸話を交えて回顧し、火花を散らす白兵戦が演ぜられた頃は裁判官の修行に格好の時代であったが、最近は訴訟関係者までが「好い子になる」ことを競う風があり、裁判官の錬成には不利な傾向にある、とこれを憂える。もっとも、氏は、裁判官が内面的に鍔ぜり合いを考える機会は減じることがないといい、審理に当たり、事前の記録の検討に不十分なところが関係者に露見し、審理に生じる亀裂を取り繕うことができず、内面の鍔ぜり合いを怠った結果を恥じる場合等を挙げる。

五 掏摸《すり》

「盗人にも三分の理」の諺があるように、被告人には常に訴えたい言い分や理屈がある。被告人の弁解、言い分に対する裁判官の対応はどうあるべきか。第一の「突き放し型」、第二の「超傾聴型」、第三の「事情洞察型」ともいうべき裁判官のタイプを挙げる。裁判官が、記録によって正確に被告人の心中を読み取る工夫と、被告人の心の内をつとに承知していることを被告人にそれとなく了承させる工夫を説いて第三の裁判官の対応を好ましいとする。現在においても通用する。

六 天職

「天職」のことを英語では「calling」とか、「vocation」という。元々は「宗教生活又は職業への神のお召し」を意味する。重大な責任を全うすべく強い使命感を持って営まれる神聖な裁判官の仕事は正に天職である。裁判官は、当事者の抱える個々の事件について、悩んだ末に絞り出す最終判断が、国家の意思として通用することにやりがいを実感する。

氏は、自らの経験上、区裁判所判事と大審院判事と仕事の性質に差別はないと明言する。どの裁判所で仕事をしたいかと尋ねられれば、「地方裁判所の刑事の裁判長として仕事をしたい、東京地裁の刑事の裁判長をしていた時代が一番懐かしく、大審院で上告事件を審理するより、下級審で事実の取調べをする方がより裁判官らしく感じられる」と述懐する。行政官庁や企業と異なり、裁判官の場合には、職務の核心が他の容喙を入れない裁判自体であるため、世間にいう「出世」の概念をそのまま当てはめるのは難しい。

氏は、長崎控訴院長当時、司法行政に携わりつつ刑事部の裁判長を務める。山間地の貧しい農夫同士のトラブルに起因する刑事事件に関する話は、赴任する土地とそこに生きる人々を愛し、人のために尽くす尊さを示唆する。氏は、この事件で区裁判所判事の天職を知り得たと回想する。

七　癖

氏は、立会の書記官に審理のやり方について批評を求めたところ、率直な書記官から、被告人を揶揄するような言葉は聞き苦しいとの手厳しい指摘を受けて狼狽した心中を吐露する。氏は立石裁判長の諧謔を交えた訴訟指揮を陪席として学ぶ過程で、ついついその短所をまねてしまったことを反省し、短所は、学ぼうとせずとも自然に継承し、長所は決して容易には学び取れないと述懐する。もっとも、氏の信条は、本来、被告人の人柄を尊重すべきであり、揶揄したり辱めたりしないことである。英国における裁判官の心構えとして、「Catching at words is unworthy of a judge.」という言葉がある（Hobart's Reports, English Common Pleas and Chancery）。裁判官は、訴訟当事者が発する言葉尻をとらえて、それを論議してみても価値がないことを戒めている。訴訟当事者の言葉尻をとらえて苦言を呈し、戯れの冗談を言って一矢を報いたいという衝動に駆られることがあったとしても、それをすることは生産的でなく、反発を受ける。訴訟当事者の真意を察して、裁判官にふさわしい態度で訴訟事件の真実を発見することにエネルギーを割くことが肝心であろう。当事者の心服を得ている裁判長の背後には、その技術的な力量に余裕があり、教養に裏打ちされた思考の柔軟性や寛容さといった、いわば人間力のような要素が伏在している場合が多い。職場の決裁官や法律事務所の先輩から若い時期に薫陶を受けた法曹であっても、先輩らの短所となる癖の部分を無意識のうちに受け継いでいないとも限らない。自らを振り返り、癖ではなく個性を伸ばす機会を持ちたいものである。

書の五　一「学なければ卑し」

氏は、江木翼司法大臣（一九二五（大正一四）年八月二日就任）の当時、司法研究制度の会同において、大審院長横田秀雄博士（元明治大学学長・総長）の述べた「学なければ卑し」という言葉が忘れられないという。裁判官は学問の背景がないと、その裁判が卑しきに堕するということであろう。氏は、法律学というような専門的な研究や技芸はそれ自体は修身斉家（書の一「裁判の精神」参照）を目的としているものではないが、これに渾身の力を傾け努め続ければ、その研究・技芸から卓越した人格が磨き出されるものであると説く。氏は、徳川三代将軍家光の当時、剣術の達人柳生但馬守宗矩《むねのり》が、その目前で能を舞う観世太夫の所作にほとんど斬りかかれる隙がなかったと嘆ずるエピソードを引いて、「一芸に達すれば、何人も犯し難き心境を得るものである」と述べる。そして、学問・技芸の本来の目的は、一生をかけてこのような境地に達することであり、そこに至り得ないにしても、一事一芸に渾身の努力を傾倒する者には奪い得ない志があり、それはもはや信念であって、その信念がその者を誤らせず、惑わせざるところに、気高さが生じる、と説いている。誠に奥深い洞察である。氏は、横田大審院長の言葉を引用することによって、裁判官の知的インフラとなる法律学を究め、その過程で培われる卓越した人格・見識を基礎として、天職として定めた裁判官の仕事に軸ブレしない信念をもって当たることの大切さを説いているものと思う。

氏の論述に関連して参考になるのは、当時の松田二郎司法研修所長（元最高裁判所判事）が、一九五二（昭和二七）年に第五期司法修習生の後期修習の開始に当たり行った講演——「実務としての法律学—司法修習生諸君へ」——の内容である。「我々が学者に学ばねばならないのは、全体的関連における考察であり、統一的理論に基づく批判であり、体系的の認識である。実務家はある制度の本質を明らかにした学者の簡単な叙述のうちに、個々的の判例や学説よりもかえってその制度に関する法律問題解釈の指導理念を見いだすことが少なくない」というものである。物事の根幹に関わる法律問題解釈の指導理念を究めた法曹とそうでない法曹とでは、容易に最適解を見いだすことのできない応用問題に遭遇した真剣勝負の場において力量の差が出てくるという点を、この機会に改めて認識しておくことも無駄ではない。

二　愚直

「愚直」は氏の座右の銘である。裁判という職務に携わるに当たっての基本的な心掛けは「愚直」であると述べる。氏の裁判に対する基本的な心構えは終始一貫して変わらず、判事に復帰後の裁判のやり方にも軸ぶれはなかった。

私は、かねてより「裁判に対する心掛けは、智慧才覚にたよらず、どこまでも愚直に終始して、狙いどころをあくまで追求するところにある。行政には、淡き執着を持つ方が賢明だと思う場合が多いが、司法には、常に灰汁《あく》の強い執着がなければならない」という一節に魅力を感じていた。「行政」と「司法」との対比に関わるこの言葉には、司法省でタフアサインメントを乗り越えてきた氏ならではの奥深い意味が込められている。

立石控訴院長は、被告人の更生に向けた氏の尽力の行き過ぎを懸念したようであるが、氏の信念は不変であった。氏は、「幸にも司法部には、この愚直執拗という属性を、裁判官に保たせて、之を庇《かば》うだけの用意があるのである。これ等の属性は、司法部以外の官吏に於いては、およそよろこばれないものであるが、裁判官は本来自分の意見で事を決し、自分の手で判決を草し、自分の職務の範囲内においては直情径行、各人の実力と持ち味とを思うさま発揮し、しかもその結果につき全責任を負う仕組になっているから、愚直や執拗が、ここでは累《わずら》いにならずして、却って美徳となる。だから、われわれ裁判官は、宜しく愚直さ執拗さに徹すべきで、迂愚鈍重《うぐどんじゅう》の譏《そしり》を気にすることはない」と述べた上、愚直執拗の本来の意味についても付言する。この「愚直」という点に関して、石田和外元最高裁長官は、『私の履歴書』（日本経済新聞社、一九七二（昭和四七）年五月）において、「三宅さんは私が東京地裁勤務当時の所長であった。三宅さんには裁判の書という名著がある。「愚直」をもって座右の銘としておられたが、裁判官として最も大切な誠実の念を失うまいと、あふれる才気の行き過ぎを自戒されたのだと思う。旧制度の下では、制度そのものが不十分だっただけにかえって国家権力の行き過ぎなどに対し、身をもって弱い者をかばうことが心ある裁判官の心構えであったのだ」と述べ、氏の愚直論の背景に、裁判官として最も大切な「誠実の念」を失うまいとする心構えがあったことに触れている。

更生プログラムに関わるインフラの整備状況等が現在とは異なる旧制度の下において、人間尊重の精神に則り、被告人を良くし、社会を清く美しくするために身をもって弱者救済に尽力するとともに、戦時下の潮流に呑み込まれずに愚直の姿勢を貫き通した氏の裁判官としての軸ぶれしない生き方は、歴史上、「理想の裁判官」の一つの形を示している。

三　文学

氏は、文学に親しむことの大切さを熱く語る。「裁判官である限り、せめて事件を人間性にまで掘り下げ、事件そのものよりも、事件の裏にある人間性の動きで事件を知り、その核心を逃さず認識することが大切である」と述べ、文学に親しむ必要があると説く。氏は、「教養の深いことを何よりも必要とする裁判官」だけは、文学を解しない風潮から脱して、清い情操を涵養することが求められるのであり、迂遠なように見えても司法部にこの風土を醸成することが「人権蹂躙の憂いを絶つ最も効果ある政策」である旨の持論を述べる。

氏は、差し迫って大切な主題として、裁判官と文学との切り放せない関係性を説く。裁判所に係属する事件は人生に興味を持つことを閑却すると事務的に処理してしまう危険がある。しかし、文学に心を寄せると、各事件の含む事象についてもその特異な性質を理解し、それぞれの味に即して審理が行われるから、「深く良き省察」が下される、と述べる。ここには、ステレオタイプと事物の常套化のもたらす「思想性と芸術性の欠如」を嫌う進歩的文化人である氏の考え方がよく示されている。尾崎行雄及び浅見仙作に対する無罪判決は、「深き良き省察」が下された好例である。氏の幅広い教養に裏付けられた人生を見る眼の深さ、確かさが判旨に生き生きと示されており、氏が、長年にわたり文学に親しむことにより、時代の隠れたる動き、人心の機微な傾向を見逃さず、繰り返す歴史の方向性を見据えていたことを理解することができる。

氏は、ドイツの東プロシアに滞在中に、遠来の異人種の若輩が地元の判事たちと親交を深めることができた特殊な功徳を文学に帰する。私達は、外国に出張して初めて他国や母国の事情に余りにも疎いことに気付き、不明を恥じることがある。「裁判官には、卑俗に堕しない好奇心が求められる」との氏の教えも含め、ここでの論述は、将来外国に赴く機会のある法曹にとっても大いに参考になろう。

四　素朴

裁判官は仕事の上で、ありのままの自分を出すことができれば、それが身にしみるほどに人の心を打つことになるので、裁判官には、いかにして自分のありのままを出し得るかの工夫が必要である、と氏は説く。ただ、「ありのまま」には、素朴さの中に、自分が為さなければならないと思ったことはそのまま直に行動に移す「積極的なありのまま」を含むというところに核心がある。氏は、人生の悲哀を感じさせるシュテファン・ツヴァイク（オーストリアのユダヤ系作家・評論家）の随筆を引用しつつ、人生において一歩を踏み出す勇気を欠いたがために他者に対して不利益を与えることが随分多いと述懐する。「裁判官は人の運命に重大密接な関係のある仕事を行うのであるから、いうべきことは敢然といい、為すべきことは敢然となすべきである。それを国家は裁判官に期待し義務付けている。もし裁判官が徒らに保守の名に隠れて、義を見て為さざるならば、それは大きな職務の曠廃《こうはい》（怠慢）である。裁判官がまめまめしく自分から事件に働きかけて、溌剌と新しい境地を開拓するという気風を促進したいものである」。氏は、このように述べる。戦時下において、裁判官として軸ぶれしない姿勢の下に、「積極的なありのまま」を実践する工夫を訴訟運営と判決内容に反映させてきた氏の軌跡に照らし、心に刻みたい言葉である。

五　世阿彌

氏は、公判審理がルーティン化して形式に流れぬように、事件の種類に応じて観点を的確に調整し、被告人を心服させるよう努めなければならないとして、世阿弥の風姿花伝（「花伝」ともいい、「花伝書」は俗称。一五世紀の初め頃に世阿弥の書いた我が国最初の能楽論書）の「別紙口伝」を引用する。冒頭の引用部分は、言わば「芸」を「花」――植物の花が人にもてはやされる理由――の比喩をもって説明することにより「能の花」の本質に迫ろうとする内容である（金井清光『風姿花伝詳解』（明治書院、一九八三（昭和五八）年一〇月）四九一頁、馬場あき子『風姿花伝』岩波書店、一九八四（昭和五九）年一一月）一八四頁参照）。氏は、「能も住するところなきを、まづ花と知るべし」――一つのところに安住しないで変化していく芸をまず花として認識せよ――との有名な句を引用して、「一つことに拘泥せず常に角度を按配して物を観《み》、その場所その空気に応じて、自在に最も適切なやり方をするということ」が裁判官には求められると説く。数多くの犯罪者の更生に心血を注いだ老刑務所長は、「裁判に心服していない犯罪者は、結実しない」という。つまり、審理・判決に承服しない受刑者は、改悛しないのである。氏は、この言葉を警鐘と捉え、裁判が刑事司法過程（検察、裁判、行刑及び保護）の一貫した流れの中心を占めることから、「裁判の効果」に大きな考慮を払い、事件に即した公判審理の在り方を工夫し、マンネリ化を避ける必要があることを力説する。能で言えば、様々な物まね（能の演技の基本要素の一つで人物や神・鬼などに扮してその本質・行動を再現する演技）の風体を稽古し尽くしておき、折にふれて必要な風体を、必要に応じて取り出すという教えに通底する。そのためには、引き出しを多く持つように心掛け、「いつ何を取り出すか」という、場に相応したものを選択できる能力が必要であるし、何よりも場を心得た能力が求められる。この理は裁判長の訴訟運営を始めとして、法曹のあらゆる真剣勝負の場における対応についてもいえる。氏が結びとして引用する「覚習條條《かくしゅうじょうじょう》」は、「能作書《のうさくしょ》」・「至花道《しかどう》書《しょ》」と共に「三道《さんどう》」と呼ばれ、世阿弥が子に秘伝した最も完備した舞台芸術論である（世阿弥『能作書・覚習条条・至花道書』（野上豊一郎校訂）（岩波新書、一九九七（平成九）年三月）七九頁）。本書で引用している――「観客の批評に、わざとしない部分が面白い（口語訳）……」――で始まる箇所は『花鏡《かきょう》』に「万能《まんのう》綰《ヲつなグ》一心事」（あらゆるわざを心一つにつなぎとめること）として収められている部分である（田中裕　校注『世阿弥芸術論集』（新潮日本古典集成第四回）（新潮社、一九七六（昭和五一）年九月）一四四頁）。世阿弥は、これを最高の秘伝の一つとしている。氏も、「日本の芸術の奥義は、「せぬひま」をわれにもかくす心でつなぐところにある」と説き、東洋の絵画における「せぬ心」を例示する（全集三巻一〇九頁）。不易流行、従来の能の詞章を現代語にして演じた能舞台の出現など、新時代の能の在り方も模索されている（スーパー能「世阿弥」梅原猛作、梅若玄祥演出）。

六　婦人

官吏の妻の心得はいかにあるべきか。徳川家康から駿府の町奉行に任ぜられた際の板倉勝重の対応と勝重夫妻の情義が新井白石によって描かれている。重職に生じがちな内々の縁故や賄賂・贈物の授受などにまつわる公私混同の災いが婦人に絡んで起こることが多いという背景もあり、重職を得て清廉を貫くには、その心構えを妻と共有しておくことが重要であると心得る勝重の信条がこの話の核心である。

氏が東京地裁所長の頃、氏の妻の依頼で職員が所長車を配車した逸話が残っている。翌朝、所長から職員に対して公私の別ははっきりすべしとの厳しい注意があり、その直後氏の妻からも丁重なお詫びの電話があった。職員は、氏の妻もそのことで戒められたことを知り、常日頃他には寛大に、自らには厳しく独りを慎んで公私の別をはっきりさせる所長の考えに強く反省させられた旨回顧する。

書の六 一 流儀

「裁判そのものには、本来規格もなく、相場もない。裁判の価値は裁判の結果でなくて、味《あじわい》である」。これは、氏の信条を示す言葉である。その味わいを生む源には、武道の流儀にもたとえられる裁判の「流儀」があり、裁判官の心的傾向の如何によって審理の上に大きな差異が生じる。裁判官にも強気の裁判官と弱気の裁判官があり、それぞれの傾向や気持ちに適した審理の流儀がある、との指摘は実感できる。東京地裁刑事部に多数の公安事件が係属していた当時は、対当事者対応の訴訟指揮に係る特徴をめぐって、学識や経験のほかに、それを超越した裁判長のハラが据わっているかどうかも注目され、「強気」「弱気」といった表現も用いられた記憶がある。

法曹は、先輩の流儀を見て成長するというのが正直な感想である。その意味では、氏が「弱気の傾向の者が強気の裁判官の審理振を学んでも成功せず、強気の者が弱気の裁判官に私淑しても自分の真の味を裁判の上に出し得ない。そこに師を選ぶ必要がある」と説くところは有益である。

氏は、「裁判の味《あじわい》」とは、「裁判を受けた者をしてその裁判に心から悦服せしめることであり、裁判の中の正義と仁愛とを心から信ぜしめることである。結果に於ける差異は、その心服の前には極めて小さな存在である。徒に公平を願って死んだ裁判を得るよりも、不均等でも活きた裁判を私は望みたい」と、明言する。私が敬愛する先輩裁判官の親炙に浴して学んだ点は、何よりも人間性豊かな裁判官、謙虚で誠実で、人の心の痛みの分かる裁判官であるということであった。例えば、判決で同じ結論を出すにしても、事件から見て取れる当事者の心の痛みを理解した上でその結論を出すのか否かによって大きな違いがある。その意味では、どのような流儀であれ、「あれだけよく聴いてもらったのだから、これで負けても思い残すことはない」というように、その裁判官に言い渡されたのであれば仕方がないというように当事者に思ってもらえる裁判官になることが、裁判官の一つの理想だといってよいのではないか、と私は思う。

二　自白

氏は、自白を信ずることの危険性は誰もが承知していながら現実の事件では無視されるところがある点を鋭く指摘した上、その危険性を示す二つの驚くべき事例を挙げている。

氏は、罪の存否も分からぬうちに早く事件の結果を得ようとして自白の獲得を焦ることは、不当な圧迫を加えずとも虚偽の自白を招き、真相を逸するおそれがある、と説く。そのような理由から、状況証拠、物的証拠の収集に力を入れることを強調し、日本の科学捜査の遅れを批判する。氏は、我が国において科学的捜査方法の実務が盛んにならない理由として、まず、一部で実施してみるという試みを不公平の名の下に許さない官僚的な画一的発想を指摘し、第一歩を踏み出す英断を求める。氏は、アメリカで用いられているライディテクター、盗聴機器、匂いを保存して鑑別する方法などの例を挙げ、科学的捜査の進展への期待を述べる。自白の価値に対する三思三省を求め、客観証拠の重視、状況証拠の活用、科学的捜査方法の採用等を唱える点に氏の先見の明を見る。

裁判員裁判を念頭に、科学的証拠を刑事裁判に正しく採り入れて適正な事実認定をするための方策と留意点を考察する司法研究が参考になる（司法研修所編〔協力研究員黒﨑久仁彦、研究員岡田雄一、遠藤邦彦、前田巌〕『科学的証拠とこれを用いた裁判の在り方』第六四輯第二号（法曹会、二〇一三（平成二五）年三月）。

三　人証

氏は、裁判所が人証を証拠として用いる場合に認識しておくべきポイントとして、人間の記憶ほど不正確なものはないという点を指摘する。自分の利害に関する体験でさえ不正確なところがあるのであるから、たまたま他人のしたことを傍観したというようなことについて聞かれる場合、むしろ忘れたというのが正確で、もし知っているとすれば、その後何かの機会に喚起した記憶を言っているのではないか、と説く。私も、氏の慧眼に依拠して、人の観察力、記憶力の脆弱性ということについて論じたことがある（「目撃者の供述の信用性」『刑事事実認定重要判決五〇選〔下〕第2版』（立花書房、二〇一三（平成二五）年一〇月）二七五頁）。

一般の証人がどれほど緊張し、無理な質問にいかに当惑しているかといった氏の実体験からの感想は、深く認識すべきであり、初めて法廷に立った証人がよどみなく証言をするとすれば、一応その真偽を疑ってよいと述べる点は、裁判実務家として点頭できる。証人として喚問される者は、記憶喚起に努め、記憶を修正・補足し合って出廷することがあるので、各人の独立した記憶が一致したということでなければ、一致証言の数の多さは必ずしも真実を担保しない。氏の指摘例は、現代の事実認定に係る実務に生かされ、継承されている。

氏は、証人尋問における作為の陳述に留意すべきであるとして、まずは事件そのものを多角的な視点から見た上で、尋問方法に独創的な工夫が必要であるとし、氏の訴訟運営を彷彿とさせる例を紹介している。

四　文章

判決書を従来どおり文語体で書くことを無難とすべきか、あらゆる分野で文語体が姿を消しているため口語体を用いるべきか、という議論が盛んな時期の話である。氏は率先垂範して口語体判決を書き始める。裁判所部内には有力な反対者が多く、口語体は、冗漫に流れる、語調を弱くする、国家の断定的な意思を伝えるのに生ぬるいなどと非難された。氏は、それらの点は口語体の罪ではなく、口語体の修行が至らないためであると反論し、自らは随筆に挑戦する。その豊かな人間性と滋味あふれる文章によって独自の境地を開拓し、随筆家としても一定の評価を得る。組織におけるパラダイムの転換時期には、新旧の間にこのような葛藤が生まれるのが世の常である。

氏は、文語体使用の現状について、現在の判決文は、モノトーンで、都合の悪いところはさり気なく扱い、体裁のよいところだけを表面に出すのには便利なツールになっていて、裁判をした人の心持ちを十分に受け取ることができていない、と喝破する。その上で、文語体判決の常套語使用による量刑の事情と口語体判決による具体的な事情の説明をした量刑事情との両者を比較して見せ、「口語体という形式は裁判官の態度をより良心的にする」と熟達した裁判官ならではの至言を残す。この点は裁判員裁判における「量刑の理由」の考え方にも継承されている（前掲『裁判員裁判における第一審の判決書及び控訴審の在り方』六九頁）。氏が、口語体を薦める理由は、文語体か口語体かという単なる文体の形式を問題にしてのことではない。「よい良心的な判決を得たいためであり、それは又より良心的な審理を求むることになる」という言葉は、氏の長い裁判官生活の中で培われた「審理と判決」相互の密接な関係を鋭く洞察した知見である。この思想は裁判員裁判を始めとする現代の裁判にも生かされている（前掲『裁判員裁判における第一審の判決書及び控訴審の在り方』四、七、八頁参照）。

五　調書

本書が刊行された当時は、旧刑訴法（一九二二（大正一一）年五月五日公布、一九二四（大正一三）年一月一日施行）の下に予審制度が存在し、予審判事が被告人その他の者の取調べを行い調書を作成することがあったので、裁判官にとっても調書の作成技術は会得しておくべき関心事であった。

予審制度は、一八八〇（明治一三）年に制定された治罪法に始まり、旧旧刑訴法（一八九〇（明治二三）年一〇月七日公布、一一月一日施行）の時代からドイツ刑訴法の影響を受けて全面改正された旧刑訴法の時代に受け継がれ、一九四九（昭和二四）年の法改正によって廃止された。旧刑訴法の下では、検事が犯罪捜査を行って公訴を提起すべきものと思料するときは予審又は公判の請求をすることになっており（二八八条）、予審制度は、あくまでも起訴後の手続である。予審の目的は被告事件を公判に付するべきか否かを決するために必要な事項を取り調べることにあり（二九五条）、予審の結果事件が公判に付されることになれば、予審判事の取り調べた証人等の調書が公判において更に取り調べられることがある。ちなみに旧旧刑訴法の下における予審の位置付けは旧刑訴法と異なり、捜査と同じく公訴提起前の手続とされ、地方裁判所検事が捜査を終了したときに、例えば重罪であると思料した事件については予審判事に予審を求めなければならないという手続になっていた（当時の刑事訴訟法改正案（一九一六（大正五）年一一月六日公表）も予審の請求を公訴提起前の手続と位置付ける。平沼騏一郎著『刑事訴訟法改正案要旨』（日英堂、一九一七（大正六）年五月三日）参照。なお、予審の実情については、日本史録五七九頁、予審と存廃の議論につき「第三章　刑事裁判制度の改革」（小田中聰樹執筆担当）東京大学社会科学研究所編『戦後改革4司法改革』（東京大学出版会、一九七五（昭和五〇）年七月）一七八頁以下参照）。

法律実務家としての健全な想像力を働かせることによって、事件のかもした調子を事件関係者の供述として調書化するという教えは、現代の検察実務に受け継がれている。氏の言及する供述の信憑力を高める幾つかの工夫や量刑に関わる重要な情状事実を調書に記載しておくことは、取調官として常に念頭に置くべき基本的な事項といえよう。

六　書記の養成

氏は、判事と書記とのコンビネーション、書記の指導・育成方法等について述べる。

氏は、良い仕事をするための判事と書記との関係は、義太夫の太夫と三味線ひきの如く、おのずから気の合っていることが調書の完全性に欠くことのできない条件であるといい、コンビネーションの大切さを説く。

氏は、書記の指導・育成方法については、書記にまずは調書の手本を示して氏の流儀を呑み込ませる手法を実践したほか、判事室で書記と共に仕事をすることによって、審理の方針を濃密に共有するとともに、法廷の内外における事件進行上の措置についてもあうんの呼吸で事件を処理できる工夫を凝らしている。氏の形に囚われることのないこのような柔軟な発想は、現在の裁判所で受け入れられている裁判官と書記官との協働という考え方や書記官のコートマネージャーとしての役割論の先駆けとなるものである。同一部屋での両者の執務態勢は、事件処理の観点から、現在の東京地裁民事二〇部（破産・再生）などが採り入れている。

書の七　一　記録の見方

ここでは、①記録を読む時期、②記録を読む順序・読み方、③証拠力のない書類は読まないでよいか、といった点を論述している。本文の理解を深めるため、③の「証拠力のない書類」について解説しておこう。

旧刑訴法にはその三三六条に「事実の認定は証拠による」との現行刑訴法と同文の規定があった。しかし、大陸法系の法典であったため、直接審理主義の考え方が反映され、証拠能力に関する規定は三四三条のみであった。同条は、被告人その他の者の供述を録取した書類で法令により作成した訊問調書でないものは供述者死亡、疾病その他の事由による供述者訊問の不能、訴訟関係人無異議又は区裁判所の事件でなければ証拠となし得ずとしていた。したがって、裁判官は、公訴提起と同時に一件記録として検察官から送られてくる証拠書類を閲読することはできたが、被告人やその他の者の供述録取調書で法令によって作成されたもの以外は、前記の例外に該当しない限り、閲読することができても証拠とすることはできなかった。なお、裁判官が公判廷外で証拠資料を閲読閲覧でき、かつ、第一回公判期日前から公判準備として、双方に証拠物や証拠書類を提出させ、あるいは被告人訊問、証人尋問を実施したとしても（三二三条～三二八条）、それらの証拠資料は、公判手続の規定（三三八条～三四二条）に従い、公判期日に公判廷で、改めて裁判長が適式に証拠調べを取り行う必要がある。この証拠調べを経ない証拠資料は、仮に閲覧閲読していても、犯罪事実存否の認定の証拠とすることはできないことになっていた。その意味では、旧法当時においては、現行法のごとき「証拠能力」という概念は存在しなかったが、適式な証拠調べという手続の保障はあったといってよい。以上を前提に本文を読み進められたい。

二　証拠物の点検

ここでは、①証拠物（書証）を点検する時期、②点検の意義、③点検の方法、④証拠物に係る被告人の詳細な弁解録取の重要性及び⑤証拠物（書証）の記録への繰り込みの工夫、といった点を論述している。

①について、自らのヒヤリハット事例を踏まえて、「証拠物は事前に点検しておくべきで、公判廷で初めて見るのは絶対によくない」と自戒する。②について、判事の新しい発見は、証拠物を多角的かつ周密に点検することによってなされる場合が多いと述べ、証拠物は犯罪当時の現状をそのままとどめているから、遡って真相を調べる唯一の鍵であると指摘する。

③については、「読書百遍意自から通ず」の精神で臨むべしと説く。ここのエピソードに触れると、裁判官には幅広い教養と社会的な知見あるいは生活実感に裏付けられた豊かな感性というもの

が求められることを知る。

④につき、弁解が嘘であると推測できるようなときでも、それを有り体に録取しておくことが重要であるとの点は、現在では捜査実務に携わる者が肌で感じているところであろう。

⑤に関して、証拠物は横に置きながら、書証はできれば記録に繰り込んで記録を検討することが望ましいという点は、裁判実務家が実感するところである。関連するものは一か所に集約して整理しておくという工夫は何事にも通ずる知恵である。

三　手控えの様式

氏は、自分で工夫した様式の手控えを二〇年来用いている。裁判に手控えは不可欠であり、手控えの様式が公判審理を指導するというのが氏の持論である。氏の手控えの仕組みの特徴は、必要な証拠をできるだけ詳細に抜き書きしておくという点と、抜き書きする証拠は時系列に整理して書き記すというところにある。

三宅様式の手控えの利点は、供述に齟齬があれば該当箇所で一目瞭然に対照して示されるから、争点の判断に便利であり、後日全記録を読み返す必要もなく、関係者の供述の変遷に対するとっさの判断もできて審理に渋滞をきたさないという点にある。予審の犯罪事実中心主義の調べの方向性とは別の観点から時系列式手控えを作成することによって、公判において新たな視点から事件を観察し、気付かれなかった新しい事実を発見することができるというメリットもある。殊に、大部の記録に取り組むに当たっては、氏の手控えは有益であろう。

四　準備手続

「裁判の根本は、訴訟法の上にはなくして、我々の持つ心の上にある」というのが、氏の裁判哲学である。したがって、氏は、訴訟法に反しない限り、訴訟法に「規定してないこと」を行うことに遠慮があってはならず、むしろその間においてこそ判事は独自の訴訟運営を工夫する余地があり、そこに判事らしい人格の光を宿らせるべきであると説く。旧刑訴法は、その三二三条に準備手続の規定を置いている。氏は、公判の判事が被告人と面接する時間は、準備手続を入れても極めて短いので、もし裁判の根本が裁判官の人格の発露と、被告人の裁判官に対する信頼の結び付きにあるとするなら、手続とは離れて別途被告人と面接するなど、この結び付きを強めるための裁判官の努力はあらゆる法律の規定を超えて是認されてよい、と述べる。公判前に必要な場所を非公式に検分することについても、「私知」について被告人に弁解の機会を付与することを条件にすれば、一向に差し支えないと述べるのも同様の発想であろう。

氏は、「記録を読み、手控えが完成した上で、事件全体を俯瞰し、その筋をたどってみることは、判事として主要な心得である」として、次のように述べる。「古来人類の運命を左右した大戦争の経過を見ても、自然の推移に従った常識的な戦略が結局勝を占めている。奇想天外より落ちる戦略によって勝利を獲得してはいない」、「事件もその全体を知った上で、改めて常識的に筋道をたどってみると、容るべき理と容るべからざる理がはっきりと分かる。この容るべき理を辿って事件を解決することが事件を見る正しい戦法である」、「ところが、とかく事件の形の大袈裟なところや、あるいは絢爛《けんらん》たる処、又は前の取調官が力点を置いた処に目が眩むと、折角の常識が容るべからざる理に敗ける危険がある。どこまでも自然の理を離れずに事件を見て、そこにこれ迄取調べの足りなかった部分を発見し、仍《よっ》て審理の大方針を立てることが要訣である」。以上の叙述は、本質を鋭く捉えた訴訟運営論に関わる箇所である。ただ、――自らの立ち位置についての客観的把握力に弱く、異なる思想の民族との対話が苦手で性急に猪突したがる当時の軍部の状況や英米諸国の国力・外交力等の事情――を熟知している氏にあってみれば、この箇所を軍部の奇抜な戦略――例えば、真珠湾奇襲、マレー半島進軍による米・英に対する宣戦布告等の一連の事象――を念頭に置いた記述であると、象徴解釈的に読むこともできようか。

なお、包括的な準備手続の規定がなかった当時の氏と牧野菊之助東京地裁所長との間における裁判官の職権行使の独立に係る問題については前述した。

五　公判

「公判」における氏の基本思想は、裁判長（官）は法廷における審理の中心であるから、その微細な一挙一動といえどもゆるがせにせず、自らの正しさをありのままに示すべきであり、そのためには訴訟法に規定された手続に限局されず、その規定しないできるだけの処置をあらゆる機会を利用して取るべきであるという視座にある。氏は、「芝居随筆」(全集第三巻一二三頁)において、「実際、時に応じての言葉の使い方や、極まり極まりの仕草が、その裁判を活かしたり殺したりすることは、歌舞伎劇におけるとまったく同じである。間《ま》、呼吸、調子、抑揚というものが、相手の心を掴んだり放したりする作用《はたらき》は、その局に当たった人でないと、解し得ない機微であろう。一人の力で、法廷の隅々まで、一つの気分に緊張させることは、かなりの修練を要する仕事である。今の裁判は、すべてに理解させ納得させるための手続である。裁判に当たる者は、内に冷静水の如き心を堪えるとともに、外には、微細に神経を働かせて、理解と、納得とに、十二分の効果を挙げなければならない。舞台効果の欠けた法廷には、裁判官の私語あるのみである」と説いている。

氏は、公判廷は荘重で厳粛でなければならず、法廷の隅々まで気を配る必要があるとの観点から、法廷内の構造等について細かく氏の考え方を示す。氏は、かつて陪審法廷の構造についての会議の際、判事の席をできるだけ低くすることを主張し、近代の裁判は円卓(ラウンドテーブル)に座して行うべきであると提唱する。氏は、自らが高い所から、被告人を見下すという伝統的な法廷気分には堪えられず、近代精神が我々の心を打つのは、偶像を作為しないというところにあり、官の威厳を席の高さで認めさせようとする考えでは法官の資格を疑う旨、率直に語る(『法官餘談』の「法廷の尊厳」、「偶感二題」を参照)。氏は、円卓方式の実現は時間の問題に過ぎないと既に見通しており、実際のところ、昭和五〇年代後半に民事訴訟運営改善の一環として、和解室や準備室でのラウンドテーブル方式による弁論兼和解が試行され、また、平成三年の民事保全法の施行に合わせてラウンドテーブル法廷が正規に設置されて民事訴訟でも積極的に活用されている。法廷の防音性に関しては、声が散ったり反響したりしないための工夫として、最高裁ではタペストリー、下級審では壁のクロス張りや傍聴席の座面の吸音効果等の工夫がされている。

当事者は裁判官の挙措動作に対して極めて敏感であり、些細なことが審理そのものにも影響するとして、山本常朝著『愚見集』の中の「奉公枝葉」を援用し、裁判官の気遣うべき身だしなみや所作などについて論じている。現代にも通じる裁判官の容儀の問題として興味深い。裁判官は、厳粛な場である法廷に臨むに当たり、身だしなみを整える緊張感と心の余裕があれば、関係者に不快感を与えたり、品位を損なうような服装は避けるのではないかと、私は考えている。容儀の問題は、実は、実質にも関わる問題であり、健全な価値観や想像力を働かせることによって、おのずから容儀も正されるということになるのではないかと思う。

氏は、法廷における様々な所作についても、多岐にわたり氏の「芸風」を示す。洗練された所作や言葉による心の表現については、各場面ごとに直接感得していただきたい。このうち、裁判長に手落ちがあって不服の申出があった場合の対応の点について、「その非を糊塗する態度があってはならず、……非を通すか、非を認めるか、二つに一つしかない……裁判長の人間というものが一番よく試験されることを覚悟すべきである」旨の指摘は、過誤があった場合の対応として肝に銘じるべきである。「To err is human, to forgive divine.」（過つは人の常（性）、許すは神の業（心））という有名な言葉がある。裁判官を含め法曹にヒューマンエラーのない人はいない。ただ、昨今の企業不祥事等に見られる隠蔽工作の例を引くまでもなく、肝心なのは過った後の対処の仕方であろう。また、当事者間の紛議に対する裁判長の講じる措置の点について、事態が大きくなる前の萌芽の時期に配意することが肝心で、事態に直面して力量を示すためには「平素からの鍛錬が必要である」ことを西郷南洲の言葉を援用して説明する。私は、法曹三者が「いざ真剣勝負」というときに西郷南洲のいわゆる「十中八九（じっちゅうはっく）、本来の力を発揮できる」（前掲『西郷南洲遺訓』二〇頁参照）かどうかは、そこに至る過程で、どれだけ一つ上の目線から物事を広くかつ深く見る眼を持つことにより法律的素養を深め、また、精神力を鍛えてきたか――充電、蓄積を心掛けてきたか――というところが大きいと考えている。

六　裁判書の作成

氏は、近年一般社会では、とかく率直に他人の行為を批判することを粗野なりとする風があるが、裁判所にはこの風を入れたくないと述べ、かつては主任裁判官の起案に忌憚のない修正意見を述べることは当たり前であったという。私は、現在の裁判所においても、主任裁判官の草稿に徹底的に手を入れる実務が定着することが望ましく、それは裁判体の使命が質の高い判決を生み出して国民から負託されている責任を果たすことにあると考えるからである。判決書に係る合議は常に「真剣勝負の場」であり、若い時期に至らざるところを自覚する機会があるということは、ある意味では合議が適度の緊張感をもってうまく機能しているあかしである。大切なことは、直された箇所、直され方、直された理由について熟考し、納得がいかなければ質問し、得心が行けば更に直され方の少ない判決を書こうと繰り返し努力することである。

氏の述べる判決書の作成についての手法は参考になる。私も、最初から最上の出来栄えを、という欲を出さないで、仕上げはまず八〇点級というつもりでとにかくまず起案に着手して一気に仕上げてみることを勧めている。

七　判決の言渡

本書の掉尾を飾るのは「判決の言渡」である。氏の判決言渡しに関わる流儀と死刑囚が氏に残した手記が紹介されている。その手記で必須と指摘されている「訓戒」について解説する。判決の宣告後に、被告人に対し、将来再び犯罪に関わらないように戒めて、適切な訓戒をすることがある。氏は、訓戒の積極的運用を求める前記手記を紹介しつつ、訓戒は被告人の心持ちを十分に呑み込んでることが肝要であると説く。現行の刑訴規則二二一条〔判決宣告後の訓戒〕は、「裁判長は、判決の宣告をした後、被告人に対し、その将来について適当な訓戒をすることができる」と規定する。氏が本書を執筆した旧刑訴法当時の三七二条は、「裁判長ハ判決ノ告知ヲ為シタル後被告人ニ対シ将来ヲ戒ムル為適当ナル訓諭ヲナスコトヲ得」と定めていた。同法に係る法案理由書の趣旨説明は次のとおりである。「本条は極めて重要なる訓示規定なり。被告人に対する判決の言渡は荘重に之を為し被告人をして克《よ》く判決の内容を知悉せしむると共に之をして裁判に心服せしむることを努めざるべからず。又場合に依りては被告人に対し将来を戒め再び刑辟《けいへき》に触るることなからしむる爲適切なる訓諭を与うるを相当とすることあり。此《かく》の如きは判決の効果を全くする爲裁判長の当に努べき所にして徒に形式に拘泥し実を収むるに意を用いざるは職務に忠なる所以に非ず。此の義を明にするため特に本条を設く」（原文は片仮名）（『刑事訴訟法案理由書』（法曹会編、一九二二（大正一一）年三月一五日）二二六頁）。

規定の文言からも明らかなとおり、有罪判決の場合に、訓戒を行うかどうかは任意的である。明らかに裁判に不服な被告人に対しては、その効果は期待し得ない。訓戒には、裁判長（裁判官）の人格、信念、人生観、物の見方といったようなものが微妙に表れることがある。裁判長は、何が被告人の心の琴線に触れることになったかを訓戒の都度自省する。訓戒の結果についての謙虚な姿勢は裁判官の「裁判する心」の糧となると考えられる。私が地裁の裁判長当時は次のような点に留意して訓戒を行っていた。①長々としない。余り長いと被告人の心には響かないことが多い。②一般的な精神訓話に自己陶酔しない。訓戒の目的をよく考え、審理の過程に現れた、被告人に関わる個別的、具体的な事情との関連において行うのが説得的である。③難解な四字熟語やことわざを多用しない。自己満足に終わり、被告人の心情にマッチしない場合が多く、反発を招くことすらある。④要通訳事件では、通訳をしやすい工夫をしないと通訳人が難渋する。④被告人の改めるべき点を指摘するのはよいが、悪い側面を強調し過ぎない。被告人は既に犯罪事実や量刑の理由の要旨を告げられているので、犯情の悪い点は十分に承知しているはずである。余りくどいと感銘力が失われる。⑤被告人の側がこれだけは是非分かってほしいと望んでいる点について触れるのはよいが、被告人のそのような心情を逆なでするようなことは避ける。⑥外国人事件においては行わないことが多い。外国人事件では、被告人の育った社会、文化の状況、その性格や行動傾向が必ずしも十分に把握できず、将来どのような環境の下に戻るのか、その予見も困難である。

被告人の心の琴線に触れつつその将来を戒めるという営みは、決して容易なことではなく、単なるスキルのレベルの問題ではない。結局のところ、裁判長が、情熱をもって個別の事件と真摯に取り組む中で、自然なかたちで、その事件にふさわしい適切な訓戒というものが生まれてくる、訓戒とはそのような裁判長の「裁判する心」に支えられた実務的な力量と全人格的な営みの総体であると考えられる。その意味では、「訓戒の在り方」は、広く法曹の資質・能力といったテーマの一端にも関わるところがあるように思われる。例えば、検察官・弁護人においても、被疑者・被告人や依頼者との関係で、どうすればその心の琴線に触れるような対応をすることができ、信頼関係を築くことができるかという問題がある。人間としての謙虚さと自己の能力の限界に対する不断の反省を踏まえ、法曹として備えるべき基本的な資質・能力――依頼人等に対する誠実性、高度の倫理性、使命感や責任感、それに公共に対する奉仕の精神といったものが大切なものとして頭に浮かぶ――をこの機会に自問してみるのも意義深いことと思われる。

ところで、「裁判と行刑との離反」は従前からの課題である。裁判の理想的な効果は刑務所の中での教化に及ぼすことによって、初めて達し得るとの氏の考え方からすると、法廷の訓戒だけで裁判官の仕事が終わるわけではない。氏は、刑の執行に裁判官が心を配るのは、それが裁判官の義務であるとか法規の精神がそうだとかいうことで論じたくはないという。「裁判は判事の心が裁判する」のだという原則を貫くならば、問題は心の問題であり、理論の問題ではないからである。氏は、本書の最後をこのように結んでいる。

後記

今回、兄事する元裁判官の推薦により日弁連法務研究財団から執筆依頼があった際には、その任に耐えないと考えていた。しかし、将来を担う法曹・法学徒が名著のいわれとその内容をあまねく共有し、それぞれの職務に宿る原点を考える契機となるよう貢献してほしい、との財団顧問（元専務理事）の庭山正一郎弁護士からの懇請を受け、執筆をお受けすることにした。

大切に思うものは、死者と同じく、心を去らねば消えはしないという。読者が、氏の裁判哲学の核心である「裁判する心」を味わい、感得し、示唆を受けためぐり合いを大切にしていただけると幸いである。

私事で恐縮であるが、病膏肓に入りてなお後進への熱い思いを共有する妻の和顔愛語が、無常の風を愁える私に気力を与え、執筆を支えてくれた。貧しいものではあるが、今は亡き妻に本著を捧げたい。

〈主要な参考文献〉※末尾の〔　〕内は本文における略称を示す。

○三宅正太郎『治安維持法』（末弘嚴太郎編「現代法学全集」第三七巻・第三八巻）（日本評論社、一九三一（昭和六）年二月・三月）〔『治安維持法』〕
○三宅正太郎『法官餘談』（新小説社、一九三四（昭和九）年一二月）、（慧文社、二〇〇七（平成一九）年一月）〔『法官餘談』〕
○裁判の書を読む会「『裁判の書』を読む」（座談会・昭和一八年四月二三日実施）『法曹会雑誌』二二巻一号（一九四四（昭和一九）年一月）五九頁〔『法曹会雑誌』〕
○三宅正太郎全集刊行会編『三宅正太郎全集（第一巻～第三巻）』（好學社）（一九五〇（昭和二五）年一月（二巻）、三月（一巻）、八月（三巻））〔全集・巻〕
○内藤頼博「三淵さんと三宅さん」『法曹』二三号（一九五〇（昭和二五）年一〇月）二〇頁
○座談会「故三宅正太郎氏を偲ぶ」『法曹』三二号（一九五一（昭和二六）年一二月）一〇頁〔座談会〕
○森口慶武「長崎時代の三宅さん」『法曹』六〇号（一九五五（昭和三〇）年一〇月）二六頁
○伊能幹一「三宅正太郎」『法学セミナー』三七号（一九五九（昭和三四）年四月）五四頁
○鈴木敏雄「三宅正太郎判事と久保田万太郎氏」『法曹』一二三号（一九六一（昭和三六）年一月）二八頁
○渡辺五三九「三宅正太郎さんと鉛筆」『法曹』一六一号（一九六四（昭和三九）年三月）九頁

○武沢静雄「上司と下僚—三宅正太郎先生の想い出」『法曹』一六六号（一九六四（昭和三九）年八月）二一頁

○内藤頼博「三宅正太郎」『法曹百年史』（法曹公論社、一九六九（昭和四四）年一〇月）九七五頁〔内藤・百年史〕

○渡邊好人「三宅正太郎先生と私」『随筆ひとりよがり』（立花書房、一九七〇（昭和四五）年九月）一頁

○我妻栄ほか編『日本政治裁判史録　昭和・後』（第一法規、一九七〇（昭和四五）年一一月）〔日本史録〕

○中野次雄「三宅正太郎裁判長に在廷を許可されたこと」『法曹』二八六号（一九七四（昭和四九）年八月）二頁

○荻野富士夫編『治安維持法関係資料集　第一巻』（新日本出版社、一九九六（平成八）年三月）〔荻野・資料集〕

○泉　徳治「三宅正太郎全集を読む」『法曹』六〇四号（二〇〇一（平成一三）年二月）二頁

三宅正太郎年譜

一八八七（明治二〇）	六・二七	○東京都港区芝西久保明舟町において海軍中将三宅甲造の長男として出生
一八八九（明治二二）	二・一一	大日本帝国憲法発布（明治二三・一一・二九施行）
		○学齢期に学習院初等科に入学。府立一中、一高へ進学
一九一一（明治四四）	七・一一	○東京帝国大学独法科卒業
	七・三一	○司法官試補
一九一三（大正二）	一一・七	○東京地方裁判所判事
一九一四（大正三）	七・二八	第一次世界大戦勃発
一九一八（大正七）	四・二	○東京地方裁判所部長
	九・二九	原敬の政党内閣成立
一九一九（大正八）	四・二九	○司法省参事官
	五・二一	○外務書記官（兼任）
	九・三〜	○講和条約実施準備事務のため欧州各国へ出張
一九二〇（大正九）	一・一〇	○平和条約実施委員
		国際連盟発足
	一一・一二	○国際連盟総会第一回会議における帝国代表者随員

一九二一（大正一〇）	五・五	○平和条約実施委員被免
	一一・四	原敬首相暗殺事件発生
一九二二（大正一一）	四・一二	○氏の立案に係る借地借家調停法公布（一〇・一施行）
	一〇・一三	○満州及び「支那」（以下「中国」という）に出張
一九二三（大正一二）	四・一八	陪審法公布（昭和三・一〇・一施行）
	九・一	関東大震災
一九二四（大正一三）	一一・二〇	○大臣官房秘書課長
一九二五（大正一四）	一	○子（長男）が生後二か月で急逝
	四・二二	治安維持法公布（五・一二施行）
	一二・一二	○中国治外法権に関する委員会帝国委員随員
一九二六（大正一五）	五・一五	○中国より帰朝
一九二七（昭和二）	三・一五	金融恐慌始まる
	八・一二	○名古屋控訴院部長
一九二八（昭和三）	三・一五	三・一五事件（治安維持法違反容疑による一斉検挙）
	六・四	張作霖事件発生
	六・二九	治安維持法改正勅令公布・施行
一九二九（昭和四年）	二・五	○子が四歳で急逝

一九三〇（昭和五）	四・一六	四・一六事件（治安維持法違反容疑による一斉検挙）
	一一・　五	○大審院判事
		○この年、氏の父が逝去
		この年、世界恐慌が日本に波及（昭和恐慌）
一九三一（昭和六）	二・二〇	○『治安維持法』（現代法学全集第三七巻）版行
	三・二〇	○『治安維持法』（同三八巻）版行
	九・一八	満州事変勃発（柳条湖における南満州鉄道爆破事件）
一九三二（昭和七）	五・一五	五・一五事件発生
	九〜昭和八・七	○『治安維持法に関する大審院判例』批評
	一一・一二	司法官赤化事件
一九三三（昭和八）	一・三〇	ドイツにナチス・ヒトラー内閣成立
	二・四〜四	長野県教員赤化事件
	三・二七	国際連盟脱退通告
一九三四（昭和九）	八・一五	○東京地方裁判所長
	一二・二五	○『法官餘談』を上梓
一九三五（昭和一〇）	五・　一	○東京刑事地方裁判所長

	五・一三	○札幌控訴院長
一九三六（昭和一一）	二・二六	二・二六事件発生
一九三七（昭和一二）	一・一二	○大審院部長
	七・七	盧溝橋事件・日中戦争開始
	八・一四	特設軍法会議が北一輝に死刑判決（八・一九銃殺刑）
一九三八（昭和一三）	一〇・二一	○『嘘のゆくえ』（初版）を上梓
		○同年、司法官試補に対する講演「裁判と裁判官」（司法権の独立を図る司法官としての覚悟）
一九三九（昭和一四）	五・九	○満州国へ出張
	五・一九	○中華民国へ出張
	六・二四	○長崎控訴院長
	九・三	第二次世界大戦勃発
一九四〇（昭和一五）	一・一九	○司法次官
一九四一（昭和一六）	三・一〇	治安維持法改正法公布（五・一五施行）
	九・一九	○大審院部長
	一〇・一八	東条内閣成立
	一二・八	太平洋戦争勃発・米英に宣戦布告

一九四二（昭和一七）	八・三〇	○『わが随筆』を上梓
	一一・二五	○『裁判の書』（初版）を上梓
		○この年、氏の母が逝去
一九四三（昭和一八）	四・一	陪審法の停止に関する法律公布・施行
一九四四（昭和一九）	六・二七	○大審院第三刑事部（三宅正太郎裁判長）、尾崎行雄に対する不敬被告事件について無罪の宣告
一九四五（昭和二〇）	三・一〇	東京大空襲
	六・一二	○大審院第三刑事部（三宅正太郎裁判長）、浅見仙作（内村派伝道師）に対する治安維持法違反被告事件について無罪の宣告
	八・六	広島に原子爆弾投下
		広島控訴院庁舎、広島地方裁判所・区裁判所合同庁舎も焼失
	八・九	長崎に原子爆弾投下
		長崎控訴院庁舎、長崎地方裁判所・区裁判所合同庁舎も焼失
	八・一五	太平洋戦争終結
	一〇・四	GHQ、政治的、公民的及び宗教的自由制限の除去についての指令（治安維持法廃止、政治犯釈放、思想警察廃止等）
	一〇・一八	○大阪控訴院長

一九四六（昭和二一）	一一・二五	○『そのをりをり』を上梓
	一・四	GHQ、軍国主義指導者の追放指令（思想検察関係者の追放は七月以降）
	二・九	○退官
	三・一一	○弁護士登録
	三・二二	○貴族院議員
	三・二六	○山本有三らと松本烝治国務大臣に憲法案の口語化等を建議
	五・三	○極東国際軍事裁判開廷（「極東国際軍事裁判日本弁護団」に加わるも早期辞任）
	七・三〇	○公職追放
	八	○鎌倉に転居
	夏～	○主婦の友の法律相談欄担当（三年間）
	一一・三	日本国憲法公布（昭和二二・五・三施行）
一九四八（昭和二三）	三・五	○『嘘の行方』（再版）刊行
	六・二〇	○『裁判の書』（再版）刊行
	八・一五	○『雨後』上梓
一九四九（昭和二四）	三・四	○東京都港区麻布本村町四四の自宅において逝去（六一歳）

●著者略歴

三宅正太郎（みやけ　まさたろう）

1887年生まれ。1911年東京帝国大学独法科卒業後、司法官試補となる。1913年東京地方裁判所判事。東京地方裁判所部長、司法省参事官、外務書記官、大臣官房秘書課長、名古屋控訴院部長を経て、29年大審院判事、37年大審院部長、34年東京地裁所長。さらに35年札幌控訴院長、37年大審院部長、39年長崎控訴院長、40年司法次官、41年大審院部長。1945年大阪控訴院長になり、46年２月退官。３月弁護士登録、貴族院議員。1949年３月４日没。著書に、『治安維持法』（現代法学全集、日本評論社）、『法官餘談』（新小説社）、『嘘の行方』（中央公論社）、『わが随筆』（武蔵書房）、『そのをりをり』（鶴書房）、『雨後』（木曜書房）など。

なお、名前の読みについては「みやけ　しょうたろう」と表記する例もある。

●解題者略歴

田中　康郎（たなか　やすろう）

1946年生まれ。68年中央大学法学部卒業。71年判事補任官。国連アジア極東犯罪防止研修所研修部長、東京地裁判事、司法研修所教官、東京地裁部総括判事、千葉地裁部総括判事、司法研修所上席教官、盛岡地家裁所長、東京高裁部総括判事を経て札幌高裁長官。定年退官後、明治大学法科大学院専任教授、院長事務取扱。2011年から弁護士。著書・論文に、「英国の犯罪情勢と刑事司法改革の最新動向」（『司法研修所論集』司法研修所）、「外国人事件と公判――裁判の立場から」（『新刑事手続Ⅱ』悠々社）、「外国人事件における正確な法廷通訳の実践と適正な訴訟運営」（『刑事裁判の理論と実務』成文堂）、「実況見分調書の証拠能力」（『新実例刑事訴訟法Ⅲ』青林書院）、「目撃者の供述の信用性」（『刑事事実認定重要判決50選下（第２版）』（立花書房）、『裁判員裁判における第一審の判決書及び控訴審の在り方』（共著）（法曹会）など。

JLF 選書
裁判《さいばん》の書《しょ》

2019年5月20日　第1版第1刷発行

著　者　三宅正太郎
編　者　公益財団法人日弁連法務研究財団
発行所　株式会社日本評論社
東京都豊島区南大塚3-12-4（〒170-8474）
電話　03-3987-8592（編集）03-3987-8621（販売）
振替　00100-3-16　　https://www.nippyo.co.jp/
印　刷　精文堂印刷株式会社
製　本　牧製本印刷株式会社
装　幀　海保　透

Printed in Japan ISBN 978-4-535-52399-9